プレゼンテーション**Zen**

プレゼンのデザインと伝え方に関するシンプルなアイデア

第3版

ガー・レイノルズ

丸 善 出 版

『プレゼンテーションZen：プレゼンのデザインと伝え方に関するシンプルなアイデア』第3版への賛辞

「人々に大きな影響をもたらすのは、往々にしてページ数の少ない薄い本である。正しい英語の指南書であるストランク＆ホワイトの『英語文章ルールブック』や、会議の運営法を説いた『ロバート議事規則』がそれにあたる。どちらもあっけないほど薄い本だが、そのインパクトは絶大だ。聴衆の心を動かす方法を伝授する『プレゼンテーションZen』もまた、こうしたリストに加えるべき一冊だと言える。この素晴らしいガイドブックに従って、シンプルで明快なメッセージを生み出す力を身につけてほしい。ガー・レイノルズはさまざまなテクニックや実例を、自身が説くプレゼンテーションの原則に従って、分かりやすく紹介している」

—— リック・ブレトシュナイダー

（マイクロソフト社パワーポイント開発チーム1993-2010　シニアプログラムマネージャー）

「世界中の満たされない聴衆にとって、ガーは希望の光だ。彼が提唱するデザイン哲学や基本原則はメッセージに命を吹き込み、キャリアの活性化を促してくれる。ガーの唱えるシンプルさの理念は抑制を強いるのと同時に、私たちの精神をはるかな旅へ誘うものだ」

—— ナンシー・デュアルテ

（デュアルテ社社長、『ザ・プレゼンテーション』『Data Story』の著者）

「『プレゼンテーションZen』は私の（そして私のクライアントの）人生を変えた本だ。私はコミュニケーションの専門家として、語り手をうまく支えつつ、ストーリーの邪魔にならないビジュアルの作成法を探し求めていた。ガーが本書できわめて優雅に解き明かしている哲学やアプローチは、聴衆の心を動かすにちがいない。本書を読まずして、次のプレゼンテーションを行うべからず！」

—— カーマイン・ガロ

（『スティーブ・ジョブズ驚異のプレゼン』『TED 驚異のプレゼン』の著者）

「ガーは『プレゼンテーションの威力』に関する我々の概念に新しい地平を開いた。さらに重要なことに、彼は同世代のあらゆるコミュニケーターにプレゼンテーションの改善法を伝授してくれた。まさに必読の書である」

—— セス・ゴーディン

（伝説的なプレゼンター、『THIS IS MARKETING』の著者）

「プレゼンテーションの質の高さや明快さにこだわるのなら（もちろん、こだわるべきだが）この本を手に入れ、すみからすみまで読み、その見識に耳を傾けるべきだ。『プレゼンテーションZen』は現代の名著である」

—— ダニエル・H・ピンク

（『モチベーション3.0』『ハイ・コンセプト』の著者）

「4年前、ガーの『プレゼンテーションZen』は、文字通りコミュニケーションの世界を変えた。ほぼ一夜にして、退屈で新鮮味に欠けた、中身のないプレゼンテーションが、きびきびした、切れ味のいい、そして楽しい（と言っていいだろうか？）ものに生まれ変わったのだ。こうして無数のスピーチが劇的に改善された後、世界は新たな「追加レッスン」を求めていた。そして、人々の期待がいよいよ高まったとき、ガーは再び素晴らしいマジックを披露してくれたのだ」

—— ダン・ローム

（『Draw to Win』『描いて売り込め！超ビジュアルシンキング』の著者）

父と母に捧げる

目　次

INTRODUCTION　イントロダクション

PREPARATION　準 備

DESIGN　デザイン

DELIVERY　実 施

THE NEXT STEP　次のステップ

謝　辞

多くの人の助力や支援がなければ、本書は成立しなかっただろう。さまざまな貢献や励ましに対して、以下の人々に感謝の念を捧げたい。

まず、ビジュアルな序文を寄せてくれたガイ・カワサキに心から感謝する。

私と編集者に第3版の執筆を勧めてくれたピアソンのローラ・ノーマン。編集者のヴィクター・ガベンダとリンダ・ラフラム、そしてトレーシー・クルームと彼女の制作チームのメンバーである、デヴィッド・ヴァン・ネスとベッキー・チャップマン-ウィンター。

長年にわたり私を支えてくれた、ナンシー・デュアルテとマーク・デュアルテ、および、シリコンバレーのデュアルテ社の素晴らしいスタッフ全員。

セス・ゴーディン、ロス・フィッシャー博士、ジョン・シュワビッシュ、ジハン・ペレラ、高橋征義、サニー・ブラウン、クレメント・カザロット、マーカス・ヴェルンリ・斉藤、そしてアンドレアス・アインフェルト博士ほか、本書に寄稿してくれた多くの人々。パリのフィル・ワクネル、ピエール・モルサ、そしてストックホルムのギャップマインダー財団。

初版執筆の初期段階において見識あるアドバイスとコンテンツを提供してくれた、デヴィッド・S・ローズ、ダニエル・ピンク、ダン・ハース、リック・ハース、ロザモンド・ザンダー、ジム・クワーク、ダン・ローム、カーマイン・ガロアンド、デビー・ソーン、CZ・ロバートソン、リック・ブレッチナイダー、ハワード・クーパースタイン、デリン・ヴェリティ。オレゴンコースト[訳注：米オレゴン州沿岸地域の呼称]のブライアン・キャメロンとレスリー・キャメロン、マーク・レイノルズとリズ・レイノルズ、そしてマット・レイノルズとシェリル・サンドヴィク・レイノルズ。

ここ日本では山本繁樹、トム・ペリー、ダレン・サウンダーズ、ダニエル・ロドリゲス、ネイサン・ブライアン、ジェイ・クラフェイク、ジェリー・メステッキー、スティーブン・チュルシェ。

また、「プレゼンテーションZen」の本とウェブサイトの読者である何千人もの人々、長年にわたって私と連絡を取り、自分の経験やエピソードを伝えてくれたすべての読者たち、とりわけオーストラリアのレス・ポーゼンに対して感謝したいと思う。

そしてもちろん、私を一番支えてくれたのは妻の存在である。彼女は常によき理解者であり、素晴らしいインスピレーションやアイデアを与えてくれた。私の子供たちにもありがとうと言いたい。毎朝目覚めて「今日も頑張ろう」と思えるのは彼らがいるからだ。最後に、私をベッドからたたき起こす目覚まし時計役の愛犬チャピィと2匹の猫、ルークとコナにも感謝したい。

ガイ・カワサキによる序文

本書はビジュアルを使ったプレゼンテーションの改善法に関する本である。そこで私は、序文もスライド・プレゼンテーションの形式で発表するのがふさわしいと考えた。私の知る限り、書籍の序文を一連のスライドという形で提示するのは、今回が史上初である。良いスライドとは生のスピーチを引き立てるものであり、スピーカーなしで一部始終を語るものではない。しかし、次のページのスライドだけでも、私の真意は理解してもらえるのではないかと思う。もしも私が「なぜこの本を買うべきか」というテーマでスピーチをするとしたら、プレゼンテーション・スライドはこんな感じになるだろう。

ガイ・カワサキ
『Wise Guy: Lessons from a life』の著者
Canva 社チーフ・エバンジェリスト
元 Apple 社チーフ・エバンジェリスト
www.guykawasaki.com

序文
For プレゼンテーション Zen

ガイ・カワサキ

95% ものプレゼンが
最 悪

最悪でない 5%
最悪 95%

それは言い過ぎ
では……

実はその割合は
99%

最悪でない 1%
最悪 99%

なぜか？

現在のプレゼンの実態：

長い
退屈
最悪なスライド
中身がない

望ましいプレゼンの姿：

短い
シンプル
読みやすい
魅力的

しかし……

やれやれ、
困ったものだ！

この本で
万事解決

presentation.zen

さあ財布を出して
買ってみよう。

頭を柔らかくして
読んでみよう。

心を開いて
実践しよう *Thank you!*

introduction

イントロダクション

単純であることは究極の洗練である。

——レオナルド・ダ・ヴィンチ

1

今日の
プレゼンテーション

　東京でのプレゼンテーションを成功裏に終えた後、私は駅弁（駅構内で売っている独特の日本式ランチボックス）とペットボトルの緑茶を手に、午後５時３分発の大阪行きの新幹線に乗り込んだ。私にとっての典型的な「日本的経験」とは、最新のテクノロジーを駆使した超特急で日本の田園地方を疾走しながら、日本の伝統的な珍味を箸で味わい、日本のお茶を飲み、広々とした車窓からお寺や神社を眺めることである。時には富士山も拝むことができる。それは古いものと新しいものが同居した素晴らしい世界であり、最高の一日の締めくくり方だ。

　弁当の中身を味わいながら、私は通路を隔てた隣の座席に目をやった。日本人ビジネスマンが憂いに沈んだ表情で、プレゼンテーションのスライドが印刷された資料を眺めている。各ページにスライドが２枚ずつ。どのスライドにも、色分けされた文字がびっしり書き込まれている。余白はゼロだ。各スライドの上部に描かれた会社のロゴ以外、画像も全くない。ひたすらテキスト、見出し、箇条書き、そして会社のロゴだけが続く。

　これらのスライドは、口頭によるプレゼンテーションの視覚的サポートとして使われたのだろうか？　そうだとしたら、聴衆が気の毒だ。一体いつから、聴衆は文字を読むことと話を聞くことを同時にこなせるようになったのか（スクリーンに表示された12ポイントの文字が読めたとしての話だが）？　それとも、これらは単にプレゼン用のソフトウェアで作成された文書として使われたのだろうか？　もしそうならば、文書を作った人も、それを読まされる人も気の毒である。プレゼン用のソフトウェアは文書作成にふさわしいツールではないからだ。ただの箇条書きと会社のロゴばかりでは、配布資料や報告書としても適切ではない。ビジネスマンは内容の分かりにくさに苛立った様子で、同じようなページを行ったり来たりしている。どうやら彼もその事実を痛感し始めているらしい。

同じプレゼンテーションでも大違いだな。私はそう思った——目の前にある日本の弁当はすばらしく効率的で、献立は十分に練られており、無駄なものは一切ない。それに比べて、通路越しに見えるプレゼンテーションのスライドは、まとまりがなく、とても分かりやすいとはいえない。なぜ日本の駅で売られているシンプルな駅弁の精神を、ビジネスに関するプレゼンテーションに取り入れることができないのだろうか？　例えば弁当には適切な献立が、最も効率よく、優雅な形で詰め込まれている。弁当はシンプルで、美しく、バランスのよい形で我々の前に差し出される。何一つ不足はないし、無駄なものは一切ない。派手な装飾はないが、見事なデザインが施されている。見た目もいいし、味もおいしい。おかげでワクワクするような、満ち足りた20分間を送ることができる。プレゼンテーションの場で、こうした経験を最後に味わったのはいつだろう？

　美味しい弁当とスライドを使ったプレゼンテーションには、何の共通点もないように見えるかもしれない。しかし、何年も前、時速300キロで日本国内を疾走していたあの瞬間に、私はパッとひらめいたのだ。できの悪いプレゼンテーションのスライドと退屈なナレーションという悲劇を食い止めるために、何らかの手を打つべきである。自分にも何かできることがあるのではないか——不意にそう悟ったのである。日本では（世界中どこでもそうだが）、知的職業人たちは質の低いプレゼンテーションに毎日悩まされている。スライドが効果を上げるどころか、かえって邪魔になるようなプレゼンテーションだ。見ていて楽しくないし、効率的でもない。私は、いわゆる「スライド・プレゼンテーション」の準備・デザイン・実施を従来とは違った角度から眺めてもらうことによって、効果的なコミュニケーションに一役買えるはずだと確信していた。その瞬間、新幹線の車中で（横浜と名古屋の間のどこかだった）、私はこの本（初版）を書き始めた——「プレゼンテーションZen」ウェブサイト（www.presentationzen.com）を立ち上げ、自分の考えを伝えていこうと決めたのだ（このブログはのちに、プレゼンテーション・デザインに関するものとしては、最もアクセス数の多いサイトとなった）。

　この本は「準備」「デザイン」「実施」の3つのセクションに分かれている。この先、さまざまな原則や概念、創造的なアイデア、実例などをバランスよく提供していく予定である。さらには本書のインスピレーションとなった実際の新幹線の弁当の、食前・食後の写真もお見せしようと思っている。プレゼンテーションの現状を振り返り、なぜプレゼンテーションの重要性がこれまでになく高まっているのかを考察する前に、まず「プレゼンテーションZen」とは何なのかを説明しよう。

プレゼンテーション Zen

　これは禅についての本ではない。本書はコミュニケーションの本であり、プレゼンテーションをいつもと違った、現代に即した視点から眺めようとする本である。この先、禅や禅アートについて言及することが何回かあるが、ここで言う禅は文字通りの意味ではなく、比喩としての要素が大きい。実際、禅の教えと現代における「プレゼンテーション術」は直接的にはほとんど何の関係もない。しかし我々の仕事、とりわけ仕事上のコミュニケーションは、禅と同じ精神を共有できる。つまり、美学、集中力、一体感などに関する禅の理念の本質は、プレゼンテーションをはじめとする日常的な活動にも応用可能なのである。

　悟りを求めている人間に対して、師はこう言うだろう——人生のどこかにズレが生じており、「苦痛」が存在していることを真に理解することが第一歩である。こうしたズレが生まれるのは、我々がつまらないことに執着しているからだ。同様に、素晴らしいプレゼンテーションを創り上げるための第一歩は、今日、「普通の」プレゼンテーションと見なされているものの現状を認識し、そのやり方と、実際に人々が学んだり、コミュニケーションを取ったりする方法の間に「ズレが生じている」ことを自覚することである。

　人それぞれ、状況は違うだろう。しかし、ビジネスや学問におけるプレゼンテーションの現状が、発表者と聴衆のどちらにも相当の「苦痛」をもたらしていることは、経験を通じて誰もが知るところである。もっと明快に、誠実に、美しく、知的な方法でコミュニケーションを取りたいのなら、「普通」のやり方を捨てて、それよりもはるかに効果的な別の手法を取り入れるべきだ。プレゼンテーションの各ステップを通じて、私が最も留意しているのは、「抑制」「シンプル」「自然さ」という3つの方針である。準備にあたっては「抑制」を心がけ、デザインは「シンプル」に、実施においては「自然さ」を心がける。全ての方針が、最終的に、自分と聴衆の両方にとって分かりやすいプレゼンテーションにつながっている。

　いろいろな意味で、物事の基本というものは、約2300年前のアリストテレスの時代や、1930年代のデール・カーネギーの忠告から、ほとんど変化していない。だが、プレゼンテーションに関して常識と思われることは、一般には実践されていないのが現状である。「プレゼンテーションZen」は今日のプレゼンテーション、特にスクリーンに投影されるスライドを用いたプレゼンテーションの常識に異議を唱え、それらのデザインや実施について、発想の転換をうながすものである。

メソッドではなく、アプローチ

　しかしながら、「プレゼンテーションZen」はメソッドではなく、アプローチである。メソッドとは段階的で系統だったプロセスを意味する。それは周到に計画された、直線的なものであり、実証済みの明確な手順を伴っている。あなたはただAからZまでのステップを、順序よくたどっていけばいい。一方、「プレゼンテーションZen」は、アプローチであり、進むべき道や方向、心構えを意味し、時には哲学までも示唆するものである。だがそれは、誰もが従うべき実証済みのルールによる決まりきったやり方ではない。プレゼンテーションの腕を上げるための万能の解決法は存在しないし、成功のための処方箋を書くことは、私にはできない。成功できるかどうかは、本人やそのときの状況次第だ。だが、いくつかのガイドラインと、考慮すべきポイントを提供することなら、私にもできる。それらの考えは、マルチメディアを使ったプレゼンテーションに関する一般の社会通念に反するものかもしれない。

　同様に、禅そのものは、人生や生き方へのアプローチであり、一律に守られるべきルールや定説ではない。実際、悟りに至る道はいくらでもある。禅の中核を成しているのは、自己認識と、物事を観察し、発見する能力である。禅は「実際的」であり、「今」「ここ」を問題にしている。そして「実際的」「今」「ここ」といった要素は、プレゼンテーションについて、我々が関心を寄せている部分でもある。本書の目的は、プレゼンテーションをいつもと違った、シンプルで、視覚的で、自然で、有意義な視点から眺めてもらい、プレゼンテーションの作成・実施に伴う苦痛から人々を解放することである。

ケースバイケースの対応

　マルチメディア（スクリーンに投影されるスライド）を使ったプレゼンテーションがふさわしくないケースもある。例えば、聞き手が少数で、データ量が多い題材を扱う場合は、そうした題材の資料を配布し、意見を交わす時間を設けた方が適切であることが多い。ホワイトボード、フリップチャート、詳細図の描かれた資料などを使った方が分かりやすい場合もたくさんある。全てはケースバイケースである。本書は主に、マルチメディアを使ったプレゼンテーションがふさわしいケースを取り上げている。とはいえ、本書で取り上げる原則の多くは、マルチメディアを使うかどうかにかかわらず、ほとんどのプレゼンテーションに応用可能だ。

　本書はソフトウェアツール自体に関する本ではない。しかし、「抑制」や「シンプル」といった方針を念頭におけば、本書のアドバイスを生かして自らの状況にふさわしいビジュアルを作り上げることができる。ソフトウェアの機能に関して言えば、目標はより多くを知ることではなく、より多くを無視し、忘れ去ることである。そうすれば本質に目が向き、少数の重要な機能だけに集中することができる。ソフトウェア技術は我々の最大の関心事ではない。

　禅の研究者である鈴木大拙は、剣の達人小田切一雲の技術論を次のように説明している。「……剣術の第一原則は、小手先の技術に頼らないことである。たいていの剣士は技術を重視し過ぎており、場合によっては、それを最大の関心事にしている……」そして多くの人は、プレゼンテーションの準備や実施において、ソフトウェアを最大の関心事にしている。こうした態度は往々にして、散漫なビジュアルやスピーチにつながる。これでは聴衆を引き付けることはできないし、記憶にも残らない。

　確かに、ソフトウェアの基本を学ぶことは重要であるし、プレゼンテーション実施のテクニックや注意事項を知っておけば、何かと役に立つ。しかし、大切なのは技術だけではない。「プレゼンテーション術」は単なる技術を超越したものである。それによって聴衆との間の壁が取り払われ、一体感が生まれる。独特の、有意義な時間の流れの中で、相手にメッセージを伝え、納得させることが可能になるのである。

「プレゼンテーション Zen」のアプローチは、ホワイトボードを使っても達成できる。
大切なのは周到な準備とビジュアル志向、そして聴衆を引き付けることだ。

大人数の前でプレゼンテーションする場合、マルチメディアはその場にいる聴衆にメッセージを伝える優れたツールになる。ただし、肝心なのは聴衆を引き付け、一体感を生み出すことだ。

プレゼンテーションの現状

　コンピューターを使ったスライド・プレゼンテーションはずっと昔からあったように思われるが、一般的に用いられるようになったのは、ここ30年〜35年のことである。PowerPoint 1.0は、1987年、シリコンバレーで生まれた。Macにプレゼンテーション用の画像を表示する方法として、ロバート・ガスキンスとデニス・オースティンの両者によって開発されたのである。それはクールで、効果的な方法だった。同年、彼らはこのアプリケーションをMicrosoft社に売った。数年後にはWindows版が発売され、それ以来、あれよと言う間に状況は一変してしまった。ベストセラーの著者であるセス・ゴーディンは、お粗末なプレゼンテーションを誰よりも多く見続けてきた人物だ。彼は2001年に出版した電子書籍『Really Bad PowerPoint』（同年の電子書籍の年間ベストセラー）の中でこう語っている。「PowerPointはコンピューターにおける最も強力なツールになりうる。しかし、実際にはそうなっていない。現状は惨澹たるものである。ほとんどのPowerPointプレゼンテーションは最悪の代物だ」。長年の間、スライドやその他のマルチメディアを使って行われる無数のプレゼンテーションが失敗を続けてきた一番の理由は、そのディスプレイが単に大量のテキストを詰め込むための容器にすぎなかったからだ。1980年代に「認知的負荷理論」を展開したジョン・スウェラーによれば、情報が口頭と書面で同時に与えられた場合、その情報を処理することはより困難になる。人は読むことと聞くことを同時にうまくこなせない。したがって、テキストで埋め尽くされたビジュアルは避けるべきだ。一方、我々はスクリーン上の視覚的な情報（グラフ等を含む）を見ながら、スピーカーの説明に耳を傾けることは難なくこなせるのである。

　大半の人々が本能的に気づいているように、20分でプレゼンテーションを行う場合に、文字がぎっしり詰まったスライドを映し出すのは効果的ではない。そんなことをするくらいなら黙ったまま聴衆にスライドを読ませておいた方がいいだろう。しかし、ここで新たな問題が出てくる。あなたは何のためにそこにいるのか？

　口頭による優れたプレゼンテーションと、うまくまとめられた文書はまったくの別物である。その二つを融合させようとすれば、プレゼンテーションも文書もお粗末なものになってしまう――この問題については、後で詳しく説明する予定である。

まだ道のりは遠い

　プレゼンテーション・テクノロジーは長年にわたって進歩を遂げてきた。しかし、プレゼンテーション自体のレベルは必ずしも進歩したわけではない。今日、PowerPointやKeynote（Apple社のプレゼンテーション・ツール）、あるいは数ある優れたクラウド型アプリケーションのどれかを使って、無数のプレゼンテーションが毎日行われている。しかし、ほとんどのプレゼンテーションは、恐ろしく退屈なままであり、プレゼンターと聴衆の両方が耐え忍ぶべきものに成り下がっている。一方、やたらとアニメーションを取り入れ、ビジュアルを飾り立てたせいで、かえって素晴らしい研究結果が目立たなくなってしまっているケースも多い。一般的に、プレゼンテーションの効果が上がらないのは、プレゼンターに知性や創造力が欠けているからではない。それは悪い習慣が身についているからであり、どうすれば素晴らしいプレゼンテーションを生み出せるのかに関して、自覚や知識が欠けているからである。

　デジタル・テクノロジーが日々進化するにつれて、プレゼンテーション技術にも変化が生じているが、効果的なプレゼンテーションを生み出すための原則は、いつの時代も基本的に変わらない。今も昔も、「抑制」「シンプル」「自然さ」という原則が鍵となる（どんなソフトウェアを使おうが、あるいはデジタルツールを一切使わなかろうが、それは同じである）。どれだけ大量のソフトウェアをプレゼンテーションに取り入れたとしても、そうした技術やツールは、あくまで物事を分かりやすく、シンプルにするために、そして、話し手と聞き手の間に生じる親密な一体感を支えるために使われるべきである。テクノロジーや最新のツールは、我々の能力を大きく広げ、メッセージを増幅してくれる可能性がある。だが、それらは分別を持って、控えめに利用すべきであり、違和感のない、自然な形でプレゼンテーションに取り入れなければならない——さもないと、こうしたツールはコミュニケーションを妨げる障壁になってしまうだろう。

　この先どんなに目覚ましいテクノロジーが登場しようが、どれほど多くの機能やエフェクトが加わろうが、「魂のテクノロジー」は決して変わることがない。テクノロジーが役に立つかどうかは、そうしたツールがいかに物事を分かりやすく、印象的な形で説明できるか、そしてコミュニケーションの基盤である「人と人の心のつながり」を深められるかにかかっている。マルチメディアは、効果的に使えば、こうした役割を果たす力を持っているのだ。

プレゼンテーション世代

　今日、聴衆の脳全体_{ホールマインド}を刺激するような、インパクトのあるプレゼンテーションを行う能力は、かつてないほど重要視されている。現代は「プレゼンテーションの世代」だと言う人もいる。視覚的で、分かりやすく、情熱に満ちたスピーチをする能力は、従来にも増して重要なものになっている——その一因として、主にオンライン動画のおかげで、個人のスピーチが大勢の人々の目に触れるようになったことが挙げられる。あなたがしゃべったり、視覚的にアピールしたりした内容は、低コストで簡単に高画質の動画に収めることができ、全世界の人々に向けて公開することができる。あなたのスピーチやプレゼンテーションには、物事を変える（さらには世界を変える）力が秘められている。それは単なる言葉の力をはるかに超えている。言葉は確かに重要なものだ。しかし、言葉だけのことなら、詳細な文書を作成して配布すれば済むし、それで終わりである。一方、効果的なプレゼンテーションは、言葉が持つメッセージを大きく増幅してくれる。

　イギリスのオックスフォードで開催された2010年のTED（「Technolgy, Entertainment, Design」の頭文字をとった略語）会議において、TEDの運営者クリス・アンダーソンは、革新的なアイデアを広める上で、オンライン動画は大きな威力を持つと語った。彼は同時に、相手と直接向き合って行うコミュニケーションやプレゼンテーションには、変革をもたらす素晴らしい力があると述べている。通常、（プレゼンテーションを視聴するよりも）原稿を目で読んだ場合の方が、情報をすばやく取り入れることができる。アンダーソンもこの事実を認めている。しかし、さっと読んだだけでは、その豊かさや奥行きが十分に伝わってこないことも多い。プレゼンテーションの強みの一つは、視覚的なインパクトや「ショー・アンド・テル（実演）」的な要素にある。ビジュアルや構成、ストーリーなどは（ネット上で公開されている録画版も含めて）プレゼンテーションの魅力的な側面だ。しかし、プレゼンテーションの魅力はそれだけにはとどまらないとアンダーソン言う。

　　「（プレゼンテーションでは）単なる言葉よりはるかに多くのことが伝わる。こうした非言語的な部分の中にこそ、本物のマジックが潜んでいる。ジェスチャーや声の調子、顔の表情、アイコンタクト、熱意……そこには何百もの手掛かりがある。無意識のうちに感じ取ったこうした手掛かりが、聴衆の理解度や感動を左右するのだ」

　　　　　　　　　　　　　　　　　　　　　——クリス・アンダーソン

「人間は相手と直接向き合ってコミュニケーションを取るように生まれついている」。アンダーソンはそう語る。「対面コミュニケーションは、何百万年にわたる進化の中で、磨きをかけられてきた。そうやってこの不思議な魔法が生まれたのだ。誰かがしゃべる。すると聞いている人々の脳に共鳴が起こる。その結果、集団全体が一つになって動き始める。こうした結合組織は、多数の個体から成る一つの大きな生命体を形作っていく。この巨大な生命体が何千年にもわたって我々の文化を突き動かしてきたのである」

プレゼンテーションのレベルを上げ、周りに差をつける

　TEDやTEDx（TEDからライセンスを受け、世界各地で開催されているカンファレンス）のような組織やイベントが実証しているように、よく練られた魅力的なプレゼンテーションには、人々を導き、説得し、触発する力がある。プレゼンテーションの最前線では、事態は着実に進歩していると言える。しかし、全体的に見れば、ビジネスや学問の世界で行われているプレゼンテーションの大半は相変わらず退屈なものであり、（たとえその内容が重要で役立つものだとしても）聴衆を引き込むことはできていない。

　プレゼンテーションの「質」に関して言えば、レベルは比較的低いままである（とりわけ、マルチメディアを用いて行われるものについてはそうだ）。だが、これはまんざら悪い知らせではない——むしろ、チャンスだと言える。周りに差をつけるチャンスだ。あなたは広める価値のある貴重なアイデアを持っている。もうためらっている場合ではない。今日、世界で成功を収めている、革新的な企業や組織に目を向けると、その多くは個人的・創造的な貢献を奨励している。こうした気風がある以上、自分の仕事やアイデアを売り込むプレゼンテーションに対して、尻込みしているわけにはいかない。人生は短い。現状（あなた自身のキャリアアップを含む）を変えたいなら、自分自身、および自分のアイデアをアピールする方法は、極めて重要な意味を持ってくる。人とは違うところを見せようではないか。

聴衆（この場合は学生）とプレゼンターとの間に一体感がなく、メッセージが響かない。

聴衆はプレゼンターに注目し、彼女が発するメッセージに引き付けられている。

「コンセプトの時代」のプレゼンテーション

　私の愛読書の一つに、ダニエル・H.ピンクのベストセラー、『ハイ・コンセプト:「新しいこと」を考え出す人の時代』(三笠書房)がある。この本が出版されたのは2006年のことだが、その概念は今も十分通用する。『ハイ・コンセプト』は「プレゼンテーションZenアプローチ」を今日のプレゼンテーションに取り入れるための背景を生み出してくれたのだ。今日の世界——それはピンクらが「コンセプトの時代」と呼んでいる時代であり、そこでは「ハイ・タッチ(感性)」や「ハイ・コンセプト(創意)」が最優先される。「未来をリードするのは、他とは違ったタイプの人間である」ピンクは語る。「デザイナー、発明家、教師、作家——クリエイティブで共感的な右脳型人間の持つ能力こそが、時代をリードするものとそうでないものを分ける境界線なのだ」

　ピンクは『ハイ・コンセプト』の中で、職業人が直面しているチャンスや脅威を生き生きと描き出している。我々はこれまでとは違った、新しい時代を生きているのだとピンクは主張する。「斬新な発想のできる人」がこれまでになく尊重される時代だ。ピンクいわく、我々の生きている時代は「……斬新な発想や人生への新しいアプローチによって突き動かされている——そこでは、私が『ハイ・コンセプト』『ハイ・タッチ』と呼んでいる能力が尊重される。ハイ・コンセプトには、パターンやチャンスを見いだす能力、芸術的で情感あふれる美を創造する能力、説得力のある物語を生み出す能力が含まれている……」

　ところで、ピンクは論理や分析(「情報の時代」に尊重されていた、いわゆる「左脳的思考」)は今日の「コンセプトの時代」には重要ではない、と言っているわけではない。実際、論理的思考は依然として重要である。いわゆる「右脳的思考」だけでは、国際宇宙ステーション(ISS)を運用したり、病気を治したりすることはできない。論理的思考は必要条件だ。しかし、論理だけでは個人や会社の成功への十分条件にはならないことは、ますます明らかになってきている。今日、右脳的思考は左脳的思考と同じくらい(場合によってはそれ以上に)重要である(右脳/左脳という区別は、二つの脳半球の違いに基づいたメタファーである。健康な人間は単純作業をこなすときでさえ、右脳と左脳の両方を用いている)。

　『ハイ・コンセプト』の中でとりわけ役に立つのが、「6つの感性(センス)」、すなわち6つの「右脳志向の資質」である。オートメーションやアウトソーシングの進んだ、今日の

相互依存的な世界で成功を収めるには、これらの資質が不可欠だとピンクは語っている。

　6つの資質とは「デザイン」「物語」「調和」「共感」「遊び心」「生きがい」である。今日、仕事で成功し、自己実現を果たすには、こうした感性を身に付け、生かすことが必須である。次のページから始まる6つの資質の紹介文は、マルチメディアを使ったプレゼンテーションを念頭に置いて書かれたものだ。しかしこうした資質を、ゲームデザイン、プログラミング、製品デザイン、プロジェクト管理、医療、教育、小売業などに生かすことも可能である。以下のスライドは、ピンクの著書の6つのキーポイントを要約したものである。

筆者がダニエル・H．ピンクの著書（『ハイ・コンセプト：「新しいこと」を考え出す人の時代』三笠書房）から6つの資質を紹介するときに用いているスライド。ビジュアルにはフォトフレーム、マスキングテープ、背景のほか、shutterstock.com の画像を使用した。

デザイン

　多くのビジネスマンにとって、デザインとは表面を飾るだけの、ケーキのアイシングのようなものである。あれば華やかだが、必要不可欠というわけではない。私に言わせれば、それはデザインではなく、「デコレーション」だ。デコレーションは良くも悪くも目に付きやすい——楽しいものであれ、不愉快なものであれ、紛れもなくそこに存在するものである。しかし最高のデザインというものは、あまりにもうまくできているために、決してそれを見る人によって意識されることがない。本の装丁や空港の標識などはその一例である。例えば、我々は標識などのメッセージには気づく（優れたデザインのおかげでスッと頭に入る）が、その色彩や、活字や、コンセプトなどを意識することはない。

　デザインは当初から考慮すべきものであり、最後に付け足すものではない——それは後知恵であってはならない。スライドを使ってプレゼンテーションをする場合、ビジュアルデザインは、コンピューターのスイッチを入れる前の、準備の段階からすでに始まっている。準備作業では、日常の忙しさを忘れ、リラックスを心がけるとよい。そうすれば、トピック、目的、キーメッセージ、聴衆についてじっくり考慮できる。その上で、後にデジタル・ビジュアルとなるアイデアの構想を練り始めよう。

物語

　事実、情報、データ。その大部分はネットで手に入るし、電子メール、PDF形式の添付ファイルで人に送ることができる。ハードコピーを取って通常の郵便で送ることも可能だ。データや「事実」はかつてないほど広く普及している。認知科学者のマーク・ターナーはストーリーテリングを「語りによるイメージ作り」と呼び、思考の主要な手段と見なしている。我々の脳は物語を聞いたり語ったりするようにできている。人はみな、生まれながらのストーリーテラー（あるいはストーリーリスナー）なのだ。子供の頃、我々は「ショー・アンド・テル（自慢の一品を見せながらみんなに説明する授業）」の時間を心待ちにしていた。そして、休み時間やランチタイムに友達と集まり、実在する大切なものやイベント（少なくとも自分にとっては大きな意味を持つもの）について語ったものだった。

　しかしいつの頃からか、「物語」はフィクションや嘘と同義語になってしまった。物語やそれを語ることは、ビジネスや学問の分野では無視され、真面目な人間が関わるものではないと思われてきた。しかし、私の教え子の大学生たちの話から判断すると、最も

有能な教授とは自身の経験や実際にあったエピソードを話してくれる人のようだ。彼らの目から見て一番いい教授は、ただ教科書を進めるのではなく、物語を語ることで、自分の個性や人柄、経験を題材に反映させていると言う。その結果、分かりやすく、印象的で、人を引き付ける授業になるらしい。物語はいろいろな使い方ができる――何かを教えたり、伝えたり、分かりやすくしたりするために使えるし、もちろん、真摯に相手を説得するときにも使うことができる。

調和

　焦点化、専門性、分析は「情報の時代」には重要だった。しかし「コンセプトの時代」には、統合化、および一見何の関係もない要素を結びつけて全体像を明らかにする能力が不可欠である。それによって勝負が決まるとも言える。ピンクはこうした才能を「調和」と呼んでいる。

　最高のプレゼンターは、今まで気づかなかった関係性を明らかにしてくれる。彼らは「関係性同士の結びつき」を見抜くことができる。「調和」には、ものを見る力――全く新しい角度からものを見る力が不可欠である。単に情報の塊を提供したり、スクリーンに箇条書きで映し出された研究結果を読み上げたりするだけなら、誰にでもできる。しかし、ここで求められているのは、さまざまなパターンを見分けられる人間や、微妙なニュアンスを感じ取り、複雑な問題に隠れているシンプルな本質を見抜くことができる人間である。プレゼンテーションにおける「調和」は、マスメディアで流行している「サウンド・バイト（短くて印象的なフレーズ）」や「トーキング・ポイント」のように、発表内容のレベルを下げ、単純化してしまうことではない。「調和」とは、あらゆる知性――論理、分析、統合、直感――を総動員して、世界（つまり自分のトピック）を理解し、全体像をつかみ、何が重要なのかをスピーチの当日までにはっきりさせることである。それはまた、本当に大切なポイントを見極め、それ以外を切り捨てていくことでもある。

共感

　共感は他人の身になって物を考えることである。共感を身につけるには、他人が発している、言葉によらないシグナルの大切さを理解するのと同時に、自分自身の心の声に耳を傾ける必要がある。例えば、優れたデザイナーは利用者、顧客、聴衆の立場になって物事

を考える能力を持っている。もしかすると、それは生まれつきの「才能」であって、「スキル」として教えるのは難しいかもしれない。しかし、誰にでもそうした能力を向上させることはできる。共感を持つことによって、プレゼンターは無意識のうちに、聴衆が自分の話についてきているかどうかを察知できるようになる。彼らは聴衆の反応に合わせて、発表内容を微調整していくことができるのである。

遊び心

「コンセプトの時代において、仕事に欠かせないものは、真面目さだけではなく遊び心である」。ピンクはこのように語っている。各プレゼンテーションによって状況は異なるが、人前で話す場合、ユーモアや茶目っ気が、楽しいパフォーマンス作りに大いに貢献することは多い。ここで言う「ユーモア」とは、くだらないジョークを連発したり、ピエロのようにおどけてみせることではない。昔ながらの控えめなユーモアで観客をクスッとさせることである。ピンクの著書の中で、インド人医師マダン・カタリアは、真面目な人々の方がビジネスに向いているし、信頼できる──そう思っている人は多い、と述べた後でこう指摘している。「(しかし)それは間違っている。それは過去の話である。笑っている人こそが、よりクリエイティブで有能な人間なのだ」

我々はいつの間にかこう思い込まされている──実際のビジネス・プレゼンテーションは、常に退屈でユーモアに欠けており、楽しむというより、耐え忍ぶものである。そしてスライドなどのマルチメディアツールを使う場合、より複雑で、詳細で、見づらいほどいい、と。こうしたアプローチはいまだに生き残っている。しかし、将来的にはそれもまた「過去の話」になることを期待しよう。

最高のプレゼンター──そして、優秀な教師──は、遊び心を発揮して聴衆を引き付ける

生きがい

　プレゼンテーションを行うことは、世界（あるいは地域社会、会社、学校など）にちょっとした変化をもたらすチャンスである。失敗すれば、精神面やキャリアの面で、大打撃を受ける可能性がある。しかし、うまくいけばあなたも聴衆も満足でき、キャリアアップにつながるかもしれない。我々は何らかの「生きがい」のために生まれてきたのであり、自己表現をするために、そして自分にとって大切なものを他人と共有するチャンスを得るために生きている、と言う人もいる。運がよければ、情熱を傾けられるような仕事に就くことができる。もしそうなら、自分の専門知識——自分の物語——を他人と分かち合うチャンスを、ワクワクしながら待つことになる。何か新しいことを教えることで相手と気持ちを通じ合わせたり、自分にとって大切なものを誰かと共有し合ったりすることほど、やりがいのあるものはない。

　聴衆は俗にいう「PowerPointによる死ぬほど退屈なプレゼンテーション」にすっかり慣れきってしまったため、それを理想的だとは言わないまでも、普通だと考えているふしがある。しかし、もしあなたが「自分だけは違う」ことを示せたなら——もし予想を上回るパフォーマンスを披露し、観客への配慮や周到な準備をアピールでき、題材を熟知していると分かってもらえたなら、そしてこの舞台に立てること、聴衆の前で話せることへの感謝を、行動をもって示すことができたなら——おそらく、（たとえ小さなものであれ）インパクトや影響を与えることができるだろう。こうした小さなつながりが大きな意味を持つこともある。

　デザイン、物語、調和、共感、遊び心、生きがい。ダニエル・ピンクの『ハイ・コンセプト』は、我々の生きる新時代の背景知識を提供し、「ハイ・タッチ」の才能（そこには優れたプレゼンテーション能力も含まれる）が今日、なぜそれほど重要であるかを教えてくれる。世界中の職業人たちは、デザイン、物語、調和、共感、遊び心、生きがいという、いわゆる右脳的才能が、かつてないほど重要性を増していることの経緯と理由を知るべきである。我々の世代の最高のプレゼンテーションは、（CEOや「クリエイティブな人々」だけでなく、エンジニアも含めて）「脳全体_{ホールマインド}」を使うことのできる資質や才能に恵まれたプロフェッショナルから生まれるであろう。現代のプレゼンターに必要とされるのは、これらの能力だけではない。しかし、高い分析技術といったその他の重要な能力に加え、こうした能力を身につけることが、「コンセプトの時代」のコミュニケーターとして大きく飛躍する条件となるだろう。

新しい時代が求める、新しい発想法

　現代の有能なコミュニケーターに必要なスキルは、過去のそれとは異なっている。今や、リテラシーとは単に読み書きの能力だけではなく（それも欠かせないが）、ビジュアルコミュニケーションを理解する能力でもある。今日、我々はより高いビジュアルリテラシーを求められている。同時に、大切なメッセージを伝えたいとき、ビジュアルがいかに威力を発揮するかを理解することも必要である。

　プレゼンテーション用のビジュアルを作成する人々は、概してPowerPointなどのスライド・ソフトウェアを文書作成ツールの一種と見なしている。彼らの方針や手法は、手紙、報告書、集計表といったビジネス文書の作成の常識に大きく影響されているように見える。多くのビジネスマンや学生たちは、マルチメディアスライドをテキスト、箇条書き、クリップアートの付いた単なる豪華なOHPシートのように扱っている。

　よいプレゼンターになりたいのなら、スライド・ソフトウェアの使用法やプレゼンテーション技術に関する本（この本も含む）のアドバイスの一歩先を見据えなければならない。これらの本にはそれなりの存在価値がある。しかし、その他の実績あるビジュアル・ストーリーテリング形式にも目を向けるべきだ。例えばドキュメンタリー映画は、ナレーション、インタビュー、音声、インパクトのある映像、静止画、時には画面に書かれた文字などを組み合わせて、ノンフィクションストーリーを語るメディアである。これらはプレゼンテーションにも取り入れることができる要素だ。映画とプレゼンテーションは別物だが、両者はあなたが思っているほど違ってはいない。私はケン・バーンズ〔訳注：アメリカのドキュメンタリー映画作家〕のほぼ全作品を見ることで、ストーリーテリングにおけるビジュアルの使い方について多くを学んだ。また、『市民ケーン』や『カサブランカ』、黒澤明監督の『生きる』、さらには『スター・ウォーズ』3部作といった素晴らしい映画のストーリーテリングやビジュアルコミュニケーションにも、貴重な教訓を見いだすことができる。

　マンガの世界から知識やインスピレーションを得ることも可能だ。マンガは文字と絵を組み合わせて素晴らしい物語を作り上げることに非常に長けている。こうした物語は人を引き付け、深い印象を与える。

　マンガと映画は、ビジュアルを通じてストーリーが語られる二大メディアである。会議のプレゼンテーションや基調スピーチを作成する手法は、従来の箇条書きのビジネス文書を作成することとはあまり共通点がない。むしろ良質のドキュメンタリー映画やマンガを創り出す手法と共通する部分が多いのである。

過去を捨て去ろう

　パフォーマンス向上のための「プレゼンテーションZen」アプローチの一つは、「スライドデッキ時代」［訳注：スライドデッキとは、プレゼンテーション用のスライド集のこと］、つまり型にはまったデザインやスピーチが当たり前だった時代に学んだ知識を、思い切って捨て去ることである。その第一歩は、自分の経歴や、「知っていること」（あるいはそう思っていたこと）に関する固定観念にとらわれて、新しいプレゼンテーション法を受け入れられなくなるのを防ぐことだ。1枚のスライドに7つのセンテンス？　さらにクリップアートを入れる？　そうやってクビになった人間はひとりもいないだって？

　過去に執着していたら、何も新しいことは学べない。我々は偏見を捨てるべきである。そうすれば新しい視点から、世界をありのままに見ることができる。かつて偉大なるジェダイマスター、ヨーダが遙か彼方の銀河で語ったように、我々は思い込みを捨て去るべきなのた。

「過去を捨て去るということ」
（スライドの画像はshutterstock.com提供によるもの）

課 題

　個人、もしくはグループでブレインストーミング・セッションを行い、自社の
プレゼンテーションに関する、現在の見解や指針（もしそうしたものがあれば）
を検討しよう。現在のプレゼンテーションはどこに問題があるのか？　うまく
いっているのはどういう部分か？　プレゼンテーションのデザインや実施につい
て、今まで取り上げてこなかったような問題を投げかけるとしたら、それはどん
なものか？　デザインや実施のプロセスのどういった側面が、プレゼンターや聴
衆に「苦痛」をもたらしているのだろうか？　過去の努力は、比較的重要度の低
い問題にばかり焦点を合わせてきたのではないか？　「重要度の低い」問題とは
どんなものか？　どこへ努力の焦点を合わせるべきだろうか？

まとめ

- 日本の弁当と同様に、素晴らしいスライド・プレゼンテーションは、適切なコンテンツを最も効果的で洗練された形で配置しており、余分な装飾は一切ない。コンテンツはシンプルに、バランスよく、美しく提示される。

- プレゼンテーションZenはアプローチであり、一律に守られるべき確固たるルールではない。プレゼンテーションのデザインと実施に至る道はいくらでもある。

- プレゼンテーションZenの基本原則は、準備にあたっては「抑制」を心がけ、デザインは「シンプル」に、実施においては「自然さ」を心がける、というものである。これらの原則は、技術系・非技術系のどちらのプレゼンテーションにも応用できる。

- テキストだらけのスライドを使った退屈なアプローチは、誰もがやっている一般的な手法だが、決して効果的ではない。問題はツールやテクニックにあるのではなく、悪い習慣にある。ツールの良し悪しは確かにあるが、たとえ旧バージョンのマルチメディア・ツールを使ったとしても、効果的なプレゼンテーションを行うことは可能である。

- 「コンセプトの時代」では、従来にも増して、しっかりしたプレゼンテーション能力が重要になる。プレゼンテーションを上手にこなすことは「脳全体^{ホールマインド}」を使ったスキルである。よいプレゼンターは人々の「左脳」と「右脳」の両方をターゲットにしている。

- マルチメディアを使った生のスピーチに必要なのは、ストーリーテリングである。それは文書の朗読とはあまり共通点がなく、むしろドキュメンタリー映画の技法と共通する部分が多い。今日のスピーチは、画像やその他の適切なメディアの助けを借りて「物語」を語らねばならない。

- 人は長年の間に無駄な習慣を身につけてしまっている。変革のための第一歩は、過去を捨て去ることである。

preparation

準備

冷徹な自制心には計り知れない力が秘められている。

──ジェームズ・ラッセル

創造性と制約

第3章では、準備の第一段階について考察する予定である。だがその前に、一歩離れたところから、プレゼンテーションの準備とは通常は結びつかないもの —— 創造性 —— について考察してみることにしよう。あなたは自分に創造性があるとは思っていないかもしれない。まして、デザイナーや、作家、芸術家といった創造的なプロフェッショナルの一人だと見なしてはいないだろう。しかし、あなたにも創造性はあるはずだ。なぜなら、プレゼンテーションのコンテンツ（とりわけ、マルチメディアを用いて発表されるもの）を作成することは、クリエイティブな行為だからだ。

私は世界中でセミナーを開いたり、授業を行ったりしている。そうした場で出会う学生やプロフェッショナルたちは口をそろえて、「自分はあまり創造的な人間ではない」と言う。もちろん、謙遜して言っている人もいるだろう。しかし、たいていの大人は本気でそう思っているらしい。「自分は『クリエイティブ』なんて柄じゃない」と思い込んでいるのだ。彼らは仕事で成功を収め、充実した幸せな人生を送っている人々である。それなのに、なぜ「自分はクリエイティブではない」「自分の仕事に創造性は必要ではない」と思ってしまうのだろうか？　一方、教室に集まった幼い子供たちに向かって「自分がクリエイティブだと思う人、手をあげて！」と聞いたら、ほぼ全員が手をあげるだろう。パブロ・ピカソはこう言っている ——「子供は誰でも、生まれながらの芸術家だ。問題は、大人になっても芸術家でいられるかどうかである」。創造性についても同じことが言える。人は誰でも生まれながらのクリエイターであり、（どんなキャリアを歩もうが）今もなお創造的な存在であるはずだ。創造性を発揮する方法はいくらでもある。効果的なプレゼンテーションをデザインし、実施することもその一つである。

プレゼンテーション作成はやり方次第で極めて創造的なプロセスになり得る。そのプロセスには分析的で論理的な思考が必要とされるだけでなく、イマジネーションや直感が求められる。そして、デザインが重要な意味を持っている。ビジネスと創造性は相容れないものだなんて、誰が言ったのか？　数字や運営を管理することだけがビジネスな

のか？　今日の学生たちは、デザイン思考を身につけることによって、明日の素晴らしいビジネスリーダーになれるのではないか？　「デザイン思考」「デザイン意識」「創造的思考」は、専門分野や現在の任務にかかわらず、すべての職業人にとって重要な資質ではないだろうか？

　プレゼンテーションの準備は創造的な行為であり、ただ事実やデータを並べることではないと気付けば、それが左脳的思考だけでなく、いわゆる右脳的思考が必要な「脳全体」を使った活動であることを実感できる。確かに調査や下準備には、論理的分析や計算、慎重な証拠固めといった左脳的思考が必要かもしれない。しかし、コンテンツをプレゼンテーションへと変貌させるには、いわば左右の脳をフル回転させることが不可欠なのである。細部を見る眼はもちろん必要だが、全体像も見失ってはならないのだ。

初心を持って取り組もう

　禅の教えでは、「初心」や「童心」が語られることが多い。子供がそうであるように、初心を持って人生に接している人は、情熱的で生き生きしている。そして無限に広がるアイデアや解決法に対して心を開いている。子供は何が不可能なのかを知らない。それゆえ、可能性を追求したり、新しいことを発見したり、何かを試したりすることに対して、何ら躊躇するところがない。初心を持ってクリエイティブな課題に取り組めば、固定観念や習慣、常識的にそうだと（そうあるべきだと）言われていることに煩わされずに、物事をはっきりと、ありのままに見ることができる。初心の持ち主は、古い習慣にとらわれたり、「この辺ではこういうやり方が主流だ」とか、「こうすることもできた」「ああすればよかったのに」といったことを気にしたりしない。初心者は偏見がなく、柔軟であり、「前例がない」「他の人はどう思うか」などと言うより、「どうしてだめなのか？」「試しにやってみよう」と言うことの方が多い。

　たとえ経験豊かな大人でも、真の初心者として新たな挑戦に取り組めば、失敗するのではないか、間違いを犯すのではないかと怖がる必要はなくなる。「熟練者の心」を持って問題に取り組むと、さまざまな可能性が見えなくなることが多い。熟練者の心は過去に縛られており、新しく、異質な、未知のものには興味がない。熟練者はそんなことは無理だ（やるべきではない）と言う。初心者はこう言う。「これ、やれるかな？」

　初心を持って課題に取り組めば、過ちを恐れることはなくなる。間違いを犯したり、失敗のリスクを負ったり、誤りを指摘されたりすることへの恐怖は、常に我々についてまわる。それは非常に残念なことだ。間違いを犯すことと、創造的であることはイコールではない。しかし、進んで間違いを犯そうとしなければ、真に創造的な人間になることは不可能である。もし意識の底に恐怖心やリスクを避けたい気持ちがあったら、常に安全策——すでに何度も使ったことのある方法——を取ってしまうだろう。時には、「すでに通ったことのある道」が最善の道であることもある。しかし、他の選択肢と比較して、どんなメリットやデメリットがあるかを確かめもせずに、惰性で道をたどるべきではない。先入観を捨て、さまざまな可能性を考慮した結果、いつものやり方が最良の方法であったと気付くことがあるかもしれない。しかし、それは単なる惰性で行った選択ではない。新たな視点から初心者の心で熟考した結果、そうした選択を行ったのである。

子供はもともと創造的で、遊び心に満ちており、新しいことを試すのが好きである。思うに、我々が最も人間らしく生きていたのは、幼い子供の頃だったのではないか。我々は時には何時間もぶっ続けで、お絵かきや工作に取り組んだものだった。なぜなら、理屈は分からないにせよ、我々の中には創造力がみなぎっていたからだ。年を取るにつれて、怖れや疑い、自己検閲や躊躇といったものが忍び寄ってきたのである。創造的精神は今でも我々の中に眠っている——それが我々の本来の姿なのだ。周りにいる子供たちを見れば、きっとそれを思い出すはずである。今のあなたが18歳だろうが98歳だろうが、決して遅過ぎることはない。なぜなら「我々の中の子供」は今でも生き続けているからだ。

「初心者の心には可能性が溢れているが、
　　熟練者の心にはそれが少ない」

　　　　　　　　　　　　　　　　——鈴木俊隆

プレゼンテーションはクリエイティブな行為である

　創造力やイマジネーションは、画家や彫刻家のような「世界的アーティスト」だけのものではない。教師にも創造力は必要だ。プログラマーやエンジニア、科学者、医者も同様である。創造的な才能は、さまざまな専門分野で生かされている。例えば1970年、損傷したアポロ13号の船内の二酸化炭素を除去するための応急処置を思いつき、宇宙飛行士の命を救ったのは、超オタクな、NASAの有能な地上管制官たちだったことを忘れてはならない。彼らの大胆な応急処置——スペアパーツとダクトテープを使ったもの——は見事な機転であり、独創的で、イマジネーションに富んでいた。

　クリエイティブであるということは、黒いタートルネックを着てジャズ喫茶にたむろし、カプチーノをすることではない——それは、脳全体（ホールマインド）を使って解決策を見いだすことである。創造力とは従来の知識や方法にとらわれず、（往々にして瞬時に）独創的な思考を取り入れ、不測の事態を切り抜ける能力を指している。こうした場面には論理や分析だけでなく、大局的に物を見ることが必要だ。このような物の見方ができるのも、クリエイティブな資質である。

　翻って地上に目を向けてみよう。スライドウェアを用いた一見平凡な会議のプレゼンテーションも、やり方によっては非常にクリエイティブなものになる。プレゼンテーションは、自分自身や会社、そして自らの信条を際立たせ、周りに差をつけるチャンスである。そのコンテンツがなぜ重要であり、見逃せないものであるかを語って聞かせる機会でもある。大きな飛躍のチャンスかもしれないのだ。それなのに、なぜみんなと同じような解説やパフォーマンスに終始してしまうのか？　なぜ予想通りにふるまおうとするのか？　予想のさらに上を行くプレゼンテーションで聴衆をあっと言わせようではないか。

　あなたにも創造力はある。おそらく、自分で思うよりはるかにクリエイティブな人間のはずだ。人はみな、自らのクリエイティブな能力を開拓し、イマジネーションを発揮する努力をすべきである。

　ブレンダ・ウェランドの著書『If You Want to Write』（『本当の自分を見つける文章術』アトリエHB）は、最も刺激的で有用な本の一つだ。初版は1938年に出ているが、この本は『If You Want to Be Creative』というタイトルをつけた方がよかったかもしれない。ブレンダの簡潔かつ思慮深いアドバイスは、物を書く人間だけでなく、仕事でもっと創造力を発揮したい人や、他者が自らの創造的な魂に触れられるよう手助けしたいと願う人の心

にも響くものだ（これはデザイナーや芸術家だけでなく、プログラマーや疫学者にも当てはまる）。この本はあらゆる職業人、とりわけ他人に何かを教えることを目指している人々にとっての必読書である。ブレンダ・ウェランドから発想を得た考え方をいくつか紹介していこう。プレゼンテーションの準備をするときや、その他のクリエイティブな仕事に取り組むときには、以下のアドバイスを念頭に置いてほしい。

思い切ってやってみる

　我々は自らに対して大嘘をついている——「自分には創造力がない」と。確かに、その道の「第二のピカソ」になるのは無理かもしれない。とはいえ、その可能性もゼロとは言い切れまい。だが、そんなことはどうでもいい。大切なのは可能性を探る過程で、早々とあきらめてしまわないことである。失敗してもかまわない。むしろ、失敗こそ欠かせない要素だと言える。しかし（特に他人の目を恐れて）実験やリスクを避けてしまうと、その場で失敗するより、はるかに大きな悩みの種を抱えることになる。失敗は過去のもので、すでに完結している。だが、「もしこうしたら、どうなるだろう……」とか「あのときこうしていたら、どうなっていただろう……」といった悩みは、絶えず重荷となってのしかかってくる。こうした重圧によって、クリエイティブな精神は押し殺されてしまう。あえて危険を冒し、自分の限界に挑戦しようではないか！　あなたがこの地球で生きることができるのはたった一回きり、ほんの短い時間なのだ。なぜ自分の才能を試してみようと思わないのか？　あなたの才能に驚く人がいるかもしれない。何よりも、自分自身がその才能に驚くかもしれないのだ。

> "If you're not prepared to be wrong, you'll never come up with anything original."
>
> Sir Ken Robinson
> TED 2006

「間違いを犯す覚悟がなければ、独創的なアイデアを考え出すことはできないだろう」
　　　　　　ケン・ロビンソン卿

これは、21 世紀の教育について筆者が講演したときのスライド。スライド内のテキストは、ケン・ロビンソン卿の TED talks でのスピーチ「Do Schools Kill Creativity?（学校は創造性を殺すのか？）」（2006 年）から引用した。

ライオンになれ！

　インスピレーション——それはどこへ行けば見つかるのだろうか？　インスピレーションはどこにでも転がっているし、それを見つける方法はいくらでもある。だがそれは、マンネリ化した日常の中には見つからない。場合によっては、人に物を教えているときに、インスピレーションが生まれることもある。自分にとって大切な「何か」を誰かに伝えようとするうちに、その「何か」の価値に改めて気付かされるのだ。さらに、（相手が子供であれ、大人であれ）生徒の熱気はまわりに伝染しやすく、一緒にいるあなたまで元気が湧いてくることがある。ウェランドは言う。「私は彼らがもっと自由に、大胆な気持ちになれるように、こう助言した。思い切りやれ！　軽はずみで、無鉄砲な人間になれ！ライオンになれ。海賊になれ！」そう、大切なのは、子供のように自由でいることだ。折に触れてそのことを思い出すようにしよう。

アイデアはリラックスタイムから生まれる

　何もせずにブラブラする時間は大切である。私自身を含め、たいていの人々は何か仕事をしなければという強迫観念にとりつかれている。無為に時間を過ごすことが怖いのだ。とはいえ、素晴らしいアイデアがひらめくのは、往々にして「ブラブラしているとき」や、「ボーッとしているとき」なのである。人は仕事から離れた時間をもっと増やした方がいい。浜辺をゆっくり散歩する。森の中をジョギングする。サイクリングに出かける。コーヒーショップで本を読みながら4〜5時間過ごす。こうした時間の中で、我々の創造的精神は活性化される。たまには一人きりの時間を作ってのんびりすることが必要だ。そうすれば物事を違った角度から見ることができる。経営者によっては、このことを理解し、社員に必要なだけの時間を与えている者もいる（社員を心から信頼しなければできないことだ）。彼らこそが、信頼に足る、最も素晴らしい経営者だと言える。

ロス・フィッシャー博士

小児外科専門医
シェフィールド小児病院 ffolliet.com（英国シェフィールド）

ロス・フィッシャー博士は、プレゼンテーション・スキルと医学教育分野への貢献が認められ、2019年に王立カナダ内科外科大学からレクチャーシップを授与され、外科客員教授に任命された。

プレゼンテーションは医学教育の基盤である。講義やメディカル・カンファレンスでは聴衆に膨大な情報が「伝えられる」。しかし困ったことに、そうした情報はほとんど聞き手の頭に残らない。プレゼンターもしくは聴衆の側に配慮や努力が足りないからではない。原因は、プレゼンテーションのつくりそのものにある。効果的なプレゼンテーションの基本原則を理解すれば、医学教育、ひいては患者のケアの質は大幅に改善されるはずだ。

医学関係者の大半は、プレゼンテーションの専門教育を受けておらず、完璧ではないが、それなりに確立された手法を取り入れているに過ぎない。過去に敬意を払い、慣行に従うことが望ましいという、欠陥のあるプレゼンテーション手法が延々と繰り返されている。おかげで、医学教育では、多くの時間が無駄になってきた。こうした悪循環は断ち切る必要がある。欠陥は直さなければならない。

外科医であり、研究者であり、教育者である私にとって、本書『プレゼンテーションZen』との出会いは目からうろこの体験だった。それは、医学教育における私自身のアプローチに根本的な変化をもたらし、「p cubed（pの3乗）」というコンセプトへと発展した。ちょっとアプローチを変えるだけで、医学プレゼンテーションに劇的な効果をもたらすのだ。

臨床医である我々に必要なのは、データを提示することでなく、学びを促すプレゼンテーションを構築することである。ファクトを詰め込んだからと言って、いくらでも頭に入るわけではないのだ。

効果的なプレゼンテーションは、「ストーリー（p1）」とそれを支える「メディア（p2）」、そして「伝達（p3）」の3要素で構成される。プレゼンテーションの価値は、この3つの要素を掛け合わせた積、すなわちpの3乗（p cubed）になる。

プレゼンテーションを支えるこうしたメディアは、視覚的に聴衆の理解を助けるものでなければならない。スライドに配布資料の文字や図表をそのまま映し出したり、形だけの情報を掲載したりすべきではない。文字を多用したスライドは記憶に残りにくく、逆効果である。聴衆がスライドの文字を目で追い、内容を理解し、記憶しようと必死になっているのなら、彼らはプレゼンテーションに集中できず、話の内容もなかなか頭に入らない。「メディア（p2）」が情報の「伝達（p3）」を邪魔するようであってはならない。込み入った情報はスライドに詰め込まず、配布資料にすべきである。

医学プレゼンテーションでは、小さな文字で表記された巻末注や参考文献リスト、学術論文の写真、論文から直接コピーした図表をスライドに掲載するといった悪習が目に付く。「どこでもやっているから」というのは、有効性の証拠にならない。情報の「伝達（p3）」の仕方を改善するには、印刷物とスライドの違いを理解しておく必要がある。同様に、医学プレゼンテーションの向上にあたっては、聞き手に積極的に働きかけ、熱意をもってメッセージを伝えようとするプレゼンターの存在が不可欠である。

医学プレゼンテーションの向上には教育心理科学が大きなカギを握っている。時代遅れのアプローチを捨て、データの提示ではなく、学びのためのプレゼンテーションを構築し、熱意をもって聴衆に語

2019年にロンドンで開催された医療従事者向けカンファレンス「Don't Forget the Bubbles」でプレゼンテーションを披露するロス・フィッシャー博士。同カンファレンスのウェブサイト（dftb19.com）では、博士のこのスピーチ以外にも、さまざまな登壇者によるスピーチを視聴できる。

り掛ける。そうすることで学習効果が上がり、患者ケアや治療の質の向上につながるのだ。

「医学プレゼンテーションの向上にあたっては、聞き手に積極的に働きかけ、熱意をもってメッセージを伝えようとするプレゼンターの存在が不可欠だ」
——ロス・フィッシャー博士

情熱は創造力の源である

　あらゆる仕事は、愛、情熱、イマジネーション、魂によって裏打ちされるべきである。情熱なくして、創造力は生まれない。静かな情熱でもいいし、燃え上がるような情熱でもいい。それが本物の情熱ならば、何でもかまわない。かつて、私が手がけた長期プロジェクトの成功について、ある男がこうコメントした。「まあ、君には情熱があるからね。それは認めるよ……」。それは嫌みのこもったお世辞だった（本人にはその自覚がなかったようだが）。人々のやる気に水をさすのはこういった人間である。人生は短い。情熱というものの価値を認めない人間、さらには、人から情熱を奪い去ろうとする人間にかかわっている暇はない。「他人にいいところを見せよう」とか、「自分の情熱は人からどう見られているのだろう」といった余計な考えは、頭から消し去るべきである。リチャード・ファインマン［訳注：米国出身のノーベル賞物理学者］の至言の中にもこんな言葉がある。「ひとがどう思おうとかまわない！」

厳しい制約の中で仕事をすることを強いられたとき、
創造力は最大限に引き伸ばされる
──そして最も豊かなアイデアが生まれてくる。
完全な自由を与えられると、
仕事が散漫になる可能性が高い。

──T．S．エリオット

制約の中で仕事をするということ

　数年前、大阪で私の友人ジャスパー・フォン・ミアハイムとカワムラ・サチコによる素晴らしいプレゼンテーションを目にする機会があった。2人ともベテランのデザイナーだ。テーマは、創造的なプロジェクトに制約を加えることによって、いかに独創的なソリューションが生まれるか、というものだった。彼らは時間、空間、予算といった制約の下で構想を練り、それを実行に移す方法について語った。プロのデザイナーは、外部から押し付けられたあらゆる制約の下で素晴らしい作品を創り出さねばならない。デザイン業界とはそういうものである。そうした制約がいいものか悪いものか、仕事のプラスになるかマイナスになるかは、ある意味重要ではない。何事にも制約があるのが世の習いだ。しかし、ジョン・マエダが著書『シンプリシティの法則』（東洋経済新報社）で指摘しているように「デザインの分野では、制約が多ければ多いほど、素晴らしいソリューションが生まれるという説がある」。例えば、タイムリミットやそれに伴う切迫感は通常は制約になるが、マエダは「切迫感と創造的精神は連動している」と言っている。

　クライアントや上司などから押し付けられたあらゆる制約の下で、創造力やスキルを駆使して問題を解決したり、メッセージを生み出したりすることは、デザイナーにとって当たり前の行為である。彼らは毎日のようにそれをやっている。しかしデザイナー以外の、高性能なデザインツールを持った数多くの人々は、制約というものの重要性をよく理解していない。デザインを学んだことのない人々が、今日のソフトウェアツールを用いてプレゼンテーション用のビジュアル（もしくは、ポスター、ウェブサイト、ニュースレターなど）を作ろうとする場合、あまりのオプションの多さに圧倒されて、やる気をなくしてしまうかもしれない。あるいは、ますます豊富になる色・形・特殊効果を駆使して、自らの芸術的感性を発揮できるチャンスに、すっかり舞い上がってしまうかもしれない。どちらのケースも、質の低いデザインやメッセージにつながる可能性がある。プロのデザイナーから学ぶべきことは以下の2点である。（1）制約は敵ではなく、心強い味方である、（2）自らに条件や制約を課すことは、良質で創造的な仕事に欠かせない要素であることが多い。

「ぺちゃくちゃ」
制約を味方にする手法

「ぺちゃくちゃ（PechaKucha）」は 2003 年、東京を拠点に活動する二人の建築家、マーク・ダイサムとアストリッド・クラインによって始められた、プレゼンテーションにおける世界的ムーブメントである（「ぺちゃくちゃ」は日本語で「おしゃべり」を意味する）。ぺちゃくちゃはプレゼンテーションに対する態度の変化の一例であり、スライドを使った、素晴らしく独創的で型破りなプレゼンテーションの方法だ。ぺちゃくちゃ・メソッドによるプレゼンテーション法は非常にシンプルである。使えるスライドは 20 枚。それぞれ 20 秒間映し出される。あなたはそれらのビジュアルに合わせて話をする。合計 6 分 40 秒。スライドは自動的に進んでいく。時間が来れば終了である。——はい、そこまで。席にお戻りください——。こうしたシンプルかつ厳しい制約の目的は、プレゼンテーションを的を絞ったコンパクトなものにして、一晩により多くの人々が発表の機会を得られるようにすることである。

PechaKucha Night（ぺちゃくちゃ・ナイト）は、アムステルダムやオークランドからベネチア、ウィーンに至るまで、1000 都市以上で開催されている。東京の PechaKucha Night はおしゃれなマルチメディアスペースで行われ、私が参加した夜の雰囲気は、クールなユーザーグループミーティングと人気ナイトクラブを足して 2 で割ったような感じだった。

いずれにせよ、ぺちゃくちゃ・メソッドは優れた実践練習である。誰もがぺちゃくちゃにトライすべきだ——たとえ自分のスピーチでそのメソッドを使わないとしても、プレゼンテーションの論点を絞るよい練習になるからである。会社や学校でぺちゃくちゃ "20×20 6 分 40 秒" メソッドをそのまま実践できるかどうかは重要ではない。しかし、このメソッドの背景にある精神と「制約が人を解放する」という概念は、ほとんどのプレゼンテーションに応用可能である。

このメソッドを用いると、問題を深く掘り下げることが困難になる。しかし、ぺちゃくちゃ式のプレゼンテーションの後に十分な議論の場があれば、このメソッドは組織内でも効果を発揮できるかもしれない。大学生がこうしたプレゼンテーション方法で研究結果を報告させられ、その後に教師やクラスメートから突っ込んだ質問を投げかけられている様子が目に浮かぶ。学生にとって、より難易度が高く、知識が問われるのは次のどちらだろうか？ 45 分間の使い古された典型的なスライド・プレゼンテーションか？ それとも 6 分 40 秒のタイトなプレゼンテーションと、引き続いて行われる 30 分間の突っ込んだ質問や議論か？ 別の見方をすれば、7 分以内で話の本質を語ることができない場合は、そもそもプレゼンテーションなどすべきではないのかもしれない。

ぺちゃくちゃ・ウェブサイトにアクセスして、最寄の都市で行われる PechaKucha Night をチェックしよう。

www.pechakucha.com

自らに制約を課すことによって、より明確なメッセージ（ビジュアルメッセージを含む）を作り上げることが可能になる。例えば、さまざまな禅アートにおいて、入念な研究、修練、厳格な指針（あるいは「制約」）の順守は、その人の創造的なエネルギーを引き出すのに役立っている。例を挙げよう。俳句には長い伝統と厳格な指針が存在する。しかし、訓練を重ねることで、人はある瞬間の細部と本質の両方をとらえたメッセージを（わずか17音以下で）創り出せるようになる。俳句の形式は厳しいルールを伴ったものかもしれない。しかし、そうしたルールこそが、自らの「俳句的瞬間」を繊細さや奥行きをもって表現することを促してくれるのである。『Wabi Sabi Simple』(Adams Media Corporation)において著者のリチャード・パウエルは、盆栽や俳句のような芸術と関連する、わび・さび、規律、簡潔さについて、こう述べている。

「本質を伝えるのに必要なことだけをやるべきだ。
　本質そのものから注意をそらすような要素、本質を覆い隠したり、
　あいまいにしたりする要素は、慎重に取り除かねばならない……
　乱雑さ、量の多さ、該博な知識は、認識を混乱させ、理解の妨げになる。
　一方、簡潔さは、意識を一点に集中させてくれる」

——リチャード・パウエル

　人生とは、さまざまな制約を抱えて生きていくことである。しかし、制約は必ずしも悪いものではない。実際、それは有益であり、時にはインスピレーションさえ与えてくれる。制約があるがゆえに、我々は目の前の問題について、いつもとは違った創造的な発想をせざるを得なくなるからだ。例えば、いきなり20分間のセールストークをするように頼まれたり、45分で研究結果の概要を説明してくれと言われた場合、最初からさまざまな制約——時間、ツール、予算など——が存在している。一方、あえて一歩離れた場所からじっくりと問題を眺め、自らにどのような制約や条件を課すべきか決めることで、我々は自分の能力を向上させることができる。そして次回のプレゼンテーションの準備やデザインに対し、より明快に、バランスよく、目標を絞って取り組めるようになるのである。

　日々の生活がさらに複雑になり、オプションや選択肢が増えるにつれて、明確でシンプルなメッセージやデザインを創り出すことは、ますます重要になっている。明確かつ

シンプルであること——多くの場合、人はただそれだけを望んでいる。しかし、それはますます希少になりつつある（そのありがたみも増している）。あなたは周りをあっと言わせたいだろうか？　期待を上回るパフォーマンスを見せたいだろうか？　もしそうなら、美しく、シンプルで、明快な——そして素晴らしいプレゼンテーションを行うことだ。その素晴らしさは、プレゼンテーションに組み込んだ内容の中ではなく、あえて省略した部分の中に見いだせるかもしれない。人と違ったことをやるには、創造性と勇気が必要である。聴衆は、あなたが創造的であると同時に勇敢であることを願っている。

まとめ

● プレゼンテーションの準備、デザイン、実施は創造的な行為であり、あなたは創造的な存在である。

● 創造性には偏見のない心と、失敗をいとわない姿勢が必要だ。初心を持って課題に取り組もう。

● 制約は敵ではない——それは心強い味方であり、優れた創造性を生み出す。

● 少なくとも、メッセージを洗練化するための演習として、ぺちゃくちゃ・メソッドの導入を検討しよう。最寄りの地域の「PchaKucha Night」イベントは、www.pechakucha.comで確認できる。

● プレゼンテーションの準備に際しては自制心を働かせ、「シンプル」・「明快」・「簡潔」という3つの言葉を常に意識すること。

アナログ式に
計画を練ろう

　プレゼンテーションの準備の初期段階で最も大切なのは、コンピューターの前から離れることである。我々の最大の過ちは、スピーチについて考えたり、コンテンツの準備をしたりする間、ほとんどずっとコンピュータースクリーンの前に座りっぱなしだということだ。プレゼンテーションを企画する前には、まず全体像を見渡し、核となるメッセージを特定する必要がある。意識的に心の静寂を作り出さなければ、こうした作業をこなすのは難しい。それはスライドウェアをいじりながらやれるようなことではないし、ソーシャルメディアに気を取られていてはなおさらだ。

　ソフトウェアメーカーは、ユーザーに対し、自社のツールを使ってプレゼンテーションを企画するよう推奨している。だが、私はそうしたやり方を勧めない。紙とペンを使って「アナログ的」に大まかなアイデアを書き出す方法には、独特の効果がある。こうすることで、最終的にデジタル処理でアイデアを表現する際に、より明快で創造的な作品が生まれるのだ。プレゼンテーションはマルチメディアを使って行われるのだから、あなたはどのみちコンピューターや他のデジタル端末を使ってたくさんの時間を過ごすことになる。私はコンピューターを使った「デジタル式」のやり方に対して、コンピューターを使わずにプレゼンテーションの準備をすることを、「アナログ式で行く」と呼んでいる。

スローダウンの効用

　スローダウンして、気持ちにゆとりを持つことは、単に健やかで楽しく充実した人生を送るためのアドバイスだけにはとどまらない。そうすることで、物事の本質がはっきり見えてくるという効用がある。そんなのバカげてる、ビジネスはスピードが命だ。いち早く新技術を取り入れ、市場へ出さねばならない。早い者勝ちの世界なんだ。思わずそう言いたくなる人もいるだろう。

　だが、私がここで問題にしているのは心理状態のことである。あなたは多くの仕事を抱え、忙しい毎日を送っているに違いない。だが、「忙しさ」自体が問題なわけではない。時間が足りなくて思うように仕事をこなせないのは世の常である。人はみな時間の制約を抱えている。だが時間の制約には、我々を刺激し、切迫感を与えることで、創造的な思考や解決策の発見を促す効果がある。問題なのは「忙しさ」ではなく、「あわただしさ」である。

　あわただしさとは、気持ちが焦り、考えがまとまらず、集中できないときの、あの不快感だ。なんとか仕事を終えながら、もっとうまくやれたのにと思う。本来ならそれが可能だと自分でも分かっているのだ。だが、そうした願いとは裏腹に、周囲の状況に惑わされず、落ち着いて物を考えられる心理状態を作り出すのは、至難の業である。あなたはそれに挑戦しようとする。深呼吸をして、来週の大切なプレゼンテーションのことを考え始める。そしてアプリケーションを開き、アイデアを練ろうとする。するとオフィスの電話が鳴る。しかし、あなたはそれを無視し、留守番電話に応答させる。なぜなら、同時に上司から携帯に電話がかかってきたからだ。「ただちにTPSレポート〔訳注：コメディ映画『Office Space』（1999年）で使われた表現。意味のない無駄な書類の意〕を提出するように！」と彼女は言う。さらに電子メールアプリケーションが新着メールを告げる。そのうちの一通は最大の取引先からのものであり、「大至急！TPSレポート見当たらず！！！」という件名がついている。すると同僚がひょっこり顔を出す。「おい、TPSレポートが見つからないって話、聞いたか？」あなたは周囲に押され、大ごとにならないうちにレポートの処理にとりかからざるを得なくなる。こうした環境下では、スローダウンすることはほとんど不可能だ。

　あわただしさは創造性を押し潰してしまう。あわただしいがゆえに、ごちゃごちゃしたプレゼンテーション・ビジュアルが大量に生み出され、質疑応答のチャンスを与えて

くれるような、刺激的でためになるセミナーや基調スピーチの出番はなくなってしまうのだ。人々は忙しさに追われ、てんてこ舞いの状態である。それゆえ、過去のプレゼンテーションで使われたスライドを適当に寄せ集め、会場に向かうことになる。コミュニケーションは断絶し、聴衆は苦痛を強いられる。確かに、プロフェッショナルだろうが、学生だろうが、誰もが恐ろしく多忙な日々を送っている。しかし、だからこそ我々は、お決まりの「スライドショー地獄」で自分自身や聴衆の貴重な時間を無駄にしないよう努力すべきである。成果を上げるには、発想の転換が必要だ。さらに、「あわただしさ」から離れた時間とスペースが必要になってくる。

考えてみると、真に偉大な創造者たち——デザイナー、ミュージシャン、さらには企業家やプログラマー等——とは、物事を違った角度から見ることができ、ユニークな洞察力、観点、疑問を持っている人々のことである（重要なのは「答え」だが、まずは「疑問」を抱くことが先決だ）。こうしたユニークな洞察力や知識、そしてひらめきや直感は、我々がスローダウンして足を止め、目の前の問題をあらゆる角度から眺めたときにしか生まれてこない。あなたが科学者だろうが、エンジニアだろうが、医者だろうが、ビジネスマンだろうが、そんなことは関係ない。プレゼンテーションの準備をするとき、あなたは一人の「クリエイター」であり、パソコンやタブレットでスライドを作ったり、文字を入力したりする作業から離れた時間を必要としている。また、できるかぎり一人になる時間を作った方がよい。

これほどまでに冴えないプレゼンテーションが多い理由の一つは、今日の人々が、一歩離れたところから物事の真価を見極める時間を十分に取っていない（あるいはその時間がない）からである。彼らは往々にして、何らユニークな視点や創造性、新しい要素をプレゼンテーションに持ち込むことができていない。その理由は、彼らが賢くないから、あるいは創造的でないからではない。往々にして、スローダウンし、一人になってじっくり問題を見つめる時間を持たなかったからである。物事の全体像をつかみ、核となるメッセージを見いだすには、「文明の利器に頼らず」に、一人で過ごす時間が欠かせないのかもしれない。一人きりの時間を味わう方法はいくらでもあるし、必ずしも物理的に一人になる必要はない。例えば、私は大阪や奈良、京都にある行きつけのカフェで、快適な一人きりの時間を満喫している（店員はとても愛想がよく、ちゃんと私の名前を覚えていてくれる）。どこもにぎやかなコーヒーショップだが、居心地のいい、くつろぎの空間でもある。座り心地のいいソファや椅子があり、バックにはジャズが静かに流れている。そして、誰も私の邪魔をしたりしない。

一人の時間を増やすことがアイデア不足の特効薬だと言うつもりはないし、そうすることが必ずしも創造性や解決策につながるわけではない。しかし、毎日、毎週、毎月、そして毎年、意識的に一人の時間を作るようにしていけば、うれしい驚きが待っているはずである。少なくとも私の場合、一人きりになることで集中力が増し、思考が明快になり、全体像をとらえることができるようになる。そして、この明快さと全体像こそが、ほとんどのプレゼンテーションに欠けているものなのだ。

　一人の時間を持つことを過大評価するつもりはない。「孤独な時間」が長過ぎるのも、また害になることは言うまでもない。しかし、あわただしい今日の世界に、一人きりの時間を持て余している人はほとんど存在しない。たいていのプロフェッショナルにとって、一人になる時間を見つけ出すこと自体が至難の業かもしれない。

孤独の必要性

　一人きりの時間を持つことは人間の基本的な欲求だと一般に考えられており、それを否定するのは心と体の健康にとってよいことではない。精神分析学者・臨床心理学者であり、2004年に71歳で亡くなったエスター・ブーフホルツ博士は、キャリアを通じ、孤独に関して大量の研究を行ってきた（彼女はそれを「一人きりの時間」と呼んだ）。ブーフホルツ博士は、社会は孤独や一人きりの時間を過小評価し、他者への愛着を過大評価していると考えていた。そして創造力を引き出すためには、一人きりで過ごす時間が重要だと唱えた。「人生の問題を創造的に解決するためには、一人きりの時間が必要である」。彼女は言う。「我々の無意識が問題を分析し、解明するのを促すために、孤独は欠かせない要素だ」。この後に続くブーフホルツ博士の言葉は、下のスライドに載せてある。このスライドは、創造性に関するスピーチで何回か使わせてもらったものである。

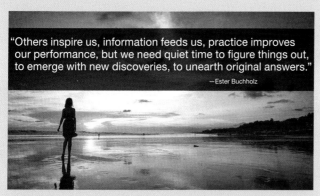

（スライドの画像は Pearson Asset Library 提供による）

「他者は我々にインスピレーションを与え、情報は我々に知識を供給し、訓練はパフォーマンスを向上させる。しかし、物事を解明し、新たな発見をもたらし、独創的な答えを探り当てるためには、静寂の時間が必要である」
　　　　　　　　　──エスター・ブーフホルツ

森林浴

　私は、奈良県の森に囲まれた地域に住んでいる。おかげで、近くの森の中をジョギングしたり、ただぶらぶらと散策したりするのが習慣になっている。大きなプレゼンや新しいプロジェクトの準備のことが気になるときは、小さなデジタル式のボイスレコーダーをポケットに入れて持っていく。自分が抱えている問題のことは忘れて、木々の間を歩いて通り抜けて行くだけだ。途中で「これは」と思うアイデアがひらめいたときは、頭に浮かんだことを口にすれば、簡単に録音できる。ボイスレコーダーを持ち歩いているおかげだ。このデバイスは、アイデアや洞察を忘れないようにしなければ、というプレッシャーから解放してくれる。もちろん、スマートフォンでも良いのだが、デジタル式のボイスレコーダーの方がずっと小さくて軽い。それに何より、スマートフォンには人間を注意散漫にさせる機能が無数にあるが、ボイスレコーダーにはそれがない。

　私は以前から自然の中で過ごす時間が好きだ。だが、「森林浴」について知ったのは2008年に本書の初版を書いた後のことだ。「森」「林」「浴」という漢字3文字が表す通り、（心身をリフレッシュするために）「森林のさわやかな空気にひたる」という意味だが、「森林セラピー」と呼ばれることもある。自然の森の中で長時間過ごすことには、本当の意味で心身を癒す効果があるからだ。

　森林浴という言葉が使われるようになったのは、1980年代になってからだ。2000年代に入り、日本医科大の李卿博士らによって森林が人の健康に及ぼす影響についての研究が本格的に進められるようになった。李博士は世界的に知られる森林浴研究の第一人者で、現在は日本医科大の准教授である。李博士は、森林環境が人間の健康と幸福に及ぼす効果について30年以上研究を続けてきた。これまでに、森林医学の分野で学術論文を数多く発表している。

　なかでも、特に一読することをおすすめしたいのは、2018年4月に出版された李博士の著書『Forest Bathing: How Trees Can Help You Find Health and Happiness』だ。この本は、森林浴の優れた入門書である。この中で、李博士は次のように述べている。「森林浴は睡眠や気分の改善に役立つ。（中略）また、心拍数や血圧を下げ、心臓血管および代謝にも効果がある。さらに重要なのは、免疫系を強化することだ」［訳注：詳しくは邦訳版P347を参照のこと］。

　一方、森林環境がメンタルヘルスと幸福に与える影響に関する研究では、森林の中を一定時間歩くことで、気分がすっきりして思考が明瞭になるだけでなく、記憶力や問題解決能力が向上することが裏付けられている。また、同じ著書によると、森林の中で一定時間過ごした結果、創造力が高まるという。李博士は、ユタ大学とカンザス大学による共同研究の結果を引き合いにして、こう述べている。「自然の中で数時間過ごすと、問題解決能力と創造性が、それぞれ50％ほど高まる」

　森林浴は、心を落ち着け、気分を明るくし、創造力を高める最も簡単な方法のひとつである。その正しさは、研究によって裏付けられている。実際、私たちは、このことを経験を通じて直感的に認識している。それなのに、プロフェッショナルも学生も、ほとんどの人が、部屋で過ごす時間が増えている。私たちはそうした生活を改め、自然の中で過ごす時間を増やすべきなのだ。プレゼンテーションやそれ以外のことで行き詰まったら、森へ散歩に出かけよう。近くに森がないなら、緑豊かな公園でもいい。おそらく、同じ効能が得られるはずだ。

自転車か、乗用車か？

　ソフトウェア会社は誇大広告を繰り広げ、我々がテンプレートやウィザードに従うように仕向けてきた。時にはそれが役に立つこともあるが、意に沿わない結果になることも多い。こうした意味で、「MicrosoftのPowerPointは、コンテンツを単純化し、メッセージをあいまいにする認知スタイルを体現している」（『The cognitive style of PowerPoint : pitching out corrupts within 2nd Ed』Graphics Press）としたエドワード・タフテの主張は正しい。その他のアプリケーションにも同じことが言える。プレゼンテーション・ソフトウエアは、スピーチを支えるディスプレイ媒体として素晴らしいものである。しかし注意しなければ、（スピーチの邪魔になりかねないオプション機能を満載した）こうしたアプリケーションによって意図しなかった方向へ導かれてしまう。

　今から35年以上前に、スティーブ・ジョブズとその仲間たちは、シリコンバレーでパーソナル・コンピューターの並外れた可能性について話し合っていた。こうしたツールをどのように設計し、使用すれば、我々の中にある素晴らしい潜在能力を引き出すことができるか。スティーブ・ジョブズは当時、テレビドキュメンタリー『Memory and Imagination』(Michael Lawrence Films)の中でこう語っている。

> 「僕にとってコンピューターは、人間が考えついた最も素晴らしい
> 道具なんだ。それは知性にとっての自転車に相当するものだ」
> ──スティーブ・ジョブズ

　ジョブズの言葉を借りれば、移動することにかけては、人間は他の動物ほど効率のいい動物ではない。しかし、自転車に乗れば、人間は地球上で最も移動効率のいい動物になる。自転車は我々のインプットをとてつもなく生産的な形で増幅してくれる。これこそ、コンピューター──現代最高のツール──の果たすべき役割ではないか？

プレゼンテーションの計画段階で、コンピューターは自分の能力やアイデアを増幅してくれる「知性の自転車」として機能しているだろうか？　それとも、それは決まりきったテンプレートによってアイデアを骨抜きにする「知性の乗用車」のようなものか？我々の知性にプラスになるのは、コンピューターを自転車のように使っているときである。一方、乗用車の力に頼るようにテクノロジーの力に頼ることは、かえってマイナスになる。

　重要なのは単にアプリケーションのルールに従うだけでなく、プレゼンテーションの作成やデザインに関する原理を理解することである。最高のソフトウェアとは、進むべき方向をあれこれ指図するものではなく、むしろ邪魔をしないように脇に寄りつつ、我々のアイデアや能力を拡大してくれるものである。テクノロジーやソフトウエアを、自分のアイデアやプレゼンテーションをスケールアップさせる素晴らしいツールに留めておく一つの方法は、コンピューターのスイッチを切って、その場から去ることだ。間もなくあなたはそこへ戻ってくることになるだろう。

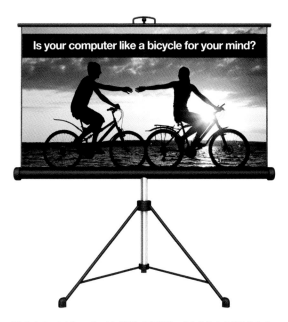

「あなたのコンピューターは「知性の自転車」のようなものだろうか？」

紙、ホワイトボード、
あるいは砂浜に棒で書くこと

　プレゼンテーション（さらに言えばその他のあらゆるプロジェクト）の準備をするとき
に使う私のお気に入り道具は、通常、メモ帳かストーリーボード（絵コンテ用のノート）
にカラーペンが2、3本という組み合わせだ。オフィスにいるときは、これにホワイトボー
ドが加わる。デジタルテクノロジーも素晴らしいが、シンプルな紙と鉛筆を使うのが一
番速くて手軽だし、大きなホワイトボードほどアイデアを書き留めるスペースを大量に
提供してくれるものはない。

　それにしても、プレゼンテーションの準備の全てをスライドウェアで行っている人は
あまりにも多い。この件に関しては、プロのデザイナーから学ぶべきことが多い。たい
ていのプロのデザイナーは——コンピューターとともに育った新進メディアデザイナー
でさえ——企画やブレインストーミングの大部分を、通常は紙またはホワイトボードの
上で行っているのだ。

　私がこの事実をはっきりと知ったのは、Apple社（当時の社名は「Apple Computer,
Inc.」）に在籍していた、今から何年も前のことだ。ある日、私はキャンパスの向こうの、
同社の創造性あふれるチームの一つを率いる、あるシニアディレクターを訪ねた。我々
が手がけていたプロジェクトについて、彼のアイデアを聞くのが目的だった。「君に見せ
たいアイデアを沢山まとめてきたよ」。彼はそう言った。しかもその数日前に、スティーブ・
ジョブズにそれらのアイデアを伝えておいたという。私は当然スライドや動画を用意し
てくれたのだと思った。少なくとも、Adobe社のIllustratorやPhotoshopで作ったカラー
画像を見せてくれるのだろうと考えていた。しかし、オフィスに着いたとき、彼の机の
上に置かれた美しいApple Cinema Displayのスイッチは入っていなかった（後で分かった
ことだが、この有能なクリエイティブディレクターは、Macの電源を一回も入れずに何
日間も作業を続けていたらしい）。彼はその代わりに、巻物状の白い紙にアイデアの概要
をまとめてきたのである。オフィスの壁に広げられたその紙は長さが5メートルほども
あった。この大きな巻物は手書きの絵や文字を組み合わせたもので、巨大な新聞マンガ
に似ていた。そのクリエイティブディレクターはこの「マンガ」の一方の端から説明を
始め、時々足を止めて言葉や図などを付け加えながら、私にアイデアを紹介していった。
帰り際に、彼はその巻物を丸めると、こう言った。「これを持っていくといいよ」。後に、

私は自分たちが担当する内部プレゼンテーションに彼のアイデアを取り入れることにした。

「アイデアさえあれば、機械を使わなくても沢山のことができる。
そうしたアイデアを得た時点で、機械が役立ち始めるんだ……。
たいていのアイデアは、砂浜に棒で書くことで
十分に対応できるものだ」

——アラン・ケイ
（『エレクトロニック・ラーニング』誌1994年４月号インタビューにて）

ペンと紙

　私は多くの時間をオフィス以外の場所（コーヒーショップ、公園、東京へ向かう新幹線の車内など）で過ごしている。そしてほぼ常時、MacBook AirやiPadを持ち歩いている。しかし、一人でブレインストーミングを行ったり、可能性を探ったり、リストを作ったり、大まかな考えをまとめたりするときには、ペンと紙を使うようにしている。もちろんコンピューターを使うことだってできる。しかし（多くの人と同様に）私は気付いたのだ。ペンを手にして頭の中の考えを書き出すという行為は、いわゆる右脳とより自然な形で直結しているらしく、のびのびとした気分で、スムーズにアイデアを思い描き、書き留めていくことができるのである。キーボードを使うより、紙とペンを使ってアイデアを探り、それらを視覚化していく方が、はるかに効果的だと思われる。これぞまさしく、「シンプル」なやり方だ。

ホワイトボード

　私はアイデアを書き出すのに、オフィスや自宅にある大きなホワイトボードをよく使っている。ホワイトボードのいいところは、自由奔放にアイデアを思いつき、大きなスケールで書き出していくことができる点だ。それに（文字通り）一歩離れたところから自分の書いたアイデアを眺め、後でスライドを加えたとき、それがどのような論理的な流れを持っているかを想像することもできる。ホワイトボードの強みは、少人数のグループと一緒にコンセプトや方向性を書き留めていけることである。要点を書き込んだり、概略をまとめたりしながら、後にスライドで使う図表や写真

などのビジュアルのアイデアを即興で描くこともできる。ここに円グラフ、そこに写真、このセクションに折れ線グラフといったように、ある論点を裏付ける画像のサンプルを描くことができるのである。

　そんなのは時間の無駄だと思う人もいるだろう——さっさとソフトウエアを使って画像を作成すればいいではないか？　そうすれば二度手間にならなくて済むのに。実は私の場合、始めからコンピューターでストーリーボードを作ると、かえって時間がかかってしまう。全体像をつかむために、標準表示とスライド一覧表示の間を常に行ったり来たりしなければならないからだ。アナログ式（紙やホワイトボード）で考えを書き出したり、大まかなストーリーボードを創り上げたりする方法は、自分の頭の中にあるアイデアをシンプルで強固なものにしてくれる。その結果、PowerPointなど、プレゼンテーション用に提供されている多くのアプリケーションのうちの一つを使ってそれらのアイデアを展開する作業がずいぶん楽なものになる。私の場合、コンピューターを使っているときには、ホワイトボードやリーガルパッドを見る必要はほとんどない。なぜならアナログ的な準備段階だけで、すでにコンテンツの流れをはっきりと思い描くことができているからだ。私はメモにさっと目をやり、そのポイントにどんなビジュアルを使うつもりだったか確認した後、ストックフォトのサイトや、手持ちの写真素材を閲覧し、最も適切な画像を選び出すだけである。

ポストイット

　大きな紙とサインペンは、一見「古くさい」ツールだが、初期段階においてアイデアを書き出したり、他の人の意見を書き留めたりするためのシンプルで素晴らしい手段である。シリコンバレーにいた頃、時々私は壁に大きなポストイットを貼りながらブレインストーミングを行っていた。私がアイデアを書き留めることもあれば、他の人々が前へ進み出て、紙とペンを使った「旧式」のやり方でアイデアを書き出していくこともあった。同時に彼らは、自分の考えを主張したり、他人のアイデアについて意見を述べたりした。少々乱雑な方法だが、それはいい意味での乱雑さだった。セッションの終わりには、壁は大きなポストイットで埋め尽くされた。私はそれらを自分のオフィスに持って帰り、目の前の壁に貼り付けた。私(および他の人々)が次のプレゼンテーションの構成やビジュアルのアイデアを練る際には、壁に貼られたこうした紙を参照することが多かった(これらポストイットは数日間から数週間も貼られたままになっていた)。壁の上にコンテンツを並べることは、全体像をつかむのに役立った。削ってもかまわない項目はどれか、中心的メッセージを伝えるために不可欠な項目は何か、といったことを見極めるのも簡単になった。

　ビジュアルを作成したり、プレゼンテーション時にそれらを表示する際は、デジタル・テクノロジーを使うことになるかもしれない。しかし、聴衆に語りかけ、心を通い合わせ、相手を説得したり、啓発したりする行為は、きわめてアナログ的だ。それゆえ、プレゼンテーションの準備を行ったり、コンテンツや目的を明確にしたりする過程でアナログ的な手法をとることは、ごく自然なことだと思われる。

　今では、私のプレゼンテーションはもちろん、私の教え子や企業顧客のプレゼンテーションも、まずはポストイットに書き留めたアイデアをノートやホワイトボードの上に並べ、ときには窓ガラスに貼るなどして、似たような考えをグループ化し、体系的に配置する作業から始まる。

創造力を自由に羽ばたかせるためには、
孤独を建設的に利用する力を持たねばならない。
独りになることへの怖れを
乗り越えなければならない。

———ロロ・メイ

適切な問いを投げかけよう

　釈迦は「人間の境遇は『矢が刺さった人』によく似ている」と語ったという。すなわち、苦痛を伴う、切迫した状況である。想像してみてほしい。矢を射られたその男が、この窮状を救う緊急医療を求める代わりに、自分を射った弓矢の詳細を尋ねている、と。その矢はどこで作られたのか？　どんな人たちがこの弓矢を作ったのか？　なぜ彼らはこの色を選んだのか？　どんな弦を使っているのか、等々。男は緊急課題を見過ごしたまま、どうでもいい質問ばかり投げかけている。

　我々の人生もこれに似ている。我々が目の前の現実を見落としてしまうのは、いわば、いい給料をもらいたい、いい仕事に就きたい、もっと広い家に住みたい、出世したい、といった当座の幸せを追い求め、手に入れたものを失うことを恐れているからだ。仏教徒はこう言う。人生は「苦」（苦痛、悲嘆、喪失感、不満）に満ちている——それを悟るには、ただ目を開いてまわりを眺めるだけでいい。同様に、ビジネスや学問におけるプレゼンテーションの現状は、プレゼンターと聴衆の両方にかなりの「苦痛」をもたらしている。プレゼンテーションは効果を欠き、時間は浪費され、多くの人は不満をつのらせている。

　今日、プレゼンテーションやプレゼンターの改善法について、プロフェッショナルの間で多くの議論が交わされている。彼らはある意味「苦痛を伴う切迫した状況」に置かれている。プレゼンテーション改善は緊急課題である。しかし、議論の大半はソフトウェアの使い方や小手先のテクニックに終始している。どのアプリケーションを手に入れるべきか？　Macを買うべきか、それともWindowsか？　スマートフォンは使えるか？　どういったアニメーションやトランジションが最適か？　いちばん使いやすいリモコンはどれか？　こうした話が全く無意味だとは言わない。しかし、効果的なプレゼンテーションに関するせっかくの議論が、この種の話題で独占されてしまっていることが多い。テクニックやソフトウェアの機能に主眼を置くことで、本来検討すべき課題が見えなくなってしまうことはよくある。たいていの人々は準備段階において、スライドの箇条書きや画像をいじり回すことに時間をかけ過ぎている。その場の聴衆にぴったり合った、印象的な物語を作り上げることについては、おろそかになっているのである。

的外れな質問

　小手先のテクニックばかりにこだわっているという点で、我々は「矢が刺さった人」に似ている——つまり苦痛を伴う切迫した状況に置かれている。それなのに、的外れな質問を投げかけ、比較的重要度の低いことばかり気にしている。

　私がよく聞かれる質問の中でとりわけ的外れな（しかも、何度も聞かれる）ものは、「スライド1枚につき、何行の箇条書きを載せるべきですか？」と、「1回のプレゼンテーションに何枚のスライドを使うべきですか？」という2つの質問である。私の答えはこうだ。「いろんな状況があるから、一概には言えないね……ゼロにしてみたら？」この答えは人々の注意は引くものの、あまり受けのいいものではない。箇条書きについての質問は、スライドデザインに関する章（第6章）で取り上げる予定である。スライドの数に関する質問は、まさに的外れなものである。あまりにも変わりうる要素が多く、一律の明確なルールを作ることなどできないからだ。私はかつてスライドをたった5枚しか使わずに、長くて退屈なプレゼンテーションを繰り広げている人を見たことがある。一方、200枚以上のスライドを使って、内容豊かな、人を引き付けるプレゼンテーションを行った人もいた（逆に、スライドの少なさが功を奏し、スライドの多さがあだになることもある）。スライドの数なんてどうでもいい。プレゼンテーションがうまくいった場合、聴衆はプレゼンターが使ったスライドの枚数など覚えていないし、そんなことにこだわったりしない。

どんな問いを投げかけるべきか

　あなたは一人きりでいる。手元にはノートとペンがある。リラックスした穏やかな気分だ。さあ、来月にやるチャンスを得た（やらなければならない、ではない）プレゼンテーションを頭に思い描いてみよう。……あるいは来週の、または明日の（！）プレゼンテーションを。そして以下の質問の答えを書き留めてほしい。

- 持ち時間はどれくらいか？
- 会場はどんなところか？
- 時間帯はいつか？
- 聴衆はどんな人々か？
- 彼らはどういったバックグラウンドを持っているのか？
- 聴衆は私に何を期待しているか？
- なぜ私にプレゼンテーションの依頼が来たのか？
- 自分は聴衆にどうして欲しいか？
- 今回の状況や聴衆から考えて、どのような視覚メディアを使うのが最適か？
- 今回のプレゼンテーションの根本的な目的は何か？
- このプレゼンテーションは何を言わんとしているのか？
- そして突き詰めれば、最も根本的な質問とは──

今回のプレゼンテーションの究極的なメッセージは何か？

　あるいはこう言い換えてもいい──もし、たった一つのことしか聴衆の記憶に残らないとしたら（それでも、覚えてもらえるだけラッキーである）、それは何であって欲しいか？

2つの問い：
「何が言いたいのか？」
「なぜそれが重要なのか？」

　私が出席したプレゼンテーションの多くは、ある特定の分野の専門家を招いて（通例マルチメディアを使って）スピーチをしてもらうことを呼び物にしていた。聞き手の方はプレゼンターの技術分野の専門家ではないビジネスマンたちである。これはプレゼンテーションにはよくありがちな状況だ。例えば、バイオ燃料技術の専門家が地元の商工会議所に招かれ、バイオ燃料や、自社の業務内容についてプレゼンテーションを行う場合を想像してほしい。先日、私はそうしたイベントに出席した。1時間にわたるスピーチが終わったとき、私はそのプレゼンテーションはある種の奇跡だと思った。母国語の英語で行われたスライド・プレゼンテーションを聞いて、説明された内容が何一つ理解できないという事態が起こりうることを、私はこの日初めて知った。全くチンプンカンプンである。貴重な時間を返してくれと言いたかった。

　私の時間が無駄に失われてしまったのは、ソフトウエアやお粗末なスライドのせいではない。もしプレゼンターがスピーチの準備の際に次の2つの問いを念頭に置いていたら、プレゼンテーションは大幅に改善されていただろう。

- ・何が言いたいのか？
- ・なぜそれが重要なのか？

　核となるメッセージを見いだし、それを分かりやすい形で表現することだけでも、プレゼンターにとってはかなりの難題だ。では、「なぜそれが重要なのか」は？　人々が一番つまずきやすいのはこの部分である。プレゼンターにとって自分の題材はあまりに身近な存在であるため、なぜそれが重要なのかは明白であり、改めてアピールするまでもないような気がしてしまうのだ。しかし、聴衆があなたから聞きたがっているのは、まさにこの部分なのである。「それは我々とどんな関わりがあるのか？」こうした問いに答えるためには、筋の通った議論に加えて、相手を説得したり、感情に訴えたり、共感を

示したりする必要がある。ここで言う共感とは、ある事実がプレゼンターにとって明白であっても、みんながそれを分かっているわけではないことを知ることである。あるいは、そのメッセージはよく理解しているが、なぜそれが「自分たち」にとって重要なのか分かっていない人もいるということを知ることである。スピーチの準備をするとき、よいプレゼンターは、聴衆の身になって物を考えようとするものだ。

　私の失われた時間に話を戻そう。頭脳明晰な、熟達したプロフェッショナルであるはずのそのプレゼンターは、準備段階からすでにミスを犯していた。当日のスライドは以前、自社の専門知識を持った聴衆向けに行われたプレゼンテーションで使ったものと全く同じに見えた。彼がその日の聴衆を第一に考えていなかったことの表れである。彼は「なぜそれが重要なのか？」という大切な質問に答えていなかったのだ。準備段階において、彼が忘れていたことがもう一つある。それは、こうしたプレゼンテーションの機会は、何か大切なものを聴衆に残すために存在するという事実である。

ダカラナニ？

　私はしょっちゅう「ダカラナニ？」「ソレデ？」という日本語を心の中でつぶやいている（これらは英語で言うなら "so what?!" や "What's your point?" である）。資料の用意をしているときや、他人のスピーチの準備を手伝っているとき、私はよくこの言葉を思い浮かべる。

　プレゼンテーションのコンテンツを練る際には、常に聴衆の身になって「だから何だ（それがどうした）？」という問いを投げかけるべきだ。準備期間を通じて、常に自分に向かってこうした厳しい質問を突きつけよう。例えば次のような質問だ。「その話はテーマに即しているだろうか？　確かに面白い話かもしれない。だが、それはストーリーを展開するために欠かせない要素だろうか？　テーマを裏付ける内容になっているか？それとも、ただ自分にとって印象的な話だからプレゼンテーションに取り入れたのか？」あなたも聞き手の一人として、プレゼンターの話している内容がテーマとどう結びつき、それを裏付けているのか分からず、首をひねった経験があるに違いない。こうした質問に答えられないならば、そのコンテンツはスピーチからカットすべきである。

「エレベーターテスト」にチャレンジしよう

　「ダカラナニ？」方式がうまくいかなかった人は、「エレベーターテスト」を使ってプレゼンテーションのテーマの明確さをチェックしよう。このテストではわずか30秒から45秒で自分のメッセージを伝えなければならない。こんな状況を想像してほしい——あなたは世界有数の先端技術メーカーの社員であり、これから製品マーケティング部長に新しいアイデアを売り込む予定になっている。予算もスケジュールも厳しい状況にある。首脳陣から了承を得るためには、今回のチャンスはきわめて重要だ。部長室の外の秘書デスクまで来たとき、突然、部長本人がスーツケースを引き、ブリーフケースを抱えて飛び出してくる。彼は言う。「……悪いけど、急用ができてしまった。車まで歩く間に、アイデアを聞かせてくれないかな？」エレベーターに乗り、駐車場まで歩く間に、あなたはアイデアを売り込めるだろうか？　非現実的なシナリオだが、ありえないとは言えない。しかし、より現実的なのは、予告なしに20分のスピーチを5分に縮めろと言われる（あるいは1時間の予定だったものを30分に減らされる）可能性である。あなたはそれ

に対応できるだろうか？　確かに、そんな機会は一生やって来ないかもしれない。しかし、そうした状況をシミュレーションすれば、メッセージの核を把握せざるを得なくなり、コンテンツ全体がより引き締まった、明確なものになるはずである。

（上の 2 つのスライドの画像は Pearson Asset Library 提供による）

配布資料があればのびのびとやれる

　プレゼンテーションの準備段階できちんとした配布資料を作っておけば、スピーチで全てを言わなければと焦らなくて済むようになる。適切な配布資料（必要と思われる詳細を全て網羅したもの）を用意することによって、余計な心配から解放され、その日の聴衆にとって一番大切なものに意識を向けられるようになるのだ。しっかりした資料さえあれば、表や図、トピックの関連事項などをコンテンツから外すことについて、あれこれ悩まなくてもよくなる。多くのプレゼンターは「念のために」あるいは「生真面目さ」をアピールするために、ありとあらゆる要素をスライドに詰め込もうとする。大量の文字や詳細な図表などが載ったスライドを作ることは、すっかり一般化している。なぜなら、そうしたスライドはそのまま配布資料としても使用されるからだ。しかし、これは大きな間違いである（「スライデュメント」に関する補足コラムを参照してほしい）。その代わりに、詳細な配布資料を作成し、スライド自体はできるだけシンプルにしよう。もちろん、個々のプレゼンテーションによって状況が異なるものの、一般論として、スライドを印刷したものを配布資料として配るのは極力避けたい。なぜか？　熟達したプレゼンターであり、ニューヨークで最も成功を収めているテクノロジー起業家の一人であるデヴィッド・S・ローズはその理由をこう述べている。

　　「スライドをそのまま印刷したものを配ることは、絶対に避けるべきだ。
　　まして、プレゼンテーションの前に配布するのはもってのほかである。
　　それは命取りになる。本質的に、スライドとは『スピーカー支援』機器であって、
　　話し手である『あなた』をサポートするためにそこに存在している。
　　スライドは単体では成立しないものであり、
　　それを聴衆に配ることは無意味である。それは間違いなく注意の妨げになる。
　　逆に言えば、もしスライドが単体で成立するとしたら、
　　あなたが前に立っている必要などないではないか？」

　　　　　　　　　　　　　　　　　　　　——デヴィッド・S・ローズ

スライド、メモ、配布資料

プレゼンテーションには3つの要素——ビジュアル（スライド）、メモ、配布資料——があることを念頭に置いていれば、そんなに多くの情報をスライド（およびその他のマルチメディア）に載せる必要は感じないはずだ。代わりに、そうした情報を自分のメモ（リハーサル用、もしくは、念のためのバックアップ用）や配布資料に盛り込めばよい。この点は、クリフ・アトキンソンのようなプレゼンテーションの専門家も指摘している。しかし、いまだに大部分の人々が大量の文字や見づらいデータをスライドに詰め込み、別個に配布資料を作成する代わりにスライドをそのまま印刷している（私はプレゼンテーションデザインに関するスピーチで、このページに載せた4枚のスライドを使って、この点をアピールしたことがある）。

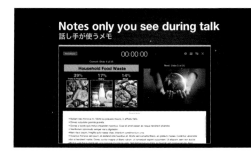

「スライデュメント」ではなく、きちんとした資料を作成しよう

スライドはスライド、資料は資料である。両者は同じものではない。二つを混ぜようとすれば、私が「スライデュメント」（スライド＋資料）と呼ぶものが出来上がる。「スライデュメント」は時間を節約したいという願いから生まれてくる。人々はその方がシンプルで効率がいいと思っているのだ。1つの石で2羽の鳥を殺すようなやり方（日本のことわざの「一石二鳥」）だと。しかし、（鳥以外にとって）残念なことに、ここで「殺される」のは効果的なコミュニケーションである。良かれと思ってやったことが、結果的にマイナスになって

いるのだ。スライデュメントを作ることで時間を節約しようとしている人々を見ていると、むしろ「二兎を追う者は一兎をも得ず」ということわざの方を思い出してしまう。

スクリーンに映し出すスライドは、できるだけ視覚効果が高いものでなければならない。また、素早く、効果的に、そして強力に論点を裏付ける必要がある。言語的なコンテンツや証拠資料の提示、感情面へのアピールは、ほとんどが、あなたの口を通して語られる。だが、配布資料はそれとは全く別物である。あなたはその場にいないため、口頭によるコンテンツを提供したり、質問に答えたりすることはできない。そのため、少なくとも実際のプレゼンテーションと同程度の奥行きや範囲を持った資料を作成する必要がある。しかし多くの場合、プレゼンテーション自体よりもさらに突っ込んだ内容や、背景知識を提供した方が望ましい。人間は話すスピードより、読むスピードの方がずっと速いからだ。時には、スピーカー自身の書いた本や研究論文の内容をテーマにしてプレゼンテーションが行われることもある。その場合、配布資料は非常に簡潔なものでもかまわない。詳細が知りたい人は、それらの本や論文を読めばいいのだ。

「スライデュメント」は主催者側の要望か？

我々の生きている世界が最悪のプレゼンテーションに支配されているという証しがある——今日、多くの会議において、プレゼンターは一律のスライド作成ガイドラインに従い、会議のかなり前にファイルを提出することを義務付けられているのだ。会議の主催者はこれらの「標準化されたスライド」を印刷して大きな会議用バインダーに綴じ込んだり、会議のＤＶＤにスライドを収録したりして、参加者が持って帰れるようにしている。会議の主催者は、箇条書きやタイトルで埋まった分かりにくいスライドが、プレゼンテーションの視覚的なサポートとしても、会議後に使うプレゼンテーション内容の記録資料としても、立派に機能すると思っているらしい。こうしてスピーカーはジレンマに追い込まれる。彼女は心の中でつぶやく。「スピーチを分かりやすく

演出するビジュアルを生み出すべきか？ それとも、会議後に読む資料のようなスライドを作成すべきか？」たいていのプレゼンターは2つの間を取って妥協しようとする。その結果、スピーチを演出する視覚効果に乏しいビジュアルが作り出され、読みづらい（ゆえに、誰も読もうとしない）、文字やデータだらけの文書のようなスライドが生まれる。文字や画像が載った小さなスライドを延々と印刷しても、とうてい文書の代わりにはならないからだ。

スライデュメントは効果的でも、能率的でもない。その上、見た目も美しくない。スライドを、スクリーンに映し出すビジュアルと、単独で使う配布資料の両方に使おうとすれば、ビジュアルも資料もお粗末なものになってしまう。しかし、これこそが広く受け入れられている、典型的なやり方なのである。PowerPoint（およびその他のプレゼンテーション・ツール）は、視覚情報を表示するためのツールだ。こうした視覚情報は、ストーリーを語り、自分の主張の正しさを証明し、聴衆を引き付けることをサポートするものである。プレゼンテーション・ツールは文書の作成に適したツールではない。

むしろ主催者側はスピーカーに、プレゼンテーションの要点を網羅した文書を（ページ制限付きで）提出するように求めてはどうだろうか。読みやすく簡潔にまとめられたMicrosoft Word文書やPDF文書（参考文献やリンク付き）の方が、スライデュメントよりずっと効果的なはずだ。会議の主催者は、私が家に帰ってから何ページものスライドのプリントアウトを読むつもりだと本気で思っているのだろうか？ 2カ月前に作ったスライドのプリントアウトなんて誰も読む気にはならない。人は延々と続く解像度の低いタイトル、箇条書き、図表、クリップアートを解読し、意味を探り出そうとする。少なくとも、しばらくの間はそうしてみる——が、すぐに挫折する。しかし、文書であれば、内容が貧弱であったり、分かりにくかったりすることはない（その文書がよく書けていればの話だが）。

人と違ったことをやり、効率を上げたいのなら、よく書けた詳細な配布資料と、デザインの優れたシンプルで知的なビジュアルを使うことだ。こうしたやり方は通常よりも手間がかかる。だが、ビジュアルや配布資料の質は劇的に改善されるはずだ。目的は、プレゼンターを楽にすることではなく「彼ら」、つまり聴衆を楽にすることなのだ。

スライデュメントを防ぐには

　下のスライドは世界45カ国の肥満率を２種類の棒グラフで表示している。表と棒グラフはMicrosoft Excelで作成され、スライドウェアに貼り付けられたものである。報告書に使われたExcelやWordなどの文書からこうした詳細なデータをコピーし、プレゼンテーション用のスライドに貼り付けることはよく行われている。だが、短いスピーチのために、あらゆるデータをスクリーンに映し出す必要がある場合はめったにない。スピーチ中に多くのデータを検討する必要があるのなら、表やグラフを文書に記載し、プレゼンテーションの際に配布すればよい。たとえスクリーンに映し出したとしても、解像度が低く、画面のスペースが限られているために、そんな小さなサイズの図表を読むのは至難の業のはずである。データのうちであなたの主張を正確かつ如実に裏付けている部分のみを使った方が分かりやすい場合が多い。この用例の場合、重要なのはアメリカの肥満率が日本に比べていかに高いかを示すことである。それ以外の国の肥満率を大量に示す必要はない。他国の肥満率は配布資料に盛り込めばいいのだ。それに、実際のプレゼンテーションで披露する図表を簡潔にしておけば、「すみません、正直言って読みにくいですが……」などど、身もふたもないセリフを口にする必要もないだろう。

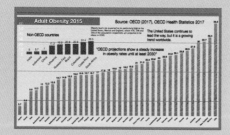

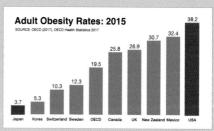

スライドを作成する場合は、ごちゃごちゃして読みにくい詳細な図表は使わずに、シンプルなビジュアルを創り上げるようにしよう。細かい表やグラフは配布資料に記載するとよい。そうすれば十分なスペースが確保でき、適切なレイアウトで細部まで表示することができる。

周到な準備がもたらすメリット

　もしあなたが周到な準備を行い、論点を完全に——エレベーターテストに合格できる
くらい完全に——把握することができれば、どんな状況に置かれても、中心的なメッセー
ジをきちんと伝えられるだろう。シンガポールにいる私の友人のジムから、先日一通の
電子メールが届いた。そのメールは準備の段階で論点を完全に把握することのメリット
を分かりやすく伝えている。

　　親愛なるガーへ……新たに顧客になってくれそうな企業があってね、担当の
　男と会える機会を何カ月もうかがっていたんだ。それでついに「来週会いましょ
　う」って返事が来た。相手が全く集中力のない男だってことは分かってたから、
　プレゼンテーションはシンプルに行こうと思ってさ。コンテンツや、重要ポイ
　ントや、グラフィックスを苦労してまとめ上げたんだよ。彼のオフィスに着いて、
　いつものように世間話から始めたんだけど、気が付いたら、そうした会話の中で、
　無意識のうちにプレゼンテーションのキーポイントについて話し合っていたん
　だ。すると、男は取引にあっさり応じてくれた。彼は時計に目をやると、君と
　会えてよかった、今日は来てくれてどうもありがとうと言った。オフィスを後
　にするとき、2人の部下がこう言っていた。「おい、プレゼンテーションをやっ
　てもいないのに、商談が成立したぞ——こいつはすごいや！」
　　一方、僕はすっかり機嫌を損ねていた。「僕が準備に費やした時間をどうして
　くれるんだ？　彼はプレゼンテーションを見ることさえなかった。あんなに苦
　労してコンテンツをまとめ上げたのに、時間の無駄もいいところじゃないか！」
　と言って、僕はハッと気が付いた。プレゼンテーションの準備というのは、考
　えをまとめたり、ストーリーテリングに力を注いだりして、聞き手にメッセー
　ジがはっきり伝わるようにすることだ。僕が自分の論点を明確に表現できたの
　は、プレゼンテーションの準備の段階で、そうした作業にじっくりと取り組ん
　だからなんだ。グラフィックスでさえ、プレゼンテーションを見つめなおすきっ
　かけを作ってくれた。聞き手に見られることはなかったとしても、それは立派
　なプレゼンテーションの一部だったんだ。

全くジムの言う通りである。周到な準備をすれば、そのプロセス自体が自分の論点を完全に把握するのを助けてくれる。準備さえしっかりしていれば、プロジェクターが壊れようが、顧客にいきなり「スライドなんかいらないよ。単刀直入に話してくれ」と言われようが、自分のメッセージをはっきりと伝えることができるはずだ。

　準備段階にあたっては、何ものにも邪魔されずに、澄んだ心を持って臨むべきである。私はテクノロジーを愛しているし、スライドウェアは多くの状況において非常に効果的だと思っている。しかし、計画段階はアナログ式で行った方がいい——ペンと紙、ホワイトボード、ポケットにメモ帳を入れ、浜辺を犬と散歩する——自分に合った方法なら何でもかまわない。ピーター・ドラッカーはこのことを一番うまく言い当てている——「コンピューターは馬鹿だ」。大切なのは、あなたとそのアイデア（そして聴衆）である。それゆえ、最も創造力を必要とする初期の段階では、コンピューターの前から離れるようにした方がいい。少なくとも私の場合、考えがはっきりしたり、アイデアが浮かんだりするのは、コンピューターから離れているときである。

　準備段階において文明の利器を使わず、リラックスを心がけ、あえて紙やホワイトボードを使うのは、中心的なメッセージをはっきりと特定し、具体化するためである。重要なのは核となるテーマだ。もう一度尋ねよう。もし、たった一つのことしか聴衆の記憶に残らないとしたら、それは何であって欲しいか？　その理由は何か？　論点を把握し、鍵となるメッセージを頭の中ではっきりイメージし、まず紙の上に描き出すことによって、コンテンツを効果的にアピールするスライドやマルチメディア資料を創り上げることが可能になるだろう。

まとめ

- 日常の忙しさを忘れ、スローダウンしよう。そうすれば課題や目標がはっきり見えてくる。

- 一人きりの時間を作り、物事の全体像を把握しよう。それには、森林浴がいい。

- 物事の本質をはっきりと見極めるために、コンピューターのスイッチを切り、アナログ式で行こう。

- まずは紙やペン、ホワイトボードなどを使って、大まかなアイデアを書き留めよう。

- 「核となるテーマは何か？」「なぜそれが重要なのか？」という問いが鍵である。

- もし、たった一つのことしか聴衆の記憶に残らないとしたら、それは何であってほしいか？

- 詳しい配布資料を用意すれば、何もかもビジュアルに詰め込まなければならないという思いから解放される。

4

ストーリーを
作り上げる

　あなたはコンピューターから離れ、一人、もしくは少人数のグループでブレインストーミングを行ってきた。そして一歩下がったところから全体像をとらえ、中心となるメッセージを特定した。詳細はまだ詰めていないものの、いまやあなたはプレゼンテーションのコンテンツやテーマをはっきりとイメージできている。次のステップは中心的なメッセージや、それを補足するメッセージに論理的な枠組みを与えることである。そうした枠組みはプレゼンテーションに秩序をもたらし、スムーズな発表を促してくれる。また、それによって聴衆もメッセージを容易に理解できるようになる。

　アナログからデジタルへの移行――紙に書かれた草案をPowerPointやKeynoteに移し替えること――の前に、どうすれば自分のメッセージが人々の心に響くのかを意識することが重要である。素晴らしいプレゼンテーションと印象に残らないプレゼンテーションを分けるものは一体何か？　印象的なプレゼンテーションを創り上げることが目的ならば、心に残るメッセージを生み出す方法を模索しなければならない。

　心に残るメッセージを生み出すための要素の一つが「物語」である。人は常に物語を語ろうとする。仲間と一緒にキャンプに行ったときのことを思い浮かべてほしい。まるで太古の時代に戻ったかのように、みんなでたき火を囲み、夜更けまで物語を語り合ったはずだ。物語を語り合うことには、何か本能的で心を引き付けるものがある。

心に残るメッセージとは？

　プレゼンテーションの向上に役立つ名著のほとんどは、プレゼンテーションそのものをテーマにした本でもなければ、ましてやスライドウェアの使用法に関する本でもない。そうした名著の一つに、チップ・ハースとダン・ハースの共著『アイデアのちから』（日経BP社）がある。ハース兄弟は、印象的なアイデアと、全く記憶に残らないアイデアの差はどこにあるのかについて関心を寄せていた。心に残るものもあれば、すぐに忘れてしまうものもある。その理由は何か？　著者が発見し、この本において簡潔かつ見事に説明していること——それは、「心に残る」アイデアには6つの共通の法則があるという事実だ。その法則とは「単純明快(simplicity)」「意外性(unexpectedness)」「具体性(concreteness)」「信頼性(credibility)」「感情に訴えること(emotions)」「物語性(stories)」である。そう、これら6つの法則は、頭文字をつなげるとSUCCESs（サクセス）という言葉になるのだ。

　この6つの法則をメッセージ（プレゼンテーションや基調スピーチも含む）に盛り込むのは比較的容易に思われる。しかし、ほとんどの人々はそれらを利用していない。なぜか？　著者は、多くの人々が「心に残る」メッセージを生むことができない最大の理由は、いわゆる「知の呪縛」のせいだと言う。「知の呪縛」とは、メッセージの伝達者が、トピックに関して自分と同レベルの背景知識を持たない人の気持ちを思いやれないような状態を指している。聴衆に抽象的な話をするとき、話す本人にとって筋が通っていても、それは自分にとってだけである。単純明快に思えるのは、自分の頭の中でのことなのだ。6つの法則——SUCCESs（サクセス）——は、「知の呪縛」（誰もがそれに縛られている）と闘い、心に残るメッセージを生み出すための武器になる。

　著者は同書の冒頭で、心に残る良質のメッセージと、印象の薄いありふれたメッセージの違いを、以下の例を使って説明している。同じ内容を述べているこの二つのメッセージを見てほしい。そのうちの一つは、あなたにとって非常に馴染みの深い言葉のはずだ。

「我々の使命は、チーム中心の最大規模のイノベーションと、

　戦略的目標に沿った航空宇宙計画を通じて、

　宇宙産業の国際的リーダーとなることだ」

もしくは

「60年代末までに人類を月に立たせ、安全に帰還させよう」

　最初のメッセージは今日のCEO風の話し方に似ており、印象的でないのは言うまでもなく、意味を取るだけで精一杯である。2つ目のメッセージ——実は、ジョン・F・ケネディの1961年のスピーチからの引用——は、SUCCESsの全ての要素を含んでおり、後に世界を変える明確な目標へと国民を駆り立てることになった。ケネディは、あるいは少なくとも彼のスピーチライターは、抽象的なメッセージは記憶に残りにくく、人々の意欲をかき立てないことを知っていたのだ。しかし今日、CEOやその他のリーダーたちのいかに多くが、「株主価値の最大化が云々……」といった言い回しを使ってスピーチを行っていることか。以下に挙げるのは、『アイデアのちから』に登場する6つの法則の簡単な要約である。スピーチ、プレゼンテーション、その他のあらゆるコミュニケーションに向けて、アイデアを具体化したり、メッセージを生み出したりする際には、これらの法則を念頭に置くとよい。

- **単純明快である**：あらゆることを強調するのは、何も強調しないのと同じである。あらゆることを優先事項にすれば、優先事項の意味がなくなる。容赦のない姿勢を持って、自分のメッセージを（レベルを下げることなく）究極まで単純化しなければならない。聴衆の思考を停止させるようなサウンドバイト（短くて刺激的なフレーズ）を使えと言っているわけではない。努力次第で、どんなアイデアも、ぎりぎりの本質的な意味まで突き詰めることができる。キーポイントは何か？　核となるテーマは何か？　なぜそれが重要（あるいは、重要であるべき）なのか？

- **意外性がある**：人々の興味を引くには、相手の予想を裏切るようなことをやればいい。みんなをあっと言わせよう。そうすれば、人々の注意を集めることができるはずだ。しかし、そうした関心を維持するためには、人々の好奇心を刺激する必要がある。一番いいのは、質問を投げかけること、つまり、人々の知識の穴を指摘し、それを埋めることだ。自分の知識に空白部分があることを聴衆に自覚させ、問題の解答を与える（あるいは彼らを解答へ導く）ことで、その空白を埋めるのである。聴衆を未知なる旅へ誘おう。

- **具体的である**：自然な話し方を心がけるとよい。抽象的な話は避け、はっきりした実例を挙げること。漠然とした概念ではなく、具体的なイメージを語ろう。ハース兄弟が言うように、ことわざはいい。抽象概念をシンプルで具体的な、しかも印象的な言葉に凝縮することに長けているからだ。例えば、「一石二鳥」、つまり「一つの石で二羽の鳥を殺す」という表現はどうだろう？　「あらゆる部門の効率性を高め、生産力を最大化するという目標に取り組もう」などという言葉より、ずっと分かりやすいはずだ。あるいは、ケネディの（あるいは彼より前にそれを口にしたラルフ・クラムデン〔訳注：アメリカの人気ＴＶドラマの登場人物〕の）「月へ行って、帰ってくる」という言葉はどうか？　こうした言葉はまさに具体的である。月に降り立った宇宙飛行士の姿が目に浮かんでくるようだ。

- **信頼性がある**：あなたが業界で名の通っている人物なら、最初から人々の信頼を勝ち得ることができるかもしれない（だが、かつてに比べれば、そうした傾向も弱まってきている）。しかし、大部分の人々はその種の信頼を得ているわけではない。それゆえ、我々は数字やデータをかき集め、業界のリーダーであることを裏付けようとする。ハース兄弟は、統計データはそのままでは役に立たないと言う。重要なのは、そうしたデータの背景や意味である。イメージがはっきりと浮かぶような形でデータを表現しよう。「電池寿命５時間」か？　それとも「次回のサンフランシスコからニューヨークまでのフライト中、携帯端末で好きなテレビ番組をずっと見続けても大丈夫な電池寿命」か？　信頼を得る方法はいくらでもある――顧客のコメントを取り上げたり、新聞や雑誌の記事を引用するのもいいかもしれない。しかし、会社の沿革について長々と説明しても、聴衆は退屈するだけである。

- **感情に訴える**：人間は感情的な生き物だ。スライドに映し出される大量のトピックや情報をただなぞっていくだけでは不十分である——聴衆に何かを「感じて」もらわなければならない。コンテンツについて何かを実感してもらう方法は無数にある。画像もその一つである。画像のおかげで、聴衆は論点をすんなり理解できるだけでなく、そのトピックに対して感情面での深いつながりを覚えるようになる。例えば、アメリカのハリケーン・カトリーナによる被害を説明する場合、箇条書きや、データや、主要なトピックを用いて話を進めることも可能だ。しかし、災害の爪跡を捉えた画像や、実際に発生した人的被害を報じる写真は、言葉や文字やデータだけでは決して語れない物語を伝えることができる。「ハリケーン・カトリーナ」と聞いただけで、鮮明なイメージが頭に浮かぶようになる。もちろん、人間は物語や写真の中の人物に対して感情的なつながりを覚える。しかし、人物が写り込んでいない写真にも心打たれることがある。例えば、2011年3月の東日本大震災では、大地震の発生後、大津波が東北地方の沿岸部を襲った。この写真は、津波発生から数週間が過ぎた頃に私の義理の父が撮影したものだ。この写真を見て、かつてそこにあった街が跡形もなく消え去ってしまった現実を悟ったとき、私たちは衝撃を受ける。このような写真は言葉では語りつくせない現実を突き付け、見る者の感情に訴えるのだ。

- **物語性がある**：我々は一日中「物語」を語っている。人間は昔からそうやってコミュニケーションを取ってきた。我々は言葉によって、さらには芸術や音楽を通じて、物語を語る。自分が語る物語を通じて、自己表現しようとする。我々は物語を通して、人に教え、学び、成長していく。日本には年上の社員（センパイ）が若手の社員（コーハイ）に対して、会社の歴史、社風、仕事のやり方などについての指南役を務めるという習慣がある。「センパイ」はこうした非公式の指導の大部分を、「物語」を通して行っている。誰もそれを「物語を使った指導」とは呼んでいないが、実態はそうである。例えばヘルメットをかぶらずに工場の作業場に出た男の悲劇について聞かされた「コーハイ」は、二度とその教訓を忘れない（そして必ずヘルメットをかぶるようになる）。物語は我々の関心を引き付ける。それは

ルールの一覧表よりずっと覚えやすい。人は物語に惹かれるのだ。それなのに、なぜ物語を愛する賢明で有能な人々の大半が、プレゼンテーションの場でストーリーや実例を利用せず、散漫な情報をまくしたてようとするのだろう？　素晴らしいアイデアや見事なプレゼンテーションには、必ず物語の要素があるはずである。

チップ・ハースとダン・ハースの
共著『アイデアのちから』の
キーポイントを概説するために私が用いたスライド。

1960 年代末までに
人類を月に立たせ、
無事に地球に帰還させる――
我が国はこの目標の達成を
公約とすべきである。

――1961 年 5 月 25 日
ジョン・F・ケネディ

物語とストーリーテリング

　書き言葉が生まれる以前は、人間は物語を使って次の世代に文化を伝えていた。物語は我々そのものであり、我々は物語そのものであった。物語には例え話やメタファーが含まれていることがある。これらは聴衆を引き付け、我々の考えを具体的にはっきり理解してもらうための強力な武器である。最上のプレゼンターは、物語（しばしば個人的なもの）を用いて論旨を説明しようとする。複雑な考えを説明するのに一番手っ取り早い方法は、実例を挙げ、論点を裏付けるような物語を語ることである。プレゼンテーションの内容を覚えてもらいたいなら、短くて面白いエピソードを用いて中心的なメッセージを強調し、より有意義で印象的なコンテンツを創り上げなければならない。

　優れた物語には、関心を引くようなはっきりした始まりがあり、刺激的で興味をそそる内容が中心にあり、はっきりした結末がある。私はフィクションの話をしているわけではない。実話（話題は問わない）について話しているのである。例えばドキュメンタリー作品は、取り上げたテーマに関する「物語」を語っていることを忘れないでほしい。ドキュメンタリーは単に事実を語るものではない。それは、戦争、科学的発見、劇的な海難救助、気候変動などに関する「物語」を語ることで我々を魅了するものである。人間の脳は、生き延びる上で重要ではないと見なした事柄を忘れるようにできている。我々の意識が「試験合格のために物理化学のテキストを何度も読め」と命じているときも、脳は「こんなの退屈だ」「つまらない」「生死に関わることじゃない」と言い続けている。しかし、脳は「物語」には興味津々なのだ。

物語の力

　物語は聞き手を引き込み、論理と感情の両面に訴えるための重要な手段である。人間は自分の経験を物語の形で記憶するようにできている。つまり、物を覚えるにはストーリー仕立てにするのが、一番効率がいいのだ。人間が耳や目を使って情報を共有してきた年月は、リストや箇条書きのそれよりもはるかに長い。2003年、『ハーバード・ビジネス・レビュー』誌に掲載された、「物語の力」に関する記事には、次のような記述がある。「物語を語ることは、ビジネスにおけるリーダーシップやコミュニケーションの鍵である。PowerPointや統計データのことは忘れよう。人々を深く引き込むには、物語が必要なのだ」

　『ハーバード・ビジネス・レビュー』のインタビューにおいて、伝説的な脚本家養成者、ロバート・マッキーは、「人々を奮い立たせ、目標を達成させることは、リーダーの仕事の重要な一環だ」と述べている。「そのためには、リーダーは彼らの感情に訴えなければならない。彼らの心を開く鍵となるのが、物語である」。マッキーは、人々を説得する際に最もよく使われる方法は、伝統的なレトリックと、知的なプロセスを伴っていると言う。それは（ビジネスの世界では）しばしば典型的なスライド・プレゼンテーションによって構成されており、その中でリーダーは統計やデータを使って自分の主張を通そうとする。しかし、統計だけでは人の心を動かすことはできないし、データが必ずしも信頼されるとは限らない。マッキーはこう語っている──「統計は嘘をつくために使われる。一方、会計報告書は往々にして粉飾決算書でしかない」

　マッキーは、レトリックというものは問題をはらんでいると指摘する。なぜなら、我々が言い分を主張している間、相手は自分の知っているデータや統計を駆使して、頭の中で反論を行っているからだ。「たとえ議論で相手を説き伏せることができたとしても、それだけでは足りない。理性に訴えるだけでは、人々を行動に駆り立てることはできないからだ」。大切なのは、メッセージと感情を一つに結び合わせることである。それには物語を使うのが一番だ。「物語を使えば、大量の情報を話に盛り込めるだけでなく、聞き手の感情やエネルギーをかき立てることができる」マッキーはそう語っている。

対立を作り出す

　「優れた物語は、終始主人公の期待通りに運ぶような平坦なストーリーではない」マッキーは言う。それでは面白くもなんともない。むしろ、「期待と現実がきわめて残酷な形で衝突する様子」を描写した方がいい。人生を面白くするのは物事の「影の部分」である。「負の力を乗り越えようともがき苦しむ中で、我々は人生をより深く生きることを強いられる」マッキーはそう説明する。逆境を克服する過程は、人々を魅了し、深い印象を与える。こうした物語の方が、説得力がある。

　したがって、物語の最も大切な要素は、対立や衝突である。相反するものの衝突には、ドラマを生み出す力がある。本質的に、物語とは「期待」と「非情な現実」の衝突であると言える。物語には、不均衡、拮抗する力、解決すべき問題といった要素が必要なのだ。優れたストーリーテラーは、こうした葛藤に対処すること──限られた手段でその場を切り抜けたり、苦渋の決断を下したり、長年の研究の末に科学的発見を成し遂げたりすること──がどのようなものであるかを描き出そうとする。

　人はバラ色の（ともすれば退屈な）絵を描きたがることが多い。「だが、ストーリーテラーである以上、あなたはまず解決すべき問題を前面に押し出し、次に、どうやってそれを克服したかを示すべきである」マッキーはこう述べている。敵対する者といかに闘ってきたかを物語にして聞かせれば、聴衆をあなたとそのコンテンツに引き込むことができるだろう。

コントラストは人を引き付ける

　グラフィックデザインにおいても、物語においても、コントラストは最も基本的で重要な要素の一つだ。コントラストとは、端的に言えば、差異のことである――そして人間は差異に眼が行くようにできている。優れた物語の場合、随所にコントラストが見いだせる。映画作りもまた例外ではない。例えば『スター・ウォーズ　エピソード4』には、正義の味方である気高き反乱同盟軍と、「暗黒面」を体現するデス・スターや悪の帝国、という魅力的なコントラストが存在する。さらに、味方同士にも明確なコントラストを見いだすことができる。若く純真な理想家、ルーク・スカイウォーカーは、老練な現実主義者、オビ＝ワン・ケノービと好対照をなしている。冷静で如才のない若きレイア姫と、年は上だが、いささか礼儀知らずで自信家のハン・ソロも対照的だ。R2-D2とC-3POというキャラクターが魅力的なのも、両者の著しい個性の違いによるところが大きい。プレゼンテーションにおいても、「使用前／使用後」「過去／未来」「当時／現在」「問題点／解決法」「紛争／平和」「成長／衰退」「悲観主義／楽観主義」といったコントラストを狙ってみよう。コントラストを強調すれば、自然な形で聞き手を話に引き込み、メッセージをより印象付けることができる。

ストーリーテリングの原則をプレゼンテーションに応用する

　プレゼンテーションの準備時間は常にたっぷりあるとは限らない。主張すべきポイントが見つかりにくいときもある。そんなときは、以下の3つのステップに従えば、比較的短時間で、ほぼあらゆる種類のプレゼンテーションの準備をこなすことができる。

1. 問題を特定する。（例えば、あなたの製品によって解決することが可能な問題を挙げる）
2. 問題の原因を特定する。（その問題を取り巻く対立や衝突の実例を挙げる）
3. なぜ、どのようにして問題を解決したかを示す。（そうした対立や衝突の解決法を提供する）

　基本的には、以上で終わりである。あなたが抱えている（抱えていた）問題と、それをどのように解決するか（解決したか）を紹介しよう。聴衆の実情に合った、役に立つ実例を挙げるとよい。物語は（Aがあって、それからBが起こって、だからCになって──というような）次々に連続して起こるエピソードの集合体であることを忘れないでほしい。聴衆をエピソードに満ちた旅に誘い、まず対立や衝突を紹介し、次にそれを解決してみせよう。こうした物語を語ることができれば、単に論拠を並べ挙げ、情報を羅列している大方のプレゼンターたちの、はるか先を行く存在になれる。聞き手はリストや箇条書きのことはすぐに忘れてしまう。しかし、筋のある物語なら、すんなり頭に入ってくる──人は常に、自分が経験した断片的な情報を、物語という形で理解し、記憶しようとしているからだ。ロバート・マッキーは言う。「我々はこうした『物語化』の本能に逆らうべきではない──むしろそうした本能に従って、自分の経験に基づいた、トピックにまつわる『物語』を聴衆に語るべきだ」

物語と感情

　我々の脳は、心を揺さぶるような経験や物語を想起しやすい傾向がある。感情に訴える要素は、物語を人の心に焼きつける。私は最近、こうした実例を目の当たりにした。私の労務管理の講義を受けていた4人の学生が、日本の雇用保障についてプレゼンテーションを行ったときのことだった。3日後、私は他の学生たちに、そのプレゼンテーションで一番印象に残っている点は何かと尋ねた。彼らの記憶に最も鮮明に焼きついていたのは、労働法でも、話し手の主張でも、日本の労働市場の変化でもなかった。彼らが覚えていたのは、「過労死」というトピックと、日本の自殺問題だったのだ。1時間に及ぶプレゼンテーションの中で、それはごく小さなトピックだった。1時間のうち、過労死という話題に割かれたのは、ほんの5分くらいだったかもしれない。しかし、聞き手の心に一番残ったのは、その5分間だったのである。その理由を推測するのは簡単だ。過労死や自殺の多さといった問題は、感情を大きく揺さぶるトピックであり、普段はあまり話題に上ることがない。プレゼンターはいくつかの実例を挙げ、過労死で亡くなった人のエピソードを語った。そうした物語と、それらが聴衆にもたらしたあらゆる感情―― 驚き、同情、共感 ――が、この比較的小さなトピックを人々の心に焼きつけたのだ。

紙芝居──日本独自のビジュアル・ストーリーテリングに学ぶ

紙芝居は参加型ビジュアル・ストーリーテリングの一種であり、手描きの絵と演じ手の魅力的な語りを一つに組み合わせたものである。紙芝居の起源は「絵解き」や「絵巻」といった、日本古来のさまざまな「絵語り」の伝統にまでさかのぼる。しかし、今日の人々が思い浮かべるような形の紙芝居が生まれたのは1929年頃のことだ。紙芝居は1930年代から40年代にかけて人気を博したが、1950年代末のテレビの登場とともにほとんど廃れてしまった。典型的な紙  芝居は、小さな木枠の「舞台」と、その右側（向かって左側）に立つ「演じ手」から成り立っており、木枠の中には、物語の筋書きに沿った12〜20枚ほどの絵が収まっていた。そしてこの小さな舞台は、演じ手である「紙芝居のおじさん」の自転車の荷台に取り付けられていた。おじさんはこの自転車に駄菓子を積んでやってきて、紙芝居が始まる前に、集まった子供たちにそれを売るのだ（演じ手はこうしてささやかな収入を得ていた）。おじさんは話の流れに合わせて紙を引き抜くスピードを変え、メリハリを生み出す。紙芝居の名人は原稿を読んだりしない。ときおり木枠の中の絵に視線を移す以外は、おじさんの目は常に子供たちを見つめている。

（「プレゼンテーション・ビジュアル」と「文書」がまったく別物であるのと同様に）紙芝居と絵本は似て非なるものだ。絵本の場合、より詳細なビジュアルやテキストを伴っていることも多い。演じ手とビジュアル（絵）の周りに多くの人々が集まり、パフォーマンス形式で行われるという前提で作られた紙芝居とは違って、絵本は通常、一人で読むためのものだからだ。

紙芝居は100年近く前に流行したビジュアル・ストーリーテリングの一種だが、この職人芸から得られる教訓は、現代のマルチメディア・プレゼンテーションにも応用できる。『The Kamishibai Classroom』(Libraries Unlimited) の著者であるタラ・マックゴワンは、紙芝居の絵はむしろフィルムの「コマ」に近いと言う。「紙芝居は短時間でパッと次の絵に切り替わることを想定して作られている。したがって、余計な細部はストーリーの邪魔になり、誤解を生む可能性がある。紙芝居の絵を作成するときは、その場面において最も重要な登場人物や情景に聴衆の目を向けさせることが大切だ。明快で無駄のない表現を目指す上で、紙芝居ほど完璧なメディアはないだろう」彼女はそう語る。この紙芝居の精神を、マルチメディアとスクリーンを用いた現代のプレゼンテーションに取り入れる方法は、いくらでも思い浮かぶはずだ。以下に挙げたのは紙芝居から得られる5つの教訓である。これらは今日のプレゼンテーションにも応用できる。

1. パッと見て分かるような、大きくてくっきりしたビジュアルを使う。
2. グラフィック要素を画面からはみ出せる。
3. ビジュアルを単なる装飾として使うのではなく、ダイナミックに活用する。
4. 不要な細部を入念に取り除く。
5. （ビジュアルと語りの両面で）参加型のプレゼンテーションを心がける。

本物だけが持つ説得力

　私はこれまでに、話しぶりもグラフィックスもごく平均的でありながら、比較的効果が高く、（最高ではないが）かなり上質な部類のプレゼンテーションをいくつも見てきた。これらのプレゼンテーションが成功した理由は、スピーカーがテーマに沿った物語を明快かつ簡潔に語ることで論旨を裏付けていたからであり、そうした物語が、くだけた人間味のある口調で語られていたからである。心に響かないことを長々と話しても、らちはあかない。聴衆は「本物の言葉」で論旨が説明されるのを聞きたい（あるいは見たい）のである。

　数年前に私は日本の有名な外資系企業のCEOによる素晴らしいプレゼンテーションを目にすることができた。そのCEOが使っていたスライドのデザインは凡庸なものだった。しかも彼は、話に合わせてスライドを動かすアシスタントを一人ではなく二人も配置するという過ちを犯していた。アシスタントはスライドウェアに手こずっているらしく、間違ったスライドがプレゼンターの後ろに映し出されることもしばしばだった。しかし、この実力者はただ肩をすくめ、「ああ、かまわないから。……で、私が言いたいのは……」とやり過ごした。彼は話を中断することなく、会社の過去の失敗や近年の成功にまつわるエピソードを語り、観客の心をつかんでいった。その話には、大多数の経営学専攻の学生が一学期中に得るものよりずっと多くの、魅力的かつ実践的なビジネスの教訓が含まれていた。

　もしもスライドがもっと優れたデザインで作成され、より適切に操作されていたら、そのプレゼンテーションはさらに素晴らしいものになっていただろう。だが今回に限って、そうした欠点にもかかわらず、このCEOは印象的で説得力のあるプレゼンテーションを行うことができた。実際、これはCEOによるプレゼンテーションの世界では非常に稀なことである。その夜、彼が成功を収めることができた理由は４つある。

（１）コンテンツを知り尽くしており、言うべきことを全て心得ていた。

（２）演壇の中央に立ち、地に足のついた、偽りのない言葉で語りかけた。その口調は
　　　くだけていたが、情熱がこもっていた。

（３）機材の不調に動じることがなかった。そうしたトラブルが生じたときも、何事も
　　　なかったかのように話し続け、聴衆との一体感を損なわなかった。

（４）実際にあった、時にはユーモラスな逸話を使って論旨を説明した。

　その逸話は全て心に響く、有意義なものであり、中心的なテーマの裏付けになっていた。

このCEOのプレゼンテーションがこれほど人を引き付け、印象的なのは、何よりもそれが「本物」だったからである。彼の話は心の底から湧き上がってきたものであり、台本の暗記ではなかった。物語は原稿を思い出しながら語るものではない。自分にとって意味のある物語ならば、中身を暗記する必要などないからだ。真の物語は、すでに我々

の中にある。調査、知識、経験などを土台にして、あとは本能の命じるままに語ればいい。我々は物語を完全に自分のものにしなければならない。しかし、それを一字一句暗記するべきではない。「本物らしさ」を装っても無駄である。あなたがその物語の価値を本当に信じているか、そうでないかである。もしその価値を実感していないのなら、うわべだけの、にせものの情熱や信念をどんなにアピールしても、聴衆との時間は全く無意味なものになるだろう。あなた自身がその価値を信じておらず、それが真実であることを実感していないなら、物語を使って他人の心をつかみ、説得することなどできるわけがないではないか？　あなたの言葉はうつろに響くだけだろう。

情報だけでは足りない

特定の分野に関して大量の情報を持っている人間は、昔から引っ張りだこだった。彼らはデータが一杯詰まった頭脳を貸し出すのと引き換えに、高額な料金を請求することができた。かつては情報にアクセスすることが困難だったからだ。今はそうではない。クリック一つでどんな情報でも手に入る時代において、ただ情報を所有しているだけでは、とうてい差別化要因にはならない。今日、これまで以上に重要なのは、データを統合し、そこから背景や展望を見いだす能力である。ピカソはかつて「コンピューターは役に立たない。答えしか与えてくれないからだ」と語った。確かにコンピューターやGoogleは、我々が必要とする日常的な情報やデータを与えてくれる。だが、壇上で話している人物に対して我々が求めているのは、データや情報だけでは得られないもの、つまり「意味」

である。

　忘れないでほしい。我々は人間としての根本的能力が大いに求められる時代に生きている。聴衆に向かって機能一覧を読み上げたり、一連のデータを提供したりするだけなら、誰にでも——いや、どんな機械にでもできる。我々はそんなものは求めていない。我々が求めているのは、知的で刺激的な——そして時には挑発的な人間の話に耳を傾けることだ。彼らは我々を啓発し、インスピレーションを与える。また、知識を提供するだけでなく、データから意味や背景を見いだしたり、感情に訴えかけたりすることによって我々を刺激し、深い印象を残してくれる。

　こうした時代こそ、物語の出番である。物語とは、情報に感情への訴えかけや視覚的なアピールを加え、記憶に残るエピソードで全体を包み込んだものなのだ。もしプレゼンテーションが、決まりきった手順に従って、一つずつ情報やデータを供給することだけを意味するのなら、誰も今日の退屈なプレゼンテーションについて不平を言ったりしないだろう。プレゼンテーションの大部分は、いまだにそうした決まりきった手順で行われているからである。さらにプレゼンテーション・ビジュアルの作成が、単に一連のルールに従って行われるとしたら、そもそも我々はなぜスライドやマルチメディア資料を作ることに時間を費やし続けているのか？　そうしたデータやアウトラインや箇条書きの作成は外部の安い業者に委託してしまえばいいではないか？

　プレゼンテーションは単にスライドに映し出された項目を読み上げ、決まりきった手順に従って、頭の中のデータを目の前に座っている人々の頭の中へ移し替える作業ではない(もしそうなら、電子メールを送って、プレゼンテーションはキャンセルすればいい)。人々はもっと人間の根本に関わるような何かを求めている。彼らはあなたのデータにまつわる「物語」が聞きたいのである。

会話調で語りかけよう

　語り手の口調も大切な要素である。我々は人間味のある丁寧な語り口に引き付けられる。それらは会話をするときの「人の温もりが感じられる言葉」で語られる。なぜ我々は会話調で語りかける話し手やプレゼンターに心を引かれるのだろう？　もしかすると我々の脳（意識ではない）は、会話調で語られた物語を聞く（あるいは読む）ことと、実際にその人と会話していることの区別がついていないのかもしれない。誰かと会話をしているときは、こちらも話に加わる義務があるため、自然に相手の話に耳を傾けることになる。感情の全くこもらない堅苦しいスピーチや文章は、ほんの数分でついていくのが難しくなる。あなたは「寝ちゃだめだ、大事なことなんだぞ！」と自分に言い聞かせなければならない。しかし人間味のある会話的な口調で語りかけるスピーカーの場合、話についていくのはずっと楽になる。

会話調で語りかけると、聴衆はより話についていきやすくなり、議論に参加しようという気持ちになる。

デイナ・ウィンスロー・アチリーIII（1941-2000）
デジタル・ストーリーテリングの先駆者

　デイナ・アチリーはデジタル・ストーリーテリングの分野における先駆者であり、伝説的人物だった。その顧客リストにはコカ・コーラ、エレクトロニックデータシステムズ（EDS。現DXCテクノロジー）、アドビシステムズ、シリコン・グラフィックス、その他多くの大企業がずらりと並んでいた。さらにアチリーは、Apple社と手を組み、Apple Masters（Apple製品を愛用する著名人の集団）の創立メンバーに名を連ねた。90年代、アチリーはシニア・エグゼクティブに手を貸し、人の感情に訴えるような、説得力のあるスピーチを創り上げることを促していた。最新のテクノロジーを使って、聴衆を魅了する「デジタル・ストーリー」を生み出そうとしたのである。それは、より視覚的で、心にストレートに響く、印象的な物語だった。もしアチリーが2000年に59歳の若さで亡くなるという不幸がなかったら、今日のプレゼンテーションは（ビジネス界においてさえ）はるかに効果的で、魅力あるものになっていたかもしれない。

　デイナ・アチリーはデジタル・ストーリーテリングについて、「2つの世界の長所を組み合わせている。すなわちデジタル化されたビデオ、写真、アートといった『新しい世界』と、物語という『古い世界』である」と語っていた。PowerPointのスライドを箇条書きで埋めるような退屈なプレゼンテーションは、人の心に訴えかける画像や音声を伴った物語によって実例を示すプレゼンテーション（「デジタル・ストーリーテリング」）に取って代わられるだろう、というのが彼の見解だった。

　以下に示すのは、ダニエル・ピンクが『ファストカンパニー』誌に書いた記事の引用である。彼は1999年の「What's Your Story?」と題された記事の中で、デイナ・アチリーについて、そして彼の使命についてこう語っている。

　　　「なぜビジネスに関するコミュニケーションはこんなに退屈なままなのか？　たいていのビジネスマンは、自分の夢や戦略——自分の物語——を、何十年もやってきたのと同じやり方で表現しようとする。スライドを何枚か使って演台の後ろから堅苦しくスピーチするスタイルだ。まさに『社用睡眠薬』である。デジタル・ストーリーテリングは、単にテクニックだけにとどまらない。実際、それはアーティストやビジネスマンの間で一種のムーブメントになってきている」

　この『ファストカンパニー』誌の記事の引用を読むと、ビジネス・プレゼンテーションの未来は明るいような気がしてくる。私はこの記事を読むと、さまざまな可能性に胸が躍る。しかし1999年以来、世の中はどれぐらい変わっただろうか？　今日、アチリーが思い描いたような形で、デジタル・テクノロジーをプレゼンテーションに取り入れている人も確かに存在する。とはいえ、ビジネス界から「社用睡眠薬」現象を一掃できるのは、まだまだ先の話だろう。

準備のプロセス

　各種のスライドウェアの問題点は、デフォルトの状態で、各トピックの下にタイトル
と箇条書きを並べたアウトライン形式を使ってプレゼンテーションを行うようユーザー
たちを誘導してきたことである（PowerPointはかなり以前から使われ、人々への影響力
も強いため、とりわけこの傾向が著しい）。この各トピックは、高校の作文の授業で習っ
たおなじみの「トピックセンテンス」に似ている。こうした構成は、一見理にかなってい
るようだが、実は聴衆にとってはまったく印象に残らないプレゼンテーションを生み出
してしまう。そこで役に立つのがストーリーボード（絵コンテ）作りである。準備の段階
において、ストーリーボード形式で論理的にアイデアをまとめておけば、コンテンツの
流れやプレゼンテーション全体の雰囲気をはっきりイメージできるようになる。

　コンピューターから離れ、核となるテーマを特定する作業はすでに済んだ。あなたは
もうストーリーボード作りに取り掛かれるはずだ。こうしたストーリーボードによって、
短いプレゼンテーションの中にある「物語」に形が与えられるようになる。ストーリー
ボードは映画産業に端を発するものだが、実業界、とりわけマーケティングや広告など
の業界でもよく使われている。

　PowerPointやKeynoteなどのアプリケーションで最もシンプルで役に立つ機能の一つ
は、スライド一覧表示（Keynoteにおけるライトテーブル表示）である。メモやスケッチ
を見ながら、直接これらのアプリケーションを使ってストーリーボードを作成するのも
いい。あるいは、もう少しだけ「アナログ式」を続行し、紙やポストイットやホワイトボー
ドを使ってストーリーボードを書くのもいいだろう。

　人によって、あるいは状況によって、準備の仕方はさまざまである。実際、よいプレ
ゼンテーションに至る道はいくらでもある（よい準備方法もそこに含まれる）。アナログ
式の大まかなスケッチからデジタル・スライドへ移行するという私自身のアプローチは、
決して珍しいものではない。しかし今日、大部分の専門的職業人、企業家、学生が、い
きなりPowerPointを立ち上げ、たくさんのタイトルのスライドを作って、それを箇条書
きで埋めているという事実に、私はいつも驚いている。こうしたやり方は一般的ではあ
るが、効果的ではないし、お勧めの方法とは言えない。

　以下に挙げたのは、私がいつも行っている5つのステップである。3〜4番目のステッ
プについては時々省略することもあるが、これらはグループでプレゼンテーションを企

画する際には非常に有効なステップだと思われる。グループ・プレゼンテーションに取り組んでいる学生にとって、ステップ3は不可欠である。

ステップ1

ブレインストーミングを行う。 一歩離れたところから対象を眺める。アナログ式で行う。コンピューターから離れる。右脳に働きかけ、アイデアを引き出す。ここでは自制心を発揮する必要はない。遠慮せずにどんどん挙げていこう。取捨選択は後でやればいい。ブレインストーミングは量が命だ。私はカードやポストイットにアイデアを書き出し、テーブルやホワイトボードに並べていく。こうした作業は一人でもできるし、グループで行うこともできる。グループで行う場合、他の人々のアイデアに口を差しはさんではならない。思いついたことをとりあえず書き留め、その他のアイデアと一緒に並べておこう。突拍子もないアイデアでもかまわない。そうした型破りなアイデアから、後に実用的で説得力のある、補助的なアイデアが生まれる可能性があるからだ。偉人ライナス・ポーリングがかつて語ったように「いいアイデアを出すための一番の方法は、まず、大量のアイデアを出すこと」なのである。

コンピューターから離れ、「文明の利器に頼らずに」ブレインストーミングを行う。これはいささか混沌とした非直線的プロセスであり、アイデアは多ければ多いほどいい。思いついたアイデアをどんどんポストイットに書き出し、窓に貼りつけていく。

ステップ2

グループ化を行い、核となるメッセージを特定する。
このステップでは、中心的な（そして記憶に残る）テーマを、聴衆の視点から探っていく。彼らに伝えたいものは一体何か？　私は「チャンキング」〔チャンク（固まり）を作っていく作業〕を用いて似たような考えをグループ化しながら、統一テーマを見つけようとする。

関西外国語大学で行われたプレゼンテーションZenセミナーの参加者たち。ブレインストーミング・セッションの後、似たような考えをグループ化しながら、核となるメッセージを特定していく。

プレゼンテーションは３部構成にするのがいいだろう。そこで私はまず、プレゼンテーション全体を貫く糸になる中心的なテーマを探す。「プレゼンテーションは必ず３部構成（演劇用語で言えば３幕構成）でなければならない」などというルールは存在しない。だが、３という数字は悪い選択ではない。なぜなら、３部構成は制約として扱いやすい上に、概して印象に残りやすい形式だからだ。しかし、何部から構成されていようが、テーマは一つしかない。すべての要素は中心的なメッセージを裏付けるためにある。３部構成という支持構造は、3つの要素すべてが核となるテーマや物語を支えるために存在しているのだ。

ステップ3

コンピューターを使わずにストーリーボードを作成する。　ステップ２で大ざっぱに配置したポストイットを順序よく並べていく。この方法のメリットは、（PowerPointのスライド一覧表示やKeynoteのライトテーブル表示に比べて）簡単にコンテンツを付け足すことができる点である。追加のポストイットにアイデアを書き、適切なセクションの下に貼り付けるだけで、全体の構成や流れを見失うことなく、コンテンツを増やすことができる。スライドウェアの場合、スライドに文字を入力したり、画像を加えたりするためには、標準表示に切り換える必要があり、その後、またスライド一覧表示に戻って全体の構成を確かめなければならない。一方、もう一つの方法として、何も書かれていないスライドを印刷するというやり方がある（ビジネスを学ぶ私の日本の教え子には非常に人気のある方法である）。台紙一枚につき最大9個の割合でプリントアウトしていけば、モレスキン・ストーリーボードの大きめのバージョンのようなものができる。もっとスライドを大きくしたい場合は、一枚につき６個に減らしてもいい。これらは壁に貼ったり、デスクに広げたりすることが可能であり、作業が済んだらノートにしまっておけばいい。また、P114の写真のように、ス

ブレインストーミング・セッションで出されたアイデアを選別し、少数に絞った後、ポストイットを適切な順番に並べ、プレゼンテーションの構成を練っていく。並べ終えたら、同じグループの人に見てもらい、意見を聞く。この作業は相変わらずやや煩雑なものになる。なぜなら、他の人々の意見を参考に、ストーリー全体を改善するための取捨選択が引き続き行われるからだ。

ライドウェアの「ノート」を印刷し、ビジュアルをスケッチしたり、要点を書き込んだり
することも可能である。

ステップ4

ビジュアルのラフスケッチを描く。　はっきりとしたテーマ、核となるメッセージ、適
量のコンテンツ（データ、物語、引用句、事実など）から成る２〜３つのセクションの構
想が固まったら、今度はビジュアルを考え始める番だ。アイデアをどう視覚化すれば、
分かりやすく、印象的な形でそれを聴衆に伝えられるだろうか？　スケッチブック、ポ
ストイット、メモ用紙などを使い、言葉で書かれたアイデアからラフスケッチを描き起
こしていこう。こうしたスケッチが、最終的には高画質の写真や図表、引用句を使った
スライドなどに変身することになる。ステップ３で使ったポストイットをそのままラフ
スケッチに使ってもいいし、部分的に新しいポストイットに置き換えてもいい。

８枚分のスライドのラフスケッチ。「聴衆の関心の維持」をテーマにしたプレゼンテーションで使用したものの一部で
あり、ジョン・メディナの著書『ブレイン・ルール』からのアイデアが引用されている。（画像のサンプルは『Presentation
Zen Sketchbook』(New Riders)を使用している）。私のイラストはかなり大ざっぱなものだが、ここでは絵の上手・下
手は重要ではない。こうしたラフスケッチは自分以外の人間が見るものではないからだ。後に私はコンピューターを
使って、これらのラフスケッチからシンプルなビジュアルを創り上げた（次のページを参照）。

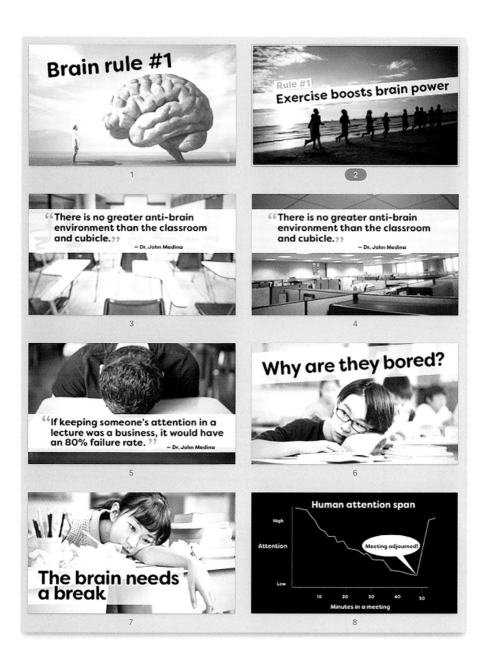

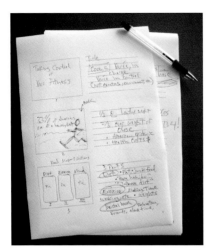

ここに挙げたのは、タイトルスライド、フック（導入部分で聴衆を引き込む話題）、スピーチのロードマップ（3部構成）である。実際のプレゼンテーションでは数枚のスライドを見せながら「フック」、「肥満問題の背景説明」と話を進めていき、その後で「ロードマップ／アウトライン」を紹介した。（画像提供：shutterstock.com）

ステップ3で生まれたアイデアからラフスケッチを描き起こす際に、空白のスライドをプリントアウトしたものを利用するという手もある。このサンプルでは、各スライドの横にナレーションのキーポイントが書き込まれている。これらのラフスケッチから右のスライドが生まれた。

ステップ5

コンピューターを使ってストーリーボードを作成する。 　全体の構成がはっきりイメージできている場合は、ステップ3〜4を省略し、直接スライドウェアを使ってプレゼンテーションの流れを作り上げてもいい（ただし、リスクやリターンの大きい重要なプレゼンテーションの場合は、ストーリーボード＆ラフスケッチというステップを踏むことをお勧めする）。好きなテンプレートを使って空白のスライドを作成しよう（会社のテンプレートを使わなければならない場合は、一番シンプルなものを使うとよい）。私はたいてい、空白のスライドを選択し、そこに最もよく使うサイズやフォントに設定したシンプルなテキストボックスを挿入している（PowerPointやKeynoteではさまざまなマスタースライドを作ることができる）。その後、これらのスライドをコピーする。そうしたスライドに、プレゼンテーションのビジュアルコンテンツ——短いセンテンスや単語、画像、引用句、表やグラフなど——が挿入されることになる。セクションの仕切りとなるスライド（プレゼンテーションの第一人者、ジェリー・ワイズマンはこれを「バンパー・スラ

イド」と呼んでいる）は、配色を変え、コントラストを強調して、スライド一覧で見たときに十分に目立つようにしなければならない。お好みならば、こうしたスライドは隠しておき、スライド一覧で構成を考えるときだけ見るようにしてもかまわない。しかし私の場合、これらのスライドは、一つのセクションが終わり、次のセクションが始まったことを目で見て実感するのに役立っている。

　スライド一覧で基本的な骨組みはすでに作り終えた。あとはストーリーを支えるビジュアルを加えていけばいい。導入部において、私は問題点、あるいは「苦痛の種」を紹介し、核となるテーマを提示する。次に、3つのセクションを使って自分の主張を裏付けていく（あるいは「苦痛の種」を取り除いていく）。面白くてためになるスピーチを目指しながらも、核となるテーマは決して見失わないようにする。

上の写真　ステップ2における構成の草案。「裸のプレゼンター」方式のプレゼンテーションに関してスピーチを行ったときのもの。ここではポストイットの代わりにシンプルなノートを使っている。しかしその後、このノートのアイデアを基にしてポストイットにラフスケッチとキーワードを書き込み、構成を練る作業（ステップ4）を行った。

右の写真　ステップ5におけるストーリーボード作りの初期の段階。上記のスピーチに向けて作成したもの。スライドが適切なセクションに加えられる前の、大まかな骨組みを読み取ることができる。スピーチに使われたスライドの総数は最終的に上の画面に一覧表示されているスライドの数をはるかに上回った。

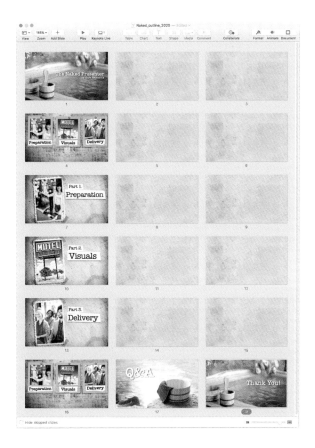

ナンシー・デュアルテ

世界有数のプレゼンテーション・デザイン会社、デュアルテ社の社長。
世界中のトップブランドや思想的リーダーのプレゼンテーションを手
がける。最新刊『DataStory: Explain Data and Inspire Action Through
Story』をはじめ、数々のベストセラー本の執筆者でもある。
www.duarte.com

ナンシー・デュアルテ、ストーリーボードと
プレゼンテーション・デザインのプロセスについて語る。

今日、我々のコミュニケーションでは、漠然とした言葉が使われることが多い。サービス、ソフトウェア、大義、思想的リーダーシップ、変更管理、企業のビジョン——これらはしばしば、具体的というよりは概念的であり、堅固というよりは一過性のものである。それ自体は別に悪いことではない。しかし、この種の考えを相手に伝えようとするとき、我々は常に苦戦を強いられる。なぜなら、それらは基本的に目には見えないものだからだ。見るべきものが何もないのに、ビジョンを共有するのは難しい。こうした目に見えないものを視覚的に表現し、その存在を実感させることは、一種の芸術的行為である。それゆえ、一番いいのはコンピューターを使わずに作業を開始することだ。鉛筆と紙で十分に用が足りる。

なぜ反テクノロジー的な方法を取ろうとするのか？
それはプレゼンテーションソフトは、ブレインストーミングの道具や、描画ツールとして作られたものではないからだ。アプリケーションはアイデアや情報の単なる入れ物であって、それを生み出す手段ではない。多くの人々がプレゼンテーションソフトにコンテンツを準備させるという罠に陥っている。実際には、創造的なプロセスのために必要なのは、コンピューターから離れ、小さい頃から慣れ親しんできた筆記用具——ペンや鉛筆に頼ることだ。思いつくままにどんどんアイデアを書き出してみよう。それらは言葉や図、あるいは場面でもいい。そのまま書いてもいいし、メタファーを使ってもいい。唯一の条件は、そのアイデアがあなたの潜在的な考えを表していることである。このプロセスの一番いいところは、描画ツールの使い方やファイルの保存場所を知らなくてもいいことだ。必要なものは全て手元にある（「絵を描くのは苦手だ」なんて言わないでほしい。練習不足なだけだ）。つまり、比較的短時間のうちに大量のアイデアを生み出すこと

が可能なのである。

私としては、1枚のポストイットに1つずつアイデアを書いていく方が望ましいと思う。そして私は「シャーピー」のマーカーを使うことにしている。なぜか？　1枚のポストイットではスペースが足りなかったり、シャーピーでは書けないくらい細かい情報が含まれていたりする場合、そのアイデアは複雑過ぎるのだ。簡潔さは明快なコミュニケーションに最も欠かせないものである。さらに、ポストイットを使うと、全体の構成や流れがしっくり来るまで、何度も並べ換えることができる。一方、私のチームには、より古風なストーリーボード形式を使い、細かいアイデアを直線的に構成していく方を選ぶ人も多い。それもいいやり方だ。大切なのは、仕事のやり方をはっきり規定することではなく、たくさんのアイデアを生み出すことである。

即座にアイデアが浮かぶことも多い。それ自体はいいことだ。しかし、真っ先に頭に思い浮かんだアイデアを採用するという過ちは避けなければならない。アイデアを出し続け、複数の考えを検討するように自らを追い込もう。それには自制心と粘り強さが必要である。一発で正解を思いついたような気がするときはなおさらだ。さまざまな言葉や、その言葉から連想されるものを探り、いくつものアイデアを搾り出そう。マインドマップ（テーマを中心にして放射状に関連するキーワードや絵をつなげていく記述法）やワードストーミングを使って、さらに多くのアイデアを生み出してほしい（デジタル世代の人間は、この段階でマインドマップ作成ソフトを使いたがるかもしれない）。素晴らしいソリューションは4つか5つくらいアイデアが挙がった後で生まれることが多い。わき道にそれてしまったような気がするときも、気にせずにアイデアを出し続けよう。ひょっとしたら意外なアイデアが見つかる

かもしれない。大量のアイデアが出そろったら、あなたが伝えようとしているビジョンやコンセプトを満たすようなごく少数のアイデアを突き止めよう。この時点でそうしたアイデアがどんな形を取っているかは大した問題ではない。大切なのは、それがあなたのメッセージをきちんと伝えているかどうかである。

ところで、安っぽいメタファーに頼るのは「逃げ」であり、自分の責務を放棄することである。2本の手が地球の前で握手をしている画像を使いたくなってしまったら、鉛筆を置いて机の前を離れ、休暇を取ることを考えたり、アロマセラピーの店を調べたりした方がいい。独創的なアイデアを考え出せるように自分を追い込もう。時間をかけ、創造的なエネルギーを注ぎ込んでほしい。なぜならその見返りとして、単に人々の印象に残るだけではなく、人々が行動を起こしたくなるようなプレゼンテーションを生み出すことができるからだ。

さあ、アイデアに基づいたラフスケッチを描き始めよう。こうしたビジュアルに誘発されて、新たなアイデアが湧いてくることもある。このスケッチのプロセスは、リラックスした気分で素早く行われるべきである——実際、落書きのようなつもりでいい。できるだけたくさんの絵を描いてみてほしい。スケッチ作業はそのコンセプトが有効かどうかを実証する働きを持っ

ている。なぜなら、複雑過ぎたり、時間や費用がかかり過ぎたりするアイデアの場合、削除すべきであることが自ずと明らかになってくるからだ。アイデアを捨ててしまうことを気にする必要はない——だからこそ最初にたくさんアイデアを出しておいたのだ。実際、最終的には、たった一つを除いてすべてのアイデアを捨てることになるのである（デザイナーたちはこれを創造的なプロセスの破壊的な側面と認識している。それは、むしろ望ましいことなのだ）。

数枚のスライドをまたぎ、複数の場面を使って表現すべきアイデアもあれば、1つのスライドに1枚のスナップ写真を載せるだけでいいアイデアもある。時には、表現したいアイデアにぴったりの写真や図表をそのまま使うだけで済んでしまうこともある。しかし、一番簡単な方法に飛びついたりせず、何であれ最も効果的な手段を追求すべきである。

場合によってはデザイナーの助けを借りる心構えをしておこう（そのアイデアが実行できるようにここまで計画を練ってきたのは、他ならぬあなたである）。プロの手を借りるのはまったく恥ずかしいことではない。大切なのは効果的なコミュニケーションであり、それをデジタル的に伝えるスキルがあなたにあるかどうかは重要ではないのだ。

デュアルテ社のデザインリードを務めるヘイリー・リッチ。アイデアを追求するため、大きなホワイトボードにストーリーボードを描いていく。

デジタル・ストーリーボード

　創造的なプロジェクトに向けたアイデアを追求する段階では、できるだけ多くのアイデアを出すことを目標にする。頭の中にあるアイデアを引き出し、視覚化する場合、ホワイトボードに描くなり、ノートにスケッチするなりして自分の手を使うのが一番手っ取り早くできる方法だ。

　しかし、この10年間に技術は進化し、プロのデザイナーは、タブレットとスタイラスという「新しい紙とペン」を手に入れた。新しいツールのおかげで、アイデアをデジタル・ストーリーボードに取り込むことができるようになったのだ。デジタル化したスケッチには色や動き、奥行きを加えることができ、複製などの操作も簡単だ。その結果、制作に進むまでの貴重な時間を節約し、コストのかかる反復を回避できる。

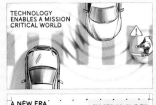

ときには複雑な三次元のコンセプトをスケッチする必要もある。昔ながらの紙とペンを使うやり方だと時間がかかる作業も、デジタルアプリなら、動きや奥行きを瞬時に生み出せる。こうした立体感のあるスケッチは、クライアントが創造的なコンセプトを明確に理解するのを助け、高価な 3D ツールを使ってスライドを制作する前に彼らの承認を得やすくする。

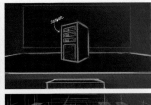

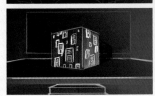

従来の紙とペンを使ったスケッチは、真っ白な面に線画を描くことから始まる。一方、デジタル・ストーリーボードを使えば、クライアントのアイデアを豊富なカラーで生き生きと表現できる。こうした豊かなビジュアルにより、クライアントはスライドの制作に移るずっと前に最終的なスライドを思い描く（胸躍らせる）ことができる。

２本の手が地球の前で握手をしているような
(ありきたりの)画像を使いたくなってしまったら、
鉛筆を置いて机の前を離れ、
休暇を取ることを考えたり、
アロマセラピーの店を調べたりした方がいい。

———ナンシー・デュアルテ

編集には自制心が必要である

　私は『スター・ウォーズ』の大ファンである。長年の間に、ジョージ・ルーカスの映画の裏に素晴らしい創造力と大変な労力が隠れていることがますます分かってきた。それにつれて、私はあることに気付いた。ジョージ・ルーカスのような究極のストリーテラーのアドバイスを聞くことによって、我々は（本質的に自分の物語を語る機会である）プレゼンテーションについて多くを学べるのではないだろうか。

　私はルーカスがこれまでに『スター・ウォーズ』のメイキングに関して語った大量のインタビューを調べてみた。その中でよく話題になっていたのは、ストーリーを約2時間に収めるために、編集段階で容赦なくカットしていくことの大切さだった。そのためには、全てのシーンを入念に調べ、それが（たとえどんなに見栄えのするシーンであれ）本当にストーリーに寄与するものか確かめなければならない。こうした編集のプロセスでストーリーに必要ではないと判断されたシーンはカットされる（あるいは、長さだけが問題の場合は短縮される）。彼らは2時間というフォーマットを厳密に守っている。なぜなら、それが一番観客のためになるからだ。

　映画のシーンを見ているとき、それがストーリーとどう結びついているのか分からずに、頭をかいてしまった経験は誰にでもあるだろう。監督はそのシーンが技術的な見せ場だったり、あるいは撮影が非常に大変だったりしたために、どうしてもカットする気になれなかったのかもしれない。だが、それはシーンを残しておく理由としては弱いだろう。プレゼンテーションに関して言えば、スピーカーの論点（最後まで分からずじまいかもしれない）とは全く結びつかないようなデータや画像、関係のなさそうな逸話を披露する人を見た経験は誰にでもあるだろう。プレゼンターが余分な項目を盛り込んでしまうのは、彼らが自分の仕事に誇りを感じていて、たとえ論点を裏付けるのに役立っていなくても、それを見せびらかしたいと思っているからかもしれない。

　この話の教訓は以下の通りである：常に聴衆のことを念頭に置き、スピーチはできるだけ短く、しかも効果的に物語を伝えられるものにしよう。2番目に、プレゼンテーションの準備をした後、内容を見直し、徹底的な編集作業を行うこと。あなたのスピーチの論点や目的に欠かせない要素でなければコンテンツから外してしまおう。情け容赦は無用である。迷った場合は、思い切ってカットするといい。

　何よりも大切なのは自分の題材に対して無慈悲な編集者になることである。我々は苦

渋の決断をしなければならない。（例えば基準を満たしていないという理由から）何かを
やることを見送らざるを得ないこともある。最もつらいのはカットしたり、さらには、
題材を全部没にしたりすることを決める作業だろう。しかし、これは避けては通れない
道だ。

　プレゼンテーションの編集作業が苦手な人が多いのは、彼らに恐怖心があるからであ
る。「情報を詰め込み過ぎてクビになった人はいない」と思っているのだ。リスクを冒し
て後で後悔するより、安全策で行った方がいいと人は言う。しかし、こうした考えのお
かげで、コンテンツの量はどんどん増え、多くの時間が無駄に費やされている。ありと
あらゆるものをプレゼンテーションに盛り込んで保身をはかろうとするのは、いい心構
えではない。それは適切なモチベーションとは言い難い。結局のところ、これは単なる
プレゼンテーションなのだ。どんなに多くのコンテンツを詰め込んでも、「おい、何で○
○のことを言わなかったんだ！」と文句を言ってくる人間は必ずいるのである。世の中
には扱いにくい人間が存在する。彼らを相手にしてはならない。また、リスクを恐れて
判断を誤ることがないようにしたい。

　無駄のないプレゼンテーションとは、必要な情報を全て備えており、しかもそれらを
心に響くシンプルで具体的なエピソードで伝えたものである。そうしたプレゼンテーショ
ンを創り出すのは簡単な仕事ではないが、やってみるだけの価値はある。全ての素晴ら
しいプレゼンテーションには、物語の要素がある。あなたの仕事は忘れられない物語を
生み出してくれる要素をコンテンツの中から見つけることである。

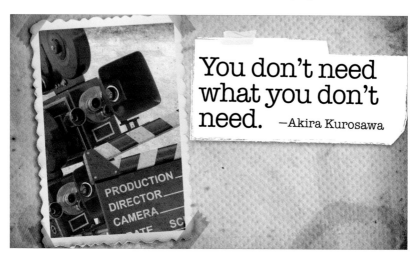

「いらないものは、いらないのである。── 黒澤明」
伝説的映画監督、黒澤明が、映画の編集に必要な冷徹さについて語った言葉（『蝦蟇の
油：自伝のようなもの』（岩波書店）から抜粋）。

まとめ

- メッセージが聴衆の心に残るようにしよう。簡潔さを心がけ、実例やエピソードを使い、意外性を狙い、人々の感情に訴えかけるようにしよう。

- プレゼンテーションの目的は情報を提供することだけではない。

- コンピューターから離れて、トピックに関するブレインストーミングを行ってみよう。最も重要な部分を一つにまとめること。基調を成すテーマを特定し、プレゼンテーション作成を通じて常にそのテーマ(中心的なメッセージ)に忠実であり続けよう。

- 紙の上でアイデアをストーリーボードにまとめよう──その後、ソフトウェアを使ってはっきりした構成を固めていこう。

- 常に自制心を持とう。そして核となるテーマに立ち返ることを忘れないようにしよう。

design

デザイン

「我々の人生は、

　細部を気にすることによって浪費されている

　——単純化だ、単純化するのだ」

　　　　　　　　　　——ヘンリー・デイヴィッド・ソロー

シンプルで
あることの大切さ

　日々の暮らしが複雑さを増すにつれて、ますます多くの人々が生活の中にシンプルさを取り入れようとしている。しかし、今日の職場や学校においてシンプルさを見いだすことは、これまで以上に難しくなっているように思える。人々は仕事の場ではシンプルに行くことを怖れている。軽い人間だと思われたくないからだ。そこで、「迷った場合は量を増やしておこう」というのが基本方針になることが多い。

　今日、シンプルであるとはどういうことかについて根本的な誤解が存在している。多くの人々はシンプルさを、短絡さや極端な単純さと混同している。あるいは、人を惑わせたり、欺いたりするほどレベルを低下させたものだと思い込んでいる。中には、「シンプル」とは常に問題を過度に単純化することであり、複雑性を無視し、物事をあいまいにしたり、あからさまな嘘をついたりすることだと思っている人もいる。政治家たちにはこうした単純化の罪を犯している人も多い。だが、私が話しているのはこういった種類のシンプルさではない。私の言うシンプルさとは、怠惰や無知や策略に由来するものではなく、物事の核心を突く明快さを切望する知性に由来するものだ。このような明快さはなかなか達成できるものではない。

　シンプルさは（自制心や自然さといったその他の教訓と同様に）禅や禅アートにおける主要な概念だ。茶道、俳句、生け花、墨絵などは、マスターするのに長年、あるいは一生かかるアートである。それらには簡単なところなど何もない。だが、名人の手にかかると、そうしたアートは素晴らしくシンプルに見えることがある。シンプルさの定義をするのは難しい。しかし、シンプルなメッセージやビジュアルを生み出す必要があると言うとき、私は手抜きをすることや、複雑性を無視することや、意味のない「サウンドバイト」や底の浅いコンテンツを良しとすることについて話しているわけではない。シンプルという言葉を使うとき、私はそれを明快さ、率直さ、繊細さ、本質性、ミニマリズムのほぼ同義語と見なしている。デザイナーたちは、複雑な問題に対する最もシンプ

ルな解決法を常に模索している。シンプルな解決法を見つけることは必ずしも彼らにとって一番簡単なことではないが、結果的にエンドユーザーにとっては実行するのが一番簡単な方法になり得る。

　最高のビジュアルはシンプルさを念頭に置いてデザインされたものであることが多い。しかし、この言葉はビジュアル・プレゼンテーションの詳細について何も語っていない。コンテンツや背景によって、ビジュアルの詳細は変わってくるからだ。例えば、量子力学に関するプレゼンテーションで、ある聴衆には最高に効果的だったビジュアルが、別の聴衆には複雑で分かりにくいものに思えることもあり得る。シンプルさは明確性を高めるための手段としてよく使われる。しかし、それを一つの結果と見なすこともできる。つまりそれは、聴衆の要求を満たすような物語やビジュアルを創り上げ、明確で意義深いプレゼンテーションを生み出そうとする、入念な努力の結果なのだ。

　シンプルさはデザインにおける重要な原則だが、それ自体があらゆる問題の特効薬というわけではない。人々は通常、必要以上に複雑なプレゼンテーション・スライドを作ることで失敗を招いている。しかし実際は、「シンプル過ぎて」失敗する可能性もないわけではない。シンプルさは目指すべきものではあるが、アインシュタインの言葉を借りるなら、「物事はできる限りシンプルにすべきだが、単純過ぎてもいけない」のである。

> **"Simple can be harder than complex: You have to work hard to get your thinking clean to make it simple. But it's worth it in the end because once you get there, you can move mountains."**
>
> —Steve Jobs
> BusinessWeek, 25 May 1998

「シンプルであることは、複雑であることよりもむずかしい。物事をシンプルにするためには、懸命に努力して思考を明瞭にしなければならないからだ。だが、それだけの価値はある。なぜなら、ひとたびそこに到達できれば、山をも動かせるからだ。」──スティーブ・ジョブズ（『ビジネスウィーク』誌 1998 年 5 月 25 日）
　おなじみの「スティーブ・ジョブズの基調講演スタイル」の背景を使ったスライド。長文は極力避けるべきだが、長めの引用句を大きな字体に設定するのが適切な場合もある。

スティーブ・ジョブズと禅の美学

スティーブ・ジョブズは、ビジネス史における最高のプレゼンターの一人だった。彼のスピーチは明快で核心をついていた。AppleのCEO時代、ジョブズのプレゼンテーションは常に大評判を呼び、そのコンテンツに関する新たな口コミの輪を広げてきた。こうした現象の理由の一つは、当のコンテンツがメディアにとっても顧客にとっても、分かりやすく、印象に残るものだったからだ。コンテンツを十分に理解できたからこそ、人々はそれを口コミで広げようとしたのである。ジョブズのプレゼンテーションは言葉もビジュアルも明快だった。

ジョブズは禅を学んでおり、早い時期から日本の美学の影響を受けていた。「私は昔から仏教、特に日本の禅宗に美的な崇高さを感じていた」。ジョブズは書籍『スティーブ・ジョブズ』（講談社）の著者で伝記作家のウォルター・アイザックソンにこう語っている。「京都の庭園ほど崇高なものはこれまでに見たことがない。私はこの文化が生み出したものに深く心を動かされた。それはまさに禅宗の精神に根差したものだ」。ジョブズのプレゼンテーションに対するスタイルやアプローチは、間違いなく簡潔性と明快さを体現していた。これはCEOやリーダーにはまれなことであり、驚きに値する事実である。

ジョブズの持つ明快さの一端は、スピーチに使われるビジュアルにも表れている。彼のプレゼンテーション・ビジュアルにはある種の「禅の美学」が存在していた。ジョブズのスライドには、抑制、簡潔さ、繊細かつ絶妙な余白の使い方などの徴候がはっきりと現れていたのだ。ごちゃごちゃした装飾や無駄な要素が入り込む隙は一切なかった。

一方、2007年頃のビル・ゲイツは、ジョブズが壇上でシンプルなビジュアルを披露していたのとは対照的な教訓を示すことが多かった。2007年というと、ゲイツがまだマイクロソフト社のCEOとしてプレゼンテーションに立ち、私が「プレゼンテーションZen」ブログを始めてまだ数年という時期で、本書の初版を執筆していた頃だ。ただし、今日、ゲイツのプレゼンテーションは目覚ましい進歩を遂げており、TEDやゲイツ財団のスピーチなどで披露されるビジュアルもかなり改善されている。

とはいえ、ゲイツが当時繰り広げていた典型的なプレゼンテーションスタイルは、今なお世間にはびこっているスライド・プレゼンテーション法と酷似していた——スライドが聴衆との一体感を生むどころか、むしろそれを損なってしまうようなプレゼンテーションである。ゲイツのスライドには数々の問題点があった。1枚のスライドに要素を

詰め込み過ぎていること、（長々とした）箇条書きの多用、安っぽい画像、けばけばしい配色、グラデーションの多さ、ビジュアル・コミュニケーションの優先度の低さ、そして全体的に雑然とした画面構成。

　ジョブズもゲイツも長年スピーチを引き立てるためにスライドを使ってきた。だが最も大きな違いは、ジョブズのビジュアルは彼のスピーチの大きな要素を占めていたということだ。それはジョブズのスピーチにとって「不可欠な構成要素」であり、単なる飾りや、内容を確認するためのメモではなかった。ジョブズは物語を演出するためにスライドを使った。そして、めったに聴衆に背中を向けることなく、そうしたスライドをダイナミックに、かつ自然に操っていた。ジョブズは背後に掲げられたバックライト付きの巨大スクリーンを、映画監督と同じ精神に則って使用していた——それは物語を語る手段だったのだ。映画監督は俳優や視覚効果を用いてメッセージを伝える。一方、ジョブズはビジュアルや自分自身の言葉と存在感を用いて物語を語っていた。ジョブズのスライドは常にスピーチと一体化してスムーズに進んでいった。

　ビル・ゲイツの場合、スライドは往々にして美的でないだけでなく、本人のスピーチにあまり役立っていなかった。多くの場合、ゲイツのスライドはすべてが必要とは言い切れないものだった。——中にはむしろ「お飾り」や「添え物」のようなものも含まれていたのだ。全てのプレゼンテーションにスライドウェアを使う必要はない。だがもし使うのなら、ビジュアルはスピーチの欠かせない一部分でなければならない。ただの添え物であってはならないのだ。

　私は教育分野におけるビル・ゲイツの業績や、ゲイツ財団の素晴らしい貢献に常に敬服している。しかし、Microsoft時代の彼の基調スピーチ（およびそれをサポートするビジュアル）に関して言えば、「発想の転換」を唱えるスティーブ・ジョブズのプレゼンテーション術から彼が学べることはたくさんあっただろう。ビル・ゲイツの基調スピーチは決して最悪なものではなかった。ただ平均的で、特に目を引くものではなかっただけだ。ゲイツのPowerPoint本位のスタイルは、「一般的」で「典型的な」やり方であり、その結果、彼のプレゼンテーションは概して印象に残らないものになってしまったのだ。ビル・ゲイツは素晴らしい人物である。彼のプレゼンテーションも素晴らしいものであるべきだ。幸いなことに、現在のゲイツはプレゼンテーション・ビジュアルに関して「発想の転換」を図った結果、そのプレゼンテーションは以前よりもかなり改善されている。

　我々にとってのこの話の教訓は以下の通りである——大勢の人々の前に立ち、戦略デザインの重要性や、統合ソフトのデザインの重要性を語ろうとするなら、少なくとも（今

この場で、目の前の聴衆に対して）あなたが使うビジュアルもまた、慌てて作ったお飾りのものではなく、考え抜かれたデザインのものでなければならないのだ。

写真提供：ジャスティン・サリヴァン／iStockphoto.com

写真提供：ロン・ヴルツァー／iStockphoto.com

簡素・自然・渋み

　禅そのものは、デザインの良し悪しの判断に関与するものではない。しかし、禅の美学におけるいくつかの概念に目を向けることで、シンプルさに重点を置きながら、ビジュアルの改善を促すことは可能である。

カンソ（簡素）

　禅の美学の基本原則の一つは「カンソ」（簡素）である。「カンソ」の概念においては、美しさや見た目の優雅さは、何かを削除したり、省略したりすることによって実現される。アーティスト、デザイナー、そして建築家であるカワナ・コウイチ博士は「簡素とは、最小の手段を用いて最大の効果を達成することである」と述べている。自分の作成したビジュアルを省みたとき、はたして最小のグラフィック要素で最大のインパクトを与えていると言えるだろうか？　少し時間を割いて、これまで自分がどんなスライドを使ってきたか振り返ってみよう。あなたのスライドは、「カンソ」の精神を体現していただろうか？

シゼン（自然）

　「シゼン」（自然）という美学的概念は、カワナ博士の言葉を借りれば、「凝ったデザインや過度の技巧を禁じる」ものである。抑制の効いた表現は美しい。トップクラスのミュージシャンは、決して出しゃばらず、常に他の奏者に気を配ることを心得ており、音楽の中に、そして分かち合っている瞬間の中に、自分自身のスペースをうまく見いだしている。グラフィックデザイナーは自制心を発揮し、特定のオーディエンスに、特定のメッセージを伝えるのに必要なものしか取り入れないようにしている。抑えた表現は難しい。複雑で緻密なものを作り上げることはたやすい――そして、ありふれている。暗示的な表現方法は、禅の主要な美学である。カワナ博士は伝統的な日本庭園のデザインに関してこう述べている。「設計者は『ミエガクレ（見え隠れ）』の概念を忠実に守らなければならない。なぜなら日本人は、全てを表現すれば、見る人の興味は失われてしまうと信じているからだ」

シブミ（渋み）

　「シブミ」は人生の多くの局面に応用可能な原理である。ビジュアル・コミュニケーションやグラフィックデザインに関して言えば、「シブミ」は優雅な単純さ、明快な簡潔性、控えめな気品を表している。『Wabi-Sabi Style』(Gibbs Smith Publishers)において、著者のジェームズ・クローリーとサンドラ・クローリーは、こうした日本人の美に対する深い理解について以下のように述べている。

　「彼ら（日本人）の概念において、手の込んだ装飾や鮮やかな色彩は、最も下等な趣味という地位に追いやられている……手を加え過ぎることには、何の知恵も創造性もいらない。最も上等な趣味は、きらびやかな色彩や派手な装飾を超越し、簡素で控えめな洗練の域に達している。これが『シブミ』の美しさである。『シブミ』とは意識的な抑制を通じて、究極の趣味の良さを体現するものだ。それは『過ぎたるは及ばざるがごとし』という考え方の元祖である。控えめな配色――抑制の効いた、優雅な色使い、すっきりした構成……」

　スライド・プレゼンテーションの世界では、全てを視覚的に説明する必要はない。あらゆる細部を（口頭であれ、ビジュアルを通してであれ）一人一人の聴衆の頭の中に叩き

込む必要もない。その代わりに、あなたの言葉とスクリーンに映し出されたビジュアルを組み合わせることで、見る人を刺激し、想像力を喚起すべきである。そして聴衆があなたの考えに共感し、あなたのアイデアを、その場限りのスライドの画像よりはるかに鮮やかに心に描けるよう促すべきだ。禅の美的価値には、以下のようなものがある（ただし、これらに限定されるわけではない）。

- シンプル
- 繊細
- 優雅
- 示唆的（はっきりと文字で説明しない）
- 自然（すなわち人工的ではない、あるいは強制されていない）
- 余白
- 静寂、平穏
- 不必要なものの排除

これらの原則は全て、スライドデザインやウェブデザインなどにも応用できる。

わび・さび的な簡潔性

　私が初めてわび・さびについて知ったのは、何年も前に青森の下北半島で茶道を学んでいたときのことである。そこは北日本の片田舎だった——日本の伝統的な価値観や概念を身をもって知るには理想的な場所だ。茶道を学んでいるうちに、私はこの儀式のシンプルな美しさを理解するようになった。茶道は、純粋さ、静寂、自然に対する敬意、自然と調和して生きたいという願いなどの、禅の基本理念を体現したアートである。

　わび・さびの概念は日本で生まれたものであり、その起源は自然に対する鋭い観察にある。わび（侘び）は文字通りには「貧しさ」、つまり物質的な富や財産を欠いた状態を指している。しかし、同時にそれは、社会的地位を含めた世俗的な物事に縛られずに済むことも意味する。心の中にはもっと高尚な何かが存在しているのだ。さび（寂び）は「孤独」や「幽寂」、思索にふけりながら人気のない浜辺を散歩しているときのような気持ちを意味している。これら二つの概念を重ね合わせることで、我々は風景や芸術作品の美しさや気品を実感し、同時に、そうした

美が永遠ではなく、はかないものであることを思い知るのである。

　西洋人の中には、わび・さび風のデザイン（素朴なインテリアデザインの一種）を通じてこの言葉に慣れ親しんでいる人もいるだろう。それはバランスがよく、自然で、すっきりしたデザインであり、決して華美に走らず、シンプルでありながらきわめて美しい。

　わび・さびの概念は建築やインテリアデザイン、美術といった分野への応用に最も適している。だが、この原理をデジタル・ストーリーテリング（視聴覚補助／視聴覚統合を伴ったプレゼンテーション）に応用することも可能である。わび・さびは「過ぎたるは及ばざるがごとし」という考え方を信奉している。こうした発想は今日の社会で論じられることは多いが、たいていは実行されていない。わび・さびの概念に基づいて作成されたビジュアルは、決して行き当たりばったりのものではないし、雑然とした気ぜわしいものでもない。それらは美しいが、決して過剰ではなく、装飾本位でもない。左右対称であれ、非対称であれ、バランスや調和がとれている。注意を妨げるような雑然とした要素を取り除くことは、明快なビジュアルを創り上げるための第一歩になるに違いない。

　禅庭もまたシンプルさの見本である。装飾のない広い空間に、選び抜かれたいくつかの岩が巧妙に配置され、熊手の筋がついた砂利が敷き詰められている。まさに美しく、シンプルだ。禅庭は、西洋の庭とはかなり趣を異にしている。多くの西洋の庭は、完全に美で埋め尽くされている。実際、あまりに美で満たされているために、我々はその多くを見落としがちである。プレゼンテーションもこれに似ている。短い間にあまりに多くの音声や視覚による刺激が提示されるために、我々はその内容を少ししか理解できず、ましてや、記憶することなどほとんどできない。我々は大量のコンテンツを目の当たりにする。だが、その質の高さはどうか？　重要なのは、単なるデータの量やプレゼンテーションの長さではなく、資料やプレゼンテーションの質の高さなのではないか？

　日本で長年暮らす間に、私には禅の美学を体験する機会がたくさんあった。禅庭を訪ねたとき、京都の寺で座禅を組んだとき、さらには友人と日本の伝統料理を食べに行ったときにさえ、そうした体験を味わうことができた。「シンプル」という美的概念を取り入れ、不要なものを排除したビジュアル作成法は、我々の仕事にも応用可能であり、最終的にはより進歩的なデザインにつながるだろうと私は確信している。もちろん、私はプレゼンテーションのビジュアルを芸術作品と同じ基準で評価しろと言っているわけではない。だが、禅のシンプルさの本質を理解し、その知識を創造的な活動（プレゼンテーション・ビジュアルの作成を含む）に適用することは十分に可能である。

京都・銀閣寺の観音殿。本質のみを伝えることの大切さを思い知らせてくれる。

「魚にまつわる物語」
──フィッシュ・ストーリー

シリコンバレーの大手技術系企業向けのプレゼンテーションを終えた後のことだった。客席にいた一人のエンジニアから、私は下記のメモを受け取った。この短いエピソード（同じ話は19世紀の西欧の文献にもある）を読めば、不要なものを減らすとはどういうことかよく分かる。

親愛なるガーへ……君がスライドの文字を減らすことについて語っていたとき、僕はインドにいた子供時代に聞いたある話を思い出したんだ。たしかこんな話だったと思う。

ビジャは自分の店を開き、「私たちはここで新鮮な魚を売っています」という看板を出した。すると彼の父がやって来て、こう言った。「『私たち』ってつけると、お客さんより売り手の方を強調してるみたいだ。その言葉はいらんよ」。そこで看板は「ここで新鮮な魚を売っています」と書き換えられた。

すると彼の兄が通りかかってこう提案した。「『ここで』っていうのはなくてもいいんじゃないか。それは蛇足だよ」。ビジャはこれに同意し、看板を「新鮮な魚を売っています」に書き換えた。

次に姉がやって来てこう言った。「『新鮮な魚』だけでいいんじゃない？　売っているのは当たり前だもの。それ以外はありえないでしょう」

その後、隣人が立ち寄って開店祝いの言葉を述べ、こう言った。「店の前を通れば、魚が本当に新鮮かどうかは誰にでもすぐ分かるよ。わざわざ『新鮮な』ってつけると、まるで魚の新鮮さに疑問の余地があって、それを弁解しているみたいじゃないか」。こうして、看板にはただ「魚」と書かれることになった。

休憩を終えて店に戻ってきたとき、ビジャはかなり遠くからでも、匂いだけで魚の存在を認識できることに気付いた。看板が読めないくらい離れた所でもそうだった。彼は「魚」という言葉さえ必要ではなかったことを知ったのである。

画像から余分なものをはぎ取り、
その本質的な「意味」まで突き詰めることで、
アーティストはその意味を
強調することができる……

──スコット・マクラウド

簡素化による増幅作用

　日本の禅アートは物事を簡素化することで、大いなる美を表現し、力強いメッセージを伝えられることを我々に教えている。禅は「簡素化による増幅作用」を言葉では語ってはいないかもしれない。しかし、こうした考えは禅アートのあちこちに見いだせる。例えば、日本画には「一角」様式と呼ばれるスタイルがある。それは800年ほど前から存在する形式であり、わび・さびの概念から派生したものである。この形式で描かれた絵は非常にシンプルで、多くの余白を残している。例えば、大海と虚空を描いた絵があるとする。片隅に、ほとんど目に入らないような小さくて古ぼけた釣り舟が描かれている。その小ささと、釣り舟の配置によって、海の大きさを実感でき、穏やかな気持ちと釣り人が抱えている孤独への共感が同時に湧き上がってくる。これらの絵は、わずかな要素で構成されているにもかかわらず、我々の心を大きく揺さぶるのである。

マンガから学ぶ

　我々は、プレゼンテーションのビジュアルに関連するシンプルな表現法を、意外なところから学ぶことができる。その一つは（驚くなかれ）マンガである。そして、マンガについて学びたいなら、スコット・マクラウドの『マンガ学：マンガによるマンガのためのマンガ理論』を読むのが一番いい。この有名な本の中で、マクラウドは「簡素化による増幅作用（デフォルメ）」について繰り返し触れている。マクラウドはこう語る——マンガとは簡素化によって増幅を図る表現形式である。なぜならマンガにおける抽象的な絵は、細部を排除するというより、むしろ特定の細部に重点を置こうとする努力の表れだからだ——。

　多くのマンガに共通する主な特徴の一つは、ビジュアルの単純さである。しかし、マクラウドが指摘しているように、日本のマンガの素晴らしい世界に目を向けたとき、「スタイルが単純だからといって、必ずしもストーリーが単純なわけではない」。多くの人々が（少なくとも日本以外では）、シンプルな絵柄のせいで、マンガに対して偏見を抱いている。マンガは単純で低俗なものであり、子供には向いているかもしれないが、深みや知性を持ち得るものではないと思っているのだ。マンガみたいな単純なスタイルを使って、複雑なストーリーを語れるはずがないと彼らは言う。しかし、東京大学（日本一の名

「一角」様式が作り出す効果

　馬遠（1160–1225）は中国・宋時代の画家で、その作風はのちに天章周文（1403–1450年）や雪舟等楊（1420–1506年）をはじめとする日本の水墨画の巨匠に影響を与えた。ここに載せたのは、馬遠の特色である「一角」様式で描かれた『山径春行図』という作品である（原画は台北故宮博物院で見ることができる）。この様式では、絵画の構成要素が作品の端、あるいは一角に配置されることが多い。馬遠のこの作品は、モチーフが左下から配置されていることに注目して欲しい。こうすることで、構図に広い余白を残して暗示的効果を創り出し、見る者の想像力をかき立てる。これらのモチーフを対角線上にゆっくりたどっていくと右上隅の漢詩が目に留まる。これは皇帝寧宗（南宋の第4代皇帝。在位1194–1224年）が詠んだ詩である。

　大事なのは、シンプルなプレゼンテーション・ビジュアルを使って、馬遠の画のような壮大な作品を試みることではない。とはいえ、昔の画家たちが生み出した、空間と非対称性のバランスを活かして見る者を引き付け、一目で分かる面白いイメージを作り出す方法を参考にすることはできる。次のページに載せたのは、関連性のない4枚のスライドである。これらは、私が撮影した写真が元になっている。完璧な「一角」様式とまでは行かないが、それぞれのスライドの一角に小さな構成要素があるのが分かるだろう。

『山径春行図』（馬遠 作）

「一人きりの時間は創造力をかき立てる」
このスライドは、創造性に関するプレゼンテーションで使われたもの。撮影場所は米国オレゴン州キャノン・ビーチ。自然の景観をバックに一人走るランナーが小さく見える。この小さな被写体は片側に寄っているため、テキストがうまく収まる空間が生まれる。

「華氏67度（摂氏19.4度）。キャノン・ビーチの8月の平均気温」
同じくオレゴン州キャノン・ビーチ。8月は概ね気温は穏やかで、過ごしやすい「海日和」が続く。その雰囲気は、奥行きのある広大な空間と、それとは対照的な小さな被写体（右下隅のバケツ）で構成されたこの写真からも伺える。

「華氏49度（摂氏9.4度）。冬の水温」
キャノン・ビーチで撮ったもう一枚。フレームの下三分の一を海が占め、右三分の一を大きな岩が占めている。よく目を凝らすと、スライドの向かって左奥の波間に小さくサーファーの姿が確認できる。

「おもてなしは、さりげないしぐさに現れる ...」
沖縄・石垣島の空港で搭乗待ちの間に撮った写真。このスライドは、日本式のホスピタリティと「omotenashi」の概念に関するプレゼンで使用したもの。例によって「小さく写っているもの」を探すと、写真の右下に3人のグラウンドクルー（訳注：地上勤務の整備士や技術者など）が立っているのが分かる。3人は、離陸に向けて動き出した機体とその乗客に手を振っている。

門大学）周辺の喫茶店を訪問すれば、棚の上がマンガで埋め尽くされているのを目の当たりにすることになるだろう。日本のマンガというジャンルは、幼稚なものではまったくない。現に、ここ日本では、ありとあらゆる恐ろしく頭のいい人間たちがマンガを読んでいるのを見かける。実際、こうした現象は世界中で起こっているのだ。

　今日、多くの人々は、余分なものをそぎ落とすことによってビジュアルを強化するという考え方に触れる機会がない。そうしたアプローチは、ほとんどの人には、ただ量を減らしただけに見えてしまう。こうしたビジュアル・リテラシーの欠如をプレゼンテーションの世界に当てはめれば、「進歩的な」若者が上司に対してどのようなフラストレーションを抱いているか想像できるだろう。大切なスピーチの前に、上司は彼女のプレゼンテーション・ビジュアルに目を通してこう言う。「これじゃだめだ。シンプル過ぎる。こんなスライドじゃ何も伝わらないじゃないか。箇条書きはどこにあるんだ！？　会社のロゴはどこだ！？　スペースを無駄にするんじゃない——ちゃんとデータを入れるんだ！」彼女はこう説明しようとする。「スライドがプレゼンテーションをやるわけではありません。プレゼンテーションをやるのは私です。要点は私自身の口から説明します」。彼女は説明を続ける。「こうしたスライドは、文字と画像とデータがデリケートなバランスで配置されていて、脇役的な存在でありながら、メッセージを強調する上で大きな役割を果たしているんです」。さらに彼女は上司にこう指摘する。「顧客向けには説得力のある詳細な配布資料を用意してあります。スライドと配布資料は別物なんです」。しかし上司は耳を傾けようとしない。彼はそのスライドが、「真面目な人間」が使う「普通のPowerPointスライド」のような体裁でなければ、決して満足しないのだ。

　しかし我々はできる限りのことをして、断固たる態度を示すべきである。そして「簡素化による増幅作用」という考えに対して常に心を開いていなければならない。私はアーティストになれとか、画像を手書きしろとか言っているわけではない。私が言いたいのは、マンガといういわゆる「大衆芸術」の世界を探ることによって、画像と言葉を同時に提示する方法について多くを学べるということである。実のところ、マクラウドが『マンガ学：マンガによるマンガのためのマンガ理論』を書いたとき、彼はプレゼンテーションのビジュアルのことなどこれっぽっちも思い浮かべ

メッセージを
強調したいなら、
シンプルに行こう！

なかっただろう。それにも関わらず、我々はこの本から、コンセプトの時代の効果的なコミュニケーションについて、スライド・ソフトウェアに関する本が教えてくれることよりはるかに多くのことを学べる。例えば、マクラウドは同書の冒頭でマンガの定義を試み、最終的に次のような結論に達している（これが決定的な定義でないことは本人も認めている）。

「見るものに情報を伝えたり、何らかの感覚を呼びさましたりするために、
一連のつながりをもって周到に配置された絵や図像」

　この定義に少し手を加えれば、その他のストーリーテリング・メディアやプレゼンテーションにも応用可能だということは、想像に難くないだろう。「スライドを使った生のプレゼンテーション」の適切な定義を我々は持っていない。しかし、素晴らしいプレゼンテーションは確かに「周到に配置された絵や図像」から成るスライドを伴っていると言えるかもしれない。また、そうしたプレゼンテーションは、「見るものに情報を伝えたり、何らかの感覚を呼びさましたりするために」構成された一連の要素を確実に持っている。
　同書の巻末で、マクラウドはシンプルな、禅を思わせる知恵を我々に授けている。彼は作家やアーティストやマンガについて語っているのだが、どのような形で創造的な才能を発揮するにせよ、このアドバイスは参考になるだろう。マクラウドは言う。「必要なのは、誰かに聞いてもらいたいという気持ちと、学ぶ意志、そしてものを見る力、それだけだ」
　物事を突き詰めてみると、最後に行き着くのは、何かをやりたいという欲求と、学ぶ意志、そしてものを見抜く力になる。多くの人々は自分なりの欲求を持っている。難しいのは「学ぶ意志」や「ものを見抜く力」の方だ。マクラウドは、マンガを理解するには「マンガに対するあらゆる先入観を捨てねばならない。心を真っ白にして初めてマンガのあらゆる可能性を発見することができる」と語っている。プレゼンテーションの企画にも同じことが言える。全く先入観を持たずにプレゼンテーションやそのデザインに取り組んでみて初めて、目の前の選択肢に気付くことができる。問題はものを見る力があるかどうかなのだ。
　（スコット・マクラウドによるTED talks（ted.com）でのスピーチ「The Visual Magic of Comics（マンガの視覚的マジック）」の視聴をお勧めする）

テレビドキュメンタリー「コスモス」から　Druyan-Sagan Associates, Inc. 提供

カール・セーガン：20世紀の偉大な科学者、プレゼンター

　カール・セーガン（1934–96）は、著名な天文学者であり、偉大なスピーカー、そしてプレゼンターである。私がカール・セーガンの大ファンになったのは1980年代にさかのぼる。彼が手がけた有名なテレビシリーズ『コスモス』［訳注：原題は『COSMOS: A PERSONAL VOYAGE』］を観てたくさんのことを学んだ。セーガンは複雑なテーマを常にかみくだいて説明し、視聴者である私たちを夢中にさせた。科学者であり、科学の魅力を伝えるコミュニケーターでもあったセーガンは、複雑なテーマを簡略化しすぎることはなく、文脈に沿った問いを投げかけ、視聴者が理解できるように、ポイントを印象的に、実例を挙げながら解説するという、魅力的でユニークな手法を取り入れた。説明の明快さとわかりやすさに気を配るプレゼンターだったのだ。統計情報を取り上げるときは、数字のほかにイラストや比較情報を付け加えることが多かった。例えば、『コスモス』シリーズ第13話「Who Speaks for Earth?（地球の運命）」［訳注：米国では1980年に放映。シリーズに並行して同名の書籍も刊行された］を観れば、セーガンの語りを通して頭の中にビジュアルが生き生きと浮かんでくるのが分かるだろう。このような手法は、作り込まれたグラフィック画像やアニメーションをも上回る効果を発揮する。セーガンは、次のように問いかけ、答えを提示する。「20トンのトリニトロトルエン（TNT）火薬とはどのくらいの量なのでしょうか？　それは、一発の爆弾で都市の一区画を破壊できる量です」。そして、こう続ける。「第二次世界大戦で使用された爆弾は、2メガトン［訳注：1メガトンは、TNT火薬100万トンの爆発力に相当するエネルギーを表す］に達しました。つまり、『ブロックバスター』［訳注：20トンのTNT火薬を詰めた高性能爆弾。街の一区画を破壊できる威力を持つことから、こう呼ばれた］10万発が落とされたのです」。ここまで聞くと、私たちの脳裏には、6年続いた大戦で爆撃を受け、ひどく破壊された街の映像が浮かんでくる。「2メガトン」という言葉はもはや抽象的な表現ではなくなり、壊滅的な破壊力を連想させるようになるのだ。さらにセーガンは、自らの言葉で爆弾を投下する。「今日、2メガトンは水素爆弾一発分のエネルギーに匹敵します。つまり、一発の爆弾で、第二次世界大戦で投下された爆弾の総量に匹敵する破壊力を持っているのです」。こうして、世にも恐ろしい光景が鮮明なイメージとして浮かび上がる。

　木を見て森を見る［訳注：ここでは物事の細部にこだわりつつ、全体も見逃さないようにするという意味］のは常に難しい。優れたプレゼンターは聴衆に向けて、何が真実で何がそうでないのかを見極めるために、一歩離れたところから問題を見つめ直そうと語りかける。『コスモス』の最終回で、セーガンはこう問いかける。「私たちは、（地球規模の軍拡競争について）地球外の冷静な観察者になんと説明すればよいのでしょうか？　私たち人類が地球をどのように管理していると説明すればよいのでしょうか？」。彼は、地球外生命体（つまり、地球外の冷静な観察者）の視点から物事を見つめるよう視聴者に呼びかける。そうすれば、国や政党、宗教といった抽象的な束縛から問題を切り離して考えることができるからだ。セーガンは次のように指摘する「地球の外から見ると、地球文明はきわめて重大な局面を迎えていることが分かるでしょう。私たちは、地球上に住む人たちの生命と幸福を守るだけでなく、人類がこれからもずっと、この地球に住み続けられるようにしなければなりません」。一方でセーガンは、地球を一つの生命体と見なす新しい考え方が生まれていると説明する。しかし、その生命体は絶滅の危機に瀕しているという。「国家には代弁者がいますが、では誰が地球のために主張するのでしょうか？」と畳みかける。もちろん、答えは「我々」人類だ。『コスモス』の最終回、セーガンは次のように締めくくる。「私たちの忠誠心は人類と地球に向けられています。地球のために語るのは私たちです。人類は生き残り、繁栄する義務を負っています。それは、私たち自身のためだけではありません。私たちが生まれてきた、この永遠で果てしない宇宙のためでもあるのです」

再び問う、シンプルであることの難しさ

　人はたいてい「どれだけ時間を節約できるか？」といった観点で時間のことを考えている。時間は我々にとって一つの制約である。しかし、プレゼンテーションを企画するにあたって、さっさと仕事を終わらせて時間を節約したいという個人的な欲望ではなく、聴衆の視点に立って「時間の節約」という概念を考えてみてはどうだろうか？　それは「我々の時間」であるだけでなく、「彼らの時間」でもあるという態度で臨んでみてはどうだろう？　客席にいるときに、やる気のあるスピーカーに出会うのは、非常にありがたいものだ。そうしたスピーカーは入念な下調べを行い、（聴衆を飽きさせず、スピーチにとってプラスになるような）説得力のあるビジュアルを準備し、たいていの場合、来てよかったと思わせてくれる。私にとって何よりもうんざりするのは（あなたも同感だろうが）、スピーチの冒頭で、これから1時間を無駄にしなければならないと気付いたときのあの気持ちである。

　私が推奨するアプローチは、時間を節約するというより、むしろ準備に時間がかかるものが多い。しかし聴衆にとってみれば、それは大きな時間の節約になる。再び問いを投げかけよう：自分の時間を節約することだけが大事なのか？　他人の時間を節約することも重要ではないか？　自分の時間を節約したとき、私は得をした気分になる。だが、（聴衆の時間を無駄にしないだけでなく、大切な何かを彼らと分かち合うことによって）聴衆の時間を節約したときは、インスピレーションやエネルギーが湧いてきて、報われたような気持ちになれるのだ。

　初期段階で時間の節約をすることは可能だが、そのために最終段階で他人の時間を無駄にしてしまうこともある。例えば、私が200人の聴衆に向かって、何の価値もない1時間の死ぬほど退屈なプレゼンテーションを行った場合、それは200時間が無駄になったことを意味する。だが、その代わりに私が20時間から25時間をかけてメッセージやマルチメディア資料をしっかりと準備すれば、200時間分の価値ある、忘れられない体験を世界にもたらすことができるのだ。

　ソフトウェア会社は時間節約のための機能をPRしている。その影響もあってか、我々はプレゼンテーションの準備作業などの時間を節約することで、一日の仕事を「合理化」できたと思い込んでいる。しかし、もし聴衆の時間の節約になっていなければ——我々の準備過程やビジュアルやパフォーマンスに問題があったために、聴衆の時間が無駄になったとしたら——スライドの準備作業で1時間〜2時間節約したことに何の意味があ

るのか？　短時間で作業をこなすことがシンプルに思えることも時にはある。だが、結果として時間の無駄が生じ、せっかくのチャンスを逃す破目になったとしたら、そのやり方はとてもシンプルだとは言えない。

まとめ

- シンプルであることは大きな力を持ち、明確性を高めることにつながっている。しかし、それは決して単純ではないし、簡単に達成できるものでもない。

- 重要なのは、自分を楽にすることではなく、聞き手を楽にすることである。

- シンプルさは、不要物を慎重に取り除くことによって得られる。

- スライドをデザインするときは、シンプルさに加えて繊細さ、バランス、控えめな気品さといったコンセプトを念頭に置くとよい。

- よいデザインには多くの余白がある。「足し算」ではなく、「引き算」で考えよう。

- シンプルさは目指すべきものではあるが、ときには「シンプル過ぎて」失敗することもある。その場の状況に最も適したバランスを見つけ出すことが、あなたの仕事である。

プレゼンテーションのデザイン：
原則とテクニック

6

　90年代の半ばに住友電工で働いていた頃、私はあることに気付いた。日本のビジネスマンは、今後のイベントや方針の詳細について話し合うとき、しょっちゅう「ケースバイケース」という言葉を使うのである。これにはイライラさせられた。なぜなら、私はもっと具体的に計画を固め、さっさと結論を出していくやり方に慣れていたからだ。しかし私は（当時の同僚であった）日本人にとって、その場の状況や事情、そして一種の「個別主義」が非常に重要であることをだんだん理解するようになった。

　今日では、例えば特定のプレゼンテーションにどのようなテクニックやデザインを用いるべきかを話し合うときに、私は日本語で「状況によって」とか「時と場合によって」と言ったりすることもある。私はかつて、「それは時と場合による」というのは説得力に欠ける発言であり、一種の逃げだと思っていた。今ではそれが賢明な発言だということが分かる。その場所や周囲の状況、プレゼンテーションのコンテンツや事情を熟知していなければ、これが適切だとか、あれは適切でないとか言うのは難しい。まして、デザインの良し悪しを判断できるはずがない。デザインには型にはまったアプローチは存在しない。グラフィックデザインは科学であると同時に、アートでもあるのだ。

　とはいえ、適切で説得力のあるスライドデザインのほぼ全てに共通する、一般的なガイドラインはある。きちんと理解すれば、普通の人でも今まで以上に効果的なプレゼンテーション・ビジュアルを生み出せるような、いくつかの基本コンセプトやデザインの原則は存在するのだ。もちろん、その気になれば、デザインの原則やテクニックを題材にして、数冊の本を書くことも可能である。こうしたトピックに関しては、自著の『プレゼンテーションZen デザイン』（ピアソン桐原）で詳しく解説している。しかし、この章では控えめを心がけ、ごく少数の原則を、実例やいくつかのテクニックとともに紹介するだけにとどめておきたい。まずは、デザインとは何かということを考察しよう。

スライドのサイズについて

スライドをデザインする際の原則とテクニックについて話を始める前に、スライドのサイズのことを少しばかり理解しておくことが重要だ。私たちが「サイズ」について言及するとき、実際に言わんとしているのは、スライドの形状やアスペクト比［訳注：画面の横縦比］のことである。たいていのプレゼンテーション・アプリケーションなら、アスペクト比が4：3か16：9のスライドを作成できる。より真四角に近い4：3のスライドは「標準サイズ」と呼ばれることが多い。薄型テレビが普及する以前の旧型テレビのアスペクト比がこれに当たる。今日では、テレビ同様、スライドにも16：9のアスペクト比が使われることが多くなっている。俗に「ワイドスクリーン」と呼ばれているタイプだ。どちらを使うか決めるときに重要なのは、実際にプレゼンテーションに使用するスクリーンのアスペクト比を把握することだ。スライドを薄型ディスプレイ（最近は会社や学校でもよく見かけるようになってきた）に表示するのがあらかじめわかっているなら、ワイドスクリーン・モードで作成しよう。仮にプレゼンテーション会場に設置されているスクリーンが従来型の4：3だと予め知らされているなら、そのアスペクト比でスライドをデザインしてもよい。ただし4：3で作成したスライドを16：9のスクリーンに映し出した場合、せっかく入念にデザインしたスライドの左右に何も表示されない帯状の余白ができることに注意してほしい。このように左右の余白がやや目につくくらいで、スライドそのものに支障はない。しかし、どことなくあか抜けない印象を与えるのは否めない。反対に、アスペクト比4：3のスクリーンに16：9のスライドを映し出す場合は、上下に帯状の余白ができる。ただし、通常、教室や会議室で使われるスクリーンなら、高さをうまく調整すれば少なくとも下の方の空白部分をなくすことはできるだろう。

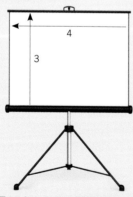 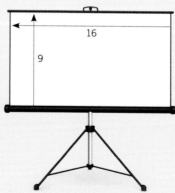

上の図のスクリーンは、一般的にアスペクト比が「4：3」と言われているもの。スライドの解像度で言うと、1024 × 768 または 800 × 600 となる。

このスクリーンは、俗に「ワイドスクリーン」もしくは「16：9」と呼ばれているタイプ。スライドの解像度は 1920 × 1080 が普通だ。

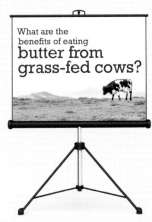

アスペクト比4：3のスクリーンに同じアスペクト比4：3のスライドを映し出すと上の図のようになる。上下左右に余白を作らず、スライドの映像がぴたりと収まっている。

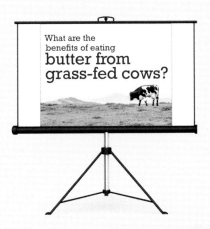

一方、アスペクト比4：3のスライドを16：9のワイドスクリーンに投影すると、左右の余白が目に付くようになる。これは、スクリーン全体の横幅に対してスライドの横幅が短いからだ。

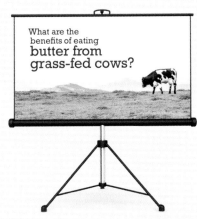

アスペクト比16：9のスクリーンにワイドスクリーンのスライドを表示したところ。投影された画像がスクリーンのサイズとぴたりと一致している。この場合、スマートフォンで撮影したものも含め、ワイドスクリーン動画をスクリーンいっぱいに表示できるなど、メリットは多い。

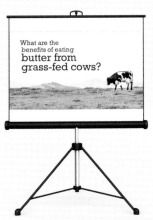

同じワイドスクリーンのスライドを、旧型のスクリーン（アスペクト比4：3）に表示したところ。旧型はスクリーン幅が（ワイドスクリーンより）狭いため、スライド全体を表示するために、画像は縮小される。

デザインの一般原則

　よくある誤解の一つに、デザインとは最後に付け足すもの(例えば、ケーキのアイシングや「ハッピー・バースデー!」の文字のようなもの)であるという考え方がある。しかし、これは私が言うところのデザインではない。私にとって、デザインとは最後に付け足すものではなく、初めから存在しているものだ。デザインは情報を整理し、メッセージを分かりやすくするために欠かせない要素である。デザインのおかげで、プレゼンテーションを見るのも、やるのも楽になる。それは説得力を高める手段でもある。デザインはただの飾りではないのだ。

　デザインとは、他人の生活を支えたり、改善したりするためのソリューションを生み出すことである。それは人々の生活にしばしば大きな変化をもたらす(とはいえ、誰にも気付かれないような、ささやかな形で変化がもたらされることも多い)。デザインに携わる際は、自分たちのソリューションやメッセージを他人がどう解釈するかを意識しなければならない。デザインにはアートの要素もあるが、それはアートそのものではない。基本的に、アーティストは創造への衝動に従って、表現したいものを自由に創り上げることができる。しかし、デザイナーが働いているのはビジネスの世界である。デザイナーは常にエンドユーザーを意識し、問題を解決する(あるいは避ける)ための最適な方法を、ユーザーの視点から考えなければならない。アート自体には、良いものもあれば悪いものもある。素晴らしいアートが人の心を動かすこともあるだろう。それは何らかの形で彼らの人生を変えるかもしれない。そうなれば素晴らしいことだ。しかし、優れたデザインは必然的に、どんなにささやかな形であれ、人々の人生に影響を及ぼすものでなければならない。素晴らしいデザインには世界を変える力がある。

　デザインは単に美的かどうかにとどまるものではない。とはいえ(グラフィックスも含めて)優れたデザインには美的な質感が伴っていることが多い。巧みにデザインされたものは美しい。デザインの世界では、1つの問題に対して複数のソリューションが存在する。あなたはさまざまな可能性を探るべきである。しかし最終的には、伝えたい情報の背景を考えながら、最も適切なソリューションを見つけ出さねばならない。デザインとは、何を盛り込み、何を削るかについて、意識的な決断を下していくことである。

　プレゼンテーション・ビジュアルの場合、グラフィックスは誤りのない正確なものでなければならない。だが我々のビジュアルは(好むと好まざるとにかかわらず)聴衆の心

に触れるものでもある。何かを目にしたとき、人はその魅力や信頼性、プロフェッショ
ナリズム、通俗性などについて、瞬時に判断を下している。それは直感的な反応である。
こうした反応こそが、すべての鍵を握るのだ。

　以下のセクションでは、互いに関連し合うデザインの原則をいくつか紹介していく。
これらは優れたスライドデザインに不可欠なものである。最初の２つの原則——「シグ
ナル／ノイズ比」と「画像優位性効果」——は、かなり意味の広いコンセプトだが、スラ
イドにも実際に応用できるものだ。３番目の原則——「余白」——はスライドを今まで
とは違った目で見ることを促し、表現されていない部分がいかに視覚的なメッセージを
引き立てているかを認識させてくれる。その後に続く４つの原則はひとまとめにできる
ものである。これらはデザインの基本原則であり、特にデザインの初心者が知っておき
たい重要な原則だ。その４つとは、「コントラスト」「反復」「整列」「近接」である。デ
ザイナーで著述家でもあるロビン・ウィリアムズもまた、ベストセラー『ノンデザイナー
ズ・デザインブック』（毎日コミュニケーションズ）において、ドキュメント・デザイン
にこれらの４つの基本原則を取り入れている。では、これらの原則をスライドデザイン
の向上に応用する方法を説明していこう。まずは「シグナル／ノイズ比」に着目し、スラ
イドデザインにおける意味を考察しよう。

優れたプレゼンテーションには、必ずしもスライドを映し出す必要はない。とはいえ、ビジュアルにはスピーカーが伝えたい
メッセージを増幅する働きがある。グラフィックデザインの基本と一般的なビジュアルコミュニケーションについて知ってお
けば、いざコンピューターを立ち上げ、プレゼンテーションの視覚的側面を構築する作業にとりかかったとき、魅力的なビ
ジュアルが創りやすくなる。この写真で筆者の向かい側にいるのは、日本で活躍する医師であり、私の友人である杉本真樹
である。彼はビジュアルコミュニケーションの重要性と「プレゼンテーション Zen」のアプローチを理解している、素晴らし
いプロフェッショナルの一人である。杉本は著名な外科医であるとともに起業家であり、自身が考案した革新的な技術を伝
えるため、世界中を駆け回っている。これまでに、『医療者・研究者を動かすインセンティブプレゼンテーション』（KADOKAWA）
というタイトルで、プレゼンテーションに関する本も執筆している。

シグナル／ノイズ比

　シグナル／ノイズ比（signal-to-noise ratio: SNR）は無線通信や電気通信などの専門分野から取り入れられた原則である。しかしこの原則はあらゆる分野のデザインやコミュニケーションの問題に応用可能だ。ここでは、SNRとはスライド等のディスプレイにおける、無意味な情報に対する意味のある情報の比率を指す。目標はスライドのSNRをできる限り高くすることである。人々は大量の情報処理に悪戦苦闘している。新しい情報を効率的に処理する人間の能力には限界があるのだ。高いSNRを目指すことは、人々にとって分かりやすいデザインを作り出そうとすることを意味する。大量の無意味なビジュアルで聴衆を攻め立てれば、ただでさえ難しい情報がますます分かりにくくなってしまう。ビジュアルは本来、理解を促すものであるはずだ。

　できる限り高いシグナル／ノイズ比を確保するということは、メッセージの劣化を最低限に抑え、極めて明確にデザインし表現することである。視覚的なメッセージの劣化はさまざまな形で起こりうる。不適切な図表を選んだり、紛らわしいラベルやアイコンを使ったり、メッセージを伝える上で重要な役割を果たしていない線や形、シンボル、ロゴなどを不必要に強調したりすることもその原因である。逆に言えば、取り除いても視覚的なメッセージに支障をきたさない要素は、できるだけ削るか、全てカットすることを真剣に考慮すべきだ。例えば通常、表（グリッド）の線はかなり細く、薄くすることができるし、場合によっては全て省いてもかまわない。また、フッター（ページ下部の日付・ファイル名・ページ番号などの部分）やロゴなどは、取り除いた方が効果的な場合が多い（会社がそれを許してくれればの話だが）。

　『Visual Explanations: Images and Quantities, Evidence and Narrative』(Graphics Press) において、エドワード・タフテはSNRの考え方に即した「効果的かつ最小限のコントラスト」という重要な原則を取り上げている。タフテは言う。「あらゆる視覚的なコントラストは、できる限り控えめで、しかも明確かつ効果的なものでなければならない」。少ない要素でメッセージが伝えられるのなら、それ以上の要素を重ねることには何の意味もない。

次の3ページについて
スライドの改良前と改良後の違いを、実例を交えながら紹介する。左はオリジナルのスライド。右はシグナル／ノイズ比（SNR）を改善したものである。左のスライドから不要なものを取り除き、その他の要素を最低限に抑えることによってSNRが改善され、よりクリアなデザインが生み出されている。次のページの3つ目と4つ目のサンプルでは、円グラフが棒グラフに変わっていることに注目してほしい。数値の違いは一目瞭然だ。その他のサンプルでは、棒グラフが折れ線グラフに変わり、時間軸に沿ったトレンドの変化が明確になっている。いずれの場合も、不要なものを取り除き、見やすくすることを大原則にした。

AFTER ▼

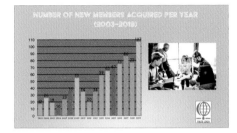

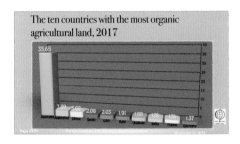

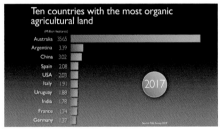

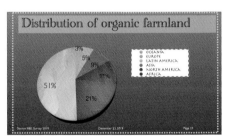

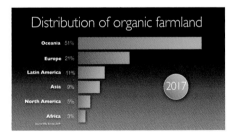

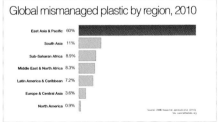

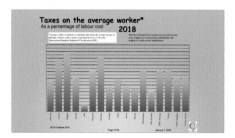 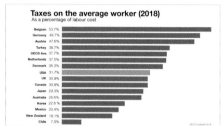

 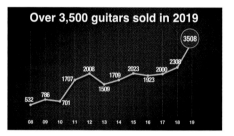

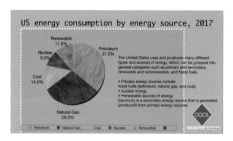 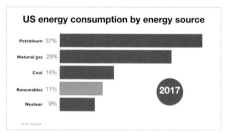

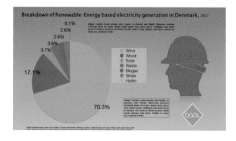 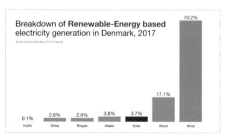

BEFORE ▼

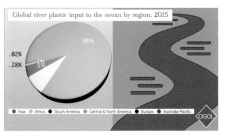

AFTER ▼

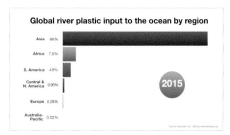

上の図で、3D の円グラフを使った元のスライドは、凡例
を使ってどの色がどの地域（国）なのか識別できるように
しているのだが、やや分かりづらい。この場合、棒グラ
フ（右）にする方が頭に入りやすい。円グラフの構成要素
は 6 つだけなので、2D の円グラフを使うのもいいだろう。
しかし、棒グラフにして凡例を示す必要をなくし、数字を
はっきり読み取れるようにした方が、より分かりやすいビ
ジュアルになる。

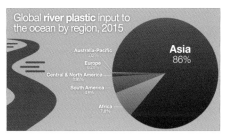

BEFORE ▼

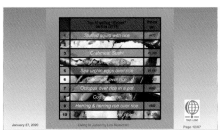

AFTER ▼

通常、図表は文書のために用意される。しかし、十分な大
きさで、データの量を控えめにした図表は、有益なビジュ
アルになる。上に載せた元のスライドには、不必要で装飾
的なノイズが多いせいか表は読み取りにくく、また雑然と
した印象を与えている。そこで、最初に作り直したものが
右上のスライドである。余計な線や色、背景の画像を取り
除いたことで、データが読みやすくなっている。同じく、
修正されたもう一枚のスライド（右下）には新たに新幹線
の画像が加えられている。視覚的な面白みを加えつつ、表
の見やすさを妨げない方法で、このプレゼンテーションの
テーマ（駅弁について）に関するスライドであることが強
調されている。

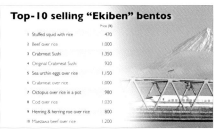

不可欠なもの以外は常に「ノイズ」か？

　不要なものがデザインの効果を下げ、意図しない結果を招く可能性を高めることは概して事実である。ということは、デザインに「絶対不可欠」なもの以外は徹底的に取り除くべきなのだろうか？　何事も必要最小限に抑えることが最も効率的であると言う人もいる。しかし効率性自体は必ずしも絶対的な善ではないし、常に理想的なアプローチというわけでもない。

　定量的な情報（図や表、グラフなど）の表示に関しては、装飾を排除した、できる限りSNRの高いデザインを使うことを強く推奨する。私はプレゼンテーションに多くの写真画像を使用している。それゆえ、図やグラフを見せるときは、スライドに余分な要素は一切入れないことが多い。（コントラストが適切で、はっきり読み取れるのなら）背景画像の上に棒グラフを載せたりするのは別に悪いことではない。しかし私は、何も付け足さなくても（SNRの高い）データそのものが、印象的で説得力のあるグラフィックになり得ると思っている。

　しかし、図表以外のビジュアルに関しては、もう少し感情的なレベルでメッセージを支える要素を残しておきたい人もいるだろう。これは「より少ないことは、より豊かなこと」という考えと矛盾しているように思えるかもしれない。しかし、感情的な要素が（時には大きな）意味を持つことは多い。明確性を高めることは基本理念である。何事においても大切なのはバランスであり、感情的な要素を取り入れるかどうかは、その場の状況、聴衆、プレゼンテーションの目的によって異なってくる。結局、SNRはビジュアル・メッセージの作成時に考慮すべき多くの原則の一つにすぎないのだ。

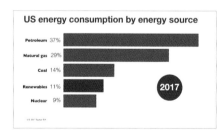

この棒グラフは画像を使用していないが、一目で理解できる。調査対象年と「再生可能エネルギー」の割合が目立つように工夫されている。

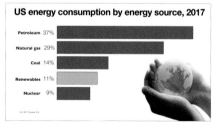

同じシンプルなデータに画像を加えたもの。この画像はグラフの邪魔をすることなく、中心的なテーマ——「地球を守ろう」——を引き立てている。また、「再生可能エネルギー」の割合を強調するため、その部分だけ（薄緑色を基調としたこの画像に合う）別の色を使った。

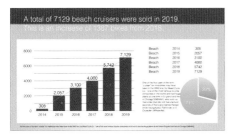 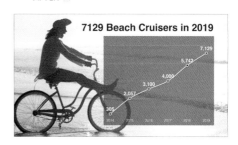

上のように情報が詰め込まれたスライドは相変わらず
よく見かけるが、ノイズが多く含まれている。修正後
のサンプル（右側の2枚）では、元のスライドを折れ
線グラフと円グラフの2枚に分け、それぞれに文脈に
沿ったビジュアル（実際の製品と、消費者がその製品
を使用している画像）が添えられている。こうするこ
とで、スライドに感情的な要素が加わる。

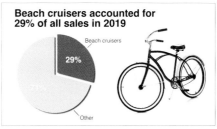

このような冗長なスライド（上）も珍しくない。ただし、
ここまで文字が多いと、聴衆にはさほど役に立たない。
スライド内の円グラフは、将来の高齢者の就業率（％）
を予測したものだが、何が書いてあるのか分かりにく
い。そこで、テキストを思い切り短くし、重要ポイン
トを2枚のスライドに分けて表示した（右側の2枚）。
スライド内の関連画像がテーマに沿った感情的要素を
引き出し、数字もより際立っている。

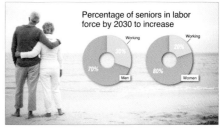

2次元か、3次元か？　それが問題だ

　KeynoteやPowerPointのデザインツールには非常に役に立つものが多い。しかし3Dツールに関しては、なくても十分にやっていけると私は思う。2次元データから3Dのグラフを作ることは、情報の簡素化ではない。多くの人の期待とは裏腹に、2次元データから3Dのグラフを作っても、そこに感情が加わったり情報が簡素化されたりするわけではない。表やグラフに関しては、シンプルで、明快で、2次元的な表現（2次元データの場合）を目指すべきである。『The Zen of Creativity』(Ballantine Books)において著者のジョン・ダイドー・ルーリは、禅の美学は「余分なものをそぎ落とし、意識を本質的なものへ向かわせるような簡潔さを反映している」と述べている。

　何が本質的で、何が余分かを決めるのはあなたである。しかし、手始めとして、3Dのグラフに使われている余計なインクをそぎ落としてみるのもいいだろう。2次元データを3Dで表現することはエドワード・タフテが言うところの「データに対するインクの比率」を高めることになる。選択の余地があるのはいいことだが、たいていの場合は2次元の図やグラフを使った方が効果的である。3Dのグラフは目の錯覚を誘いやすく、場合によっては理解しにくいこともある。視点の角度のせいで、データ点が座標軸のどこに位置するのか分かりにくくなることも多い。あえて3Dのグラフを使うときは、極端な視点を設定するのは避けよう。

　下のスライドの左側の2枚は、シンプルなデータに余計な要素が加わり、グラフを見づらくしている3D表現の例である。右側の2枚はその改良例になっている。

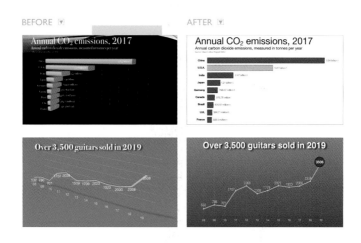

全てのスライドに会社のロゴを入れる必要はない

　「ブランド化」は今日最も乱用され、誤解されている用語の一つである。多くの人々は「ブランド・アイデンティティ」の持つ無数の要素と、「ブランド」や「ブランド化」を混同している。「ブランド」や「ブランド化」には、単に会社のロゴをできるだけ目立たせることよりもずっと深いものがある。会社のためにプレゼンテーションを行うときは、最初と最後のスライド以外からロゴを外してみよう。聴衆に何かを知ってもらい、自分のことを覚えてもらいたいのなら、優れた、誠実なプレゼンテーションを行うべきである。ロゴは取引を成立させたり、主張を通したりする上で役には立たない。それは、むしろ不要なノイズを増やし、プレゼンテーションのビジュアルをコマーシャルに似たものにしてしまう。人は口を開くたびに名前を名乗ったりしない。それなのに、なぜスライド全部に刻まれた会社のロゴで人々を攻めたてようとするのか。私がApple社で仕事を始めた頃、顧客向けのプレゼンテーションに使用した公式のスライドでは、最初と最後のスライドだけApple社のロゴを目立つように配置し、それ以外のスライドにロゴを入れることはなかった。

　スライドのスペースはただでさえ限られている。ロゴやトレードマークやフッターなどで画面をふさぐべきではない。次のサンプルを参考に、最初と最後のスライドだけにロゴを入れたプレゼンテーション・スライドを作成してみてはどうだろうか？

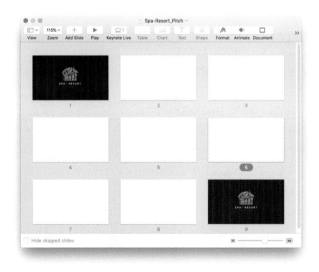

箇条書きについて

　箇条書きだらけのスライドを使ってプレゼンテーションを行うという「伝統的な方法」はあまりに長い間続けられてきたため、すでに企業文化の一部になっている。「プレゼンテーションとはそういうものだ」という思い込みがあるのだ。例えばここ日本では、若い新入社員はこうアドバイスされる。「スライドウェアを使ってプレゼンテーションをするときは、各スライドの文字の量を最低限に抑えるべきだ」。いいアドバイスではないか？ しかしこの「最低限」とは、6、7行にわたるフレーズや数字、あるいは複数のセンテンスなどを指しているのだ。1語か2語の言葉しか使わない（あるいは、言葉の数をゼロ！にする）のは、仕事をさぼっている証拠とみなされてしまう。大量の表やグラフを盛り込んだテキストだらけのスライドを作ることが、「真面目な社員」の証なのである。スライドの細部が聴衆から見えなくても（あるいは重役たちがそのグラフの意味を理解していなくても）気にすることはない。複雑そうに見えれば、きっとそれは「いいもの」なのだ。しかし、その判断は正しくない。

　私の本棚は日本語と英語のプレゼンテーションに関する本で一杯である。どの本にも「文字の量を最低限に抑えよう」と書かれている。ほとんどの本は「最低限」を5行から8行の箇条書きだと考えている。「1−7−7の法則」はプレゼンターによく与えられる的外れなアドバイスである（世間一般の通念が現状に即していないことを示す証拠だ）。問題は、箇条書きのスライドを延々と映しながら優れたプレゼンテーションを行うことは絶対に不可能だということだ。箇条書きは文書の中で控えめに使えば、内容をざっと読み取ったり、要点をつかんだりするのに役立つ。しかし箇条書きを生のスピーチで使うのは、たいていの場合効果的ではない。

The 1-7-7 rule: What is it?

- Have only <u>one</u> main idea per slide
- Insert only <u>seven</u> lines of text maximum.
- Use only <u>seven</u> words per line maximum.
- The question is though: does this work?
- Is this method really good advice?
- Is this really an appropriate, effective "visual"?
- This slide has just seven bullet points!

The prezocom company　　"Great slides R eazy!"　　November 15, 2007

1−7−7の法則とは？
- 1枚のスライドには1トピックまで。
- テキストは最大7行まで。
- 1行に使う言葉は最大7語まで。
- 問題なのは、「この法則は有効なのか？」
- このやり方は本当にいいアドバイス？
- これが本当に適切で効果的な「ビジュアル」？
- ちなみにこのスライドは7つの箇条書きだ！

スライド1枚につき、箇条書きはいくつまで？

　一般的な指針として、箇条書きはめったに使わない方がいい。メッセージが最もよく伝わるようなその他の表示方法をよく検討した上で使用すべきである。ソフトウェアのテンプレート内にあるデフォルトの箇条書きリストをそのままなぞるのはやめよう。とはいえ、時には箇条書きが最良の選択になることもある。例えば、新製品の主な仕様をまとめたり、プロセスの各ステップを検討したりする場合、コンテンツ、スピーチの目的、聴衆に応じてすっきりした箇条書きリストを使った方が適切かもしれない。しかし何枚ものリストを次々に見せられると、人はすぐに飽きてしまう。箇条書きの取り扱いには注意が必要だ。私はマルチメディア・プレゼンテーションでは箇条書きを一切使うなと言っているわけではない。だが箇条書きの使用は、ごくまれな例外にとどめておくべきである。

これは、「改良前」のスライドだ。これからダニエル・ピンクの『ハイ・コンセプト』に登場する6つのポイントをおさらいする場面を想像してほしい。おそらく、上の写真のような、箇条書きを中心とした文字数の多いスライドを作成する人が少なくないだろう。

この「改良後」のサンプルには、アイデアとコミュニケーションというテーマに沿ったピクトグラム的な要素を加え、余分な文字をそぎ落とした。

次に、同じコンテンツをより示唆的でインパクトのある写真を使ってデザインを一新した。

やはり同じコンテンツを、今度はスクラップブック、あるいはフォトアルバム調にしてみた。教育における創造性についてプレゼンテーションするというテーマにうまくマッチしている。

画像優位性効果

　画像優位性効果とは、言葉より画像の方が記憶に残りやすいことを意味している。とりわけ、何気なく情報を見せられた場合や、ごく短時間しか見なかった場合はこの傾向が強まる。一連の画像または言葉を見せた直後に情報を思い出すテストをしたときは、絵でも言葉でも記憶に差は出ない。『Design rule index: デザイン、新・100の法則』（ビー・エヌ・エヌ新社）に引用されている調査によれば、画像優位性効果は、情報を見せられてから30秒以上経った後に生じる。「画像優位性効果を利用して、重要な情報をよりスムーズに認識したり、思い出したりできるようにしよう。画像と言葉を同時に使い、両者が一つの情報を最も効果的な形でアピールできるように力を尽くすべきだ」共著者であるリドウェル、ホールデン、バトラーはこう述べている。画像優位性効果が最も高まるのは、その画像がありふれた、具体的なものを表しているときである。

　画像優位性効果は、ポスター、看板、パンフレット、年次報告書など、マーケティング・コミュニケーションの世界で広く使われている。ストーリーを支えるスライド（画像とテキスト）をデザインする際にも、こうした効果を念頭に置くべきである。ビジュアルは記憶を助ける素晴らしい道具であり、（例えば、誰かがスライドの内容を読み上げるのを見ていることに比べて）何かを覚えたり、思い出したりする上で非常に役に立つものだ。

ビジュアル志向で行く

　人間にとってビジュアルは強力かつ自然なコミュニケーションの手段だ。ここでのキーワードは「自然さ」である。人間はビジュアルを理解し、それを使ってコミュニケーションするようにできている。我々の内側には——ごく幼い頃から——頭の中のアイデアを絵や写真、その他の方法を通して表現したいという欲求が潜んでいる。

　2005年、アレクシス・ジェラルドとボブ・ゴールドシュタインは『Going Visual: Using Images to Enhance Productivity, Decision-Making and Profits』(Wiley) を出版した。ジェラルドとゴールドシュタインはビジュアルを使って物語を語ったり、主張の正しさを証明したりすることを我々に強く促している。彼らが画像技術の使用を勧めているのは、それが「クール」で「モダン」だからではない。ビジュアル志向で行くということは、

ビジュアルを使ってコミュニケーションやビジネスを改善することだ。例えば、最近起こった火災がいかに生産に影響を与えているかを伝える場合、文章を書いたり、スピーチをしたりするというやり方もある。しかし、状況を説明する文章（語られる言葉）を減らして、何枚かの写真を送った方が、ずっと説得力があるのではないか？　どんな手段がより印象的だろうか？　インパクトが強いのはどちらか？

箇条書きは、文書の要点をまとめたり、強調したりするのに便利だが、聴衆の前で行われるプレゼンテーションでは、ビジュアルな手法を使う方が聞き手を引き付けやすい。この例では、「改良前」のスライドに盛り込んだ箇条書きの内容はすべて、プレゼンター自身が聴衆に向かって語り掛けた。一方、その語りを補完し、強化するためにデザインを変更したものが、写真（右）のスライドである。他のスライドには、例えば、労働力市場の具体的な規模と成長のスピードを具体的に示す表が盛り込まれた。文字がたくさん詰め込まれたスライドがあるときは、同じメッセージを、ビジュアルを使ってうまく強調できないか、常に自問しよう。

2011年3月11日、巨大津波が日本の東北地方を襲った。宮城県気仙沼市では、大型漁船「第十八共徳丸」が海岸から500メートルほど内陸部に押し流された。それから2年間、津波の威力を象徴する物証として、陸地に乗り上げたままの状態で残された。その間、保存するかどうかをめぐり多くの議論が重ねられたが、結局、2013年にこの漁船は解体された。上の写真のように文字で埋め尽くされたスライドは、プレゼンターに何を語ればよいか思い出させるのに役立つかもしれない。しかし、台本のようなスライドは聴衆を引き付けないばかりか、このような自然災害にまつわるストーリーを語ったり、津波の威力をまざまざと伝えたりすることはできない。一方、右側のスクリーンに映し出された「第十八共徳丸」の画像は、私が津波の一年後に撮影したビデオから取り出した静止画である。このサンプルを見れば、ビジュアルを使って現実にあった出来事を説明する方が、文字だけのスライドを見せるより、はるかに効果的なことがよく分かる。

Molestie hendrerit eu vero / Eros duis dolore feugiat

画像は変化の前後を比較するのに効果的である。例えばこのサンプルは干ばつの影響を如実に伝えている。環境や気候変動などをテーマにしたプレゼンテーションでは、時間の経過に伴う大きな変化を示す画像が効果的に使われることが多い。アル・ゴアはプレゼンテーションや映画『不都合な真実』の中で「過去と現在」を比較するビジュアルを数多く使用し、長い年月の間に起きた環境の変化を分かりやすく示した。

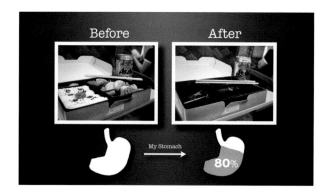

第1章に出てくる実際の弁当を写した、冗談半分のサンプル。この弁当をきっかけに本書は誕生した。「使用前と使用後」「過去と現在」を比較する画像は、簡単に作成できて、聞き手の記憶にも残りやすい。

自分にこう問いかけよう。スライド上でテキストを使って表現した情報のうち、写真（あるいはその他の適切な画像やグラフィック）で置き換えられるものはどれだろうか？　見出しなどのテキストはやはり必要である。だが、何かを描写するためにテキストを使っているとしたら、それは画像に置き換えた方がおそらく効果的だろう。

　画像は迫力があり、ダイレクトで効率的である。それは記憶を助ける道具としても非常に効果的であり、メッセージを強く印象づけてくれる。人は聞くことと読むことを同時にこなせないのに、なぜプレゼンテーション・スライドには画像より文字の方がはるかに多いのだろう？　一つの理由は、歴史的に見て、ビジネスマンはテクノロジーの制約を受けてきたからだ。ビジュアルコミュニケーションはテクノロジーと共に発展してきた。だが現在、大多数の人々は基本的なツール（デジタルカメラや写真編集ソフトなど）を手にしており、プレゼンテーションに高品質の画像を取り入れることも簡単になっている。

　もう言い訳はできない。あなたに必要なのは、これまでとは違った目でプレゼンテーションを眺めてみることだ。そして、スライドやその他のマルチメディアを使った現代のプレゼンテーションは、文書より映画（映像とナレーション）やマンガ（画像とテキスト）と共通する部分が多いという事実を認識することである。今日のプレゼンテーションは、OHPシートよりドキュメンタリー映画と共通する部分がますます増えている。

　これから数ページにわたって、同じメッセージに違ったビジュアル処理を施したスライドを何枚か紹介していく。これは日本国内のジェンダー（性差）にまつわる労働問題をテーマにしたプレゼンテーションのスライドである。スライドの目的は、「日本のパートタイム労働者の70％は女性である」というメッセージを視覚的にサポートすることだ。この統計値は日本の厚生労働省の調査によるものである。プレゼンターは、「70％」という数字はこの先もう一度取り上げる予定であり、聴衆にこの数字を覚えてもらいたいと思っている。そこで最後に我々は、繊細で、シンプルで、印象的な、そして魅力あるテーマにふさわしいスライドをデザインしてみた。

これがオリジナルのスライドである。ここにはさまざまな問題点がある。使用されているクリップアートは 70％ というシンプルな統計値をアピールできていないし、しかもそのクリップアートは、「日本の労働市場における女性」というテーマに即していない。背景は使い古された PowerPoint のテンプレートをそのまま利用したものであり、テキストが読みにくくなっている。

このスライドの方がテキストは読みやすい。クリップアートも多少テーマにふさわしいものになっている。しかし、依然として視覚的なインパクトは弱く、全体的にプロフェッショナルな仕上がりとは言えない。

このスライドは同じ情報を円グラフで示したものである。こうしたグラフはよく見かけるが、3D 効果を加えたことは、インパクトの向上や読み取りやすさにはつながっていない。

２つの箇条書きは一瞬で読める。実際の日本の女性パートタイマーの写真を使ったのは正しい方向への第一歩である。しかし、まだまだ改善の余地は大きい。

上の4枚のスライドは、前のページと同じメッセージにそれぞれ違った処理を施したものである。いずれも、プレゼンターのナレーションをうまく引き立てることができるだろう。「Japan」という言葉は元のスライドから取り除かれている。スピーチの文脈から判断して、日本のことに言及しているのが明らかだからだ。上のスライドは、改良前の無機質なスライドと比べると映像作品のようであり、はるかに美的センスに優れている。

左側のスライドは最終的にプレゼンテーションで使われたものである。その他の全てのスライドも日本のストックフォトを使って改良された。それによって、プレゼンテーション全体に一貫したビジュアルテーマが生まれ、プレゼンターの言葉を引き立てることができた。

画像を大きくしてスクリーン一杯に表示する

　プレゼンテーションに使用した画像が小さすぎて、スライドの内容が読みにくく、せっかくの写真のインパクトが伝わりにくいことはよくある。私たちが実際のプレゼンテーションで使用するスライドは、ある意味、道路標識や看板に近い。つまり、（1）聴衆の目を引く、（2）ビジュアル性を重視し、内容が一目で理解できるようにする、（3）スライドにビジュアルな情報を盛り込んで、メッセージを記憶に残りやすくする必要がある。そこで、スライドに大きく読み取りやすい要素を配置し、活字も大きくして、映画のワンカットのようなデザインにしてみることをおすすめする。スクリーン一杯に画像を映し出すのも一つの方法だ。こうすると、実際の画像よりも大きく見せる効果がある。映画館のスクリーンと同様、プレゼンテーション用スクリーンが別の空間につながる窓のようになるのだ。反対に、要素を小さくして常に画面の枠内に収めるようにすると、窓は狭まり、視覚的なインパクトも弱まるだろう。

　もう一つの効果的な方法は、枠からはみ出したビジュアル要素を使うことである。人間の脳は、画像からはみ出て切り取られた部分を視覚的に補おうとする。あるいは、完全な形に戻そうとするのだ。例えば、下のスライドのように、大部分が枠からはみ出し、画面に一部しか表示されていない地球の画像があるとする。この画像を見た人は、表示されていない部分を無意識に埋め合わせ、青く丸い地球の姿を思い浮かべる。このため、画像にインパクトが加わり、聴衆を引き付ける。

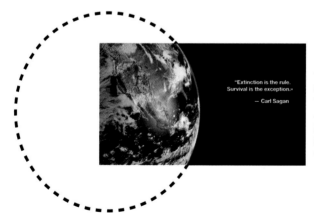

この地球の画像はスライドの枠からはみ出しているが、人間の脳は、切り取られた部分を補完して全体の画像を完成させる。そのため、まるでスライドが窓になったかのように錯覚し、ビジュアルにより広がりを感じるようになる。（画像は、istockphoto.com 提供によるもの）

このスライドの写真は、見る人の視線を敷石に沿って誘導するが、たいていスライドの背景とぶつかる境界で視線が止まる。

写真を画面一杯に拡大することで、窓から別の場所を見ているような印象を与えている。このように、写真を画面ぎりぎりまで拡大すると、スライドの背景の上にただ写真を重ねた場合とは打って変わって、敷石が枠の外まで続いているような感じがする。

このスライドでは、東大寺の写真をこんなに小さくしてしまったために、あの見事な建造物の壮大さが失われているどころか、画面の半分以上が無駄な余白になっている。

左のスライドを修正した画像。これで、建物の細かい部分だけでなく、壮大さも感じられるようになった（建物の大きさに対して、遠くにいる人がミニチュアのように小さく見えることに注意して欲しい）。このビジュアルのように画面一杯に拡大された画像（フルスクリーン画像）は、スライドを実際より大きく感じさせる。

小さな画像と数行の文字で構成されたこの種のスライドが学会で使われるのは、珍しいことではない。見る側としても面白みがないし、小さなビジュアルは、コロッセオの巨大さを語るには物足りない。

元の画像は、この画面をすっぽり覆いつくせる程度の大きさがあった。それならやはり画面一杯に表示して、コロッセオのスケールや細部を見やすくするのはどうだろう？ 元のスライドにあった文字は、聴衆に読んでもらうのでなく、プレゼンター自身が読み上げればよい。

活字の効果──セリフ体、サンセリフ体、スラブセリフ体の違いを知る

　書体を見分ける基本的な方法のひとつに、文字や記号などを装飾する「セリフ(serif)」の有無がある。「セリフ」とは、文字や記号の主要なストローク(訳注：線を描き始めてから描き終わるまでの動作のこと)(あるいは曲線)の終端に付いたごく短い線のことだ。一方、「セリフ」が付かない書体は「サンセリフ(Sans serif)」と呼ばれている。「サン」は英語の「without」を意味する。サンセリフは、私たちの身近にある多くの看板や標識に好んで使われることが多い。同様に、あくまで一般論だが、「スラブセリフ」(slab serif)は投影型のスライドに最適な書体である。例えば、「ロックウェル(Rockwell)」などの重厚なセリフ書体は、スライド用に抜群だし、「ギャラモン(Garamond)」や類似のセリフ書体であっても文字サイズを大きくすれば読みやすい。大事なことは、スライドに使う書体は、聴衆が瞬時に理解／把握／判読できる十分な大きさにすべきだ。

　文字サイズを大きくすると、文字間が広がりすぎたように感じるかもしれない。しかし、スライドソフトウェアを使って間隔を狭くすれば、全体がやや引き締まる。また、文字サイズが大きいと、行間が広がりすぎているように感じることもある。この場合も同様に、スライドソフトウェアのフォーマット機能を使って簡単に訂正できる。下の画像は、セリフ、サンセリフ、スラブセリフの書体例である。

セリフ ▼	サンセリフ ▼	スラブセリフ ▼

一番上のスライドは、セリフ書体の「ギャラモンレギュラー(Garamond Regular)」を使っている。中央のスライドは、同じ文字を太字にし、文字間と行間を詰めたもの。一番下のスライドは、画像を背景に文字を入れてみた。

「ヘルベチカノイエ(Helvetica Neue)」を使ったサンプル。一番上のスライドは、同書体を通常の重さで表示したところ。中央は、同じ書体を、サイズを変えずに太字にし、文字間と行間を詰めたもの。

一番上のスライドは、スラブセリフ書体のロックウェルを通常の重みで表示したところ。中央のスライドでは、ロックウェルを太字にし、文字間と行間を詰めているのが分かる。

 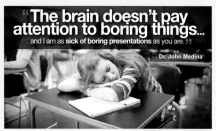

上の4枚のスライドにはセリフ書体を使用している。見て分かるように、セリフ書体を使用する場合、十分なサイズにして、文字間と行間を調整すればまったく問題ない。ただ、個人的には——そしてある意味、好みの問題にすぎない——右側のスライドを好んで使っている。背景の画像から書体が浮き上がっているように見えるし、各スライドのメッセージとより調和しているように感じるからだ。

上の2枚には、「ヘルベチカ（Helvetica）」と呼ばれるサンセリフ書体を使用している。非常によく見かける、飾り気のない、汎用性のある書体だが、強い個性があるわけではなく、背景の画像ともよく調和している。下の2枚に使用しているのは、「アメリカンタイプライター（American Typewriter）」というスラブセリフ書体。昔ながらのタイプライターの文字が、スライドのテーマによくフィットしている。

このページ、またはこの本に含まれるスライドは、配布資料にすることを意図したものではない。上のスライドの場合、真っ先に目が行くのは、画像の中で一番大きく、視覚的な要素であるご飯茶碗だ。しかし、重要なメッセージを表す文字列も一目で理解できる。

積み重なったお茶碗の一部が画面からはみ出している。この手法は、画面を実際より大きく感じさせるだけでなく、見る人の想像力をかき立て、ビジュアルに引き込む効果がある。お茶碗の画像を使って重要ポイントを強調したこの写真は、横の文字を大きく、見やすくするため、余白をたっぷり残した構図になっている。

このサンプルでは、スライドの右3分の1に、白枠を付けた写真のように加工された画像が配置されている。文字は左3分の2のスペースにフィットするように配置され、余白もたっぷりある。また、文字色と背景色に鮭の切り身の写真と同じ色合いが使われている。これにより、スライド全体を通じて、ほどよく調和の取れた雰囲気が生まれる。

色のテーマはこのスライドを含むスライド全体に適用されている。この2枚のサンプルもそこから借用した。ここでは鮭の切り身を別な形、つまり「スシ」として提示している。箸が途中で画面から消えていることに注意して欲しい。聴衆はそれを意識的に認識しているわけではない。しかし、画像の一部を画面の外にはみ出させることで、より生き生きと説得力のあるデザインが可能になる。

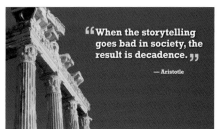

これは、白の背景に黒のヘルベチカの文字だけを配置した、シンプルですっきりしたレイアウトになっている。この画像はアナログツールの一例を示すもので、プレゼンターのメッセージを強調する効果を果たしている。この写真は私が自分のノートを撮ったもの。適切な光源を得るため、窓際に大きめの白い紙を敷き、その上にこのノートを載せて撮影した。

聴衆はまず円柱に目を奪われ、すぐに文字の方に視線を移す。この書体はシンプルで大きく、余白も十分で言葉の息づかいを感じさせる。また、引用符の色を円柱の色と同じにしたことで、文字と画像に一体感が生まれる。

引用句を利用する

　長々とした箇条書きは、「視覚的効果」を高める上ではあまり有効とは言えない。しかし、スライドに引用句を表示するという方法は、時として非常に効果を上げることがある。（プレゼンテーションの種類にもよるが）私はよく、自分の主張を裏付けるために、さまざまな分野から数多くの言葉を引用している。引用句を使うときのコツは、それをあまり使い過ぎないこと、そして、短く、読みやすくまとめることである。

　数年前、シリコンバレーで働いていた頃に、私は初めてトム・ピーターズの生のプレゼンテーションを見た。そのとき、彼がさまざまな専門家や作家、業界リーダーの言葉をたくさん引用しているのを見て、私はうれしくなった。プレゼンテーションのビジュアルに引用句を使うことは、トムにとって重要な意味を持つ。実際それは、彼のサイトに掲載された「優れたプレゼンテーションのための56カ条」の第18条でもある。

　引用句をたくさん使う理由について、トムはこう述べている。

> 「強力な情報源_{ソース}で裏付けをすれば、私の出した結論の信憑性はぐっと高まる。私はかなり大胆な発言をする。『過激なことをやれ！』という発言もその一つだ。しかしその後、私はジャック・ウェルチの言葉をスライドに映し出す。1500億ドルの売上高を誇る会社を経営していた男である（私とは大違いだ）。──『落ち着いた、理性的な行動を取っていてはだめだ。あえて異端児になるべきである』。突然、私の過激主義は『本物』から『お墨付き』をもらうことになる。それに聴衆も私が話すのをただ聞くだけでなく、その内容を思い出せる『シンプルな』覚え書きを見たかったのだ」

　引用句を利用することによってあなたの話には信憑性が加わる。シンプルな引用句は、論点を裏付けたり、次の話題を切り出したりするためのよい手段である。引用句はたいていの場合、短くすべきであることを忘れてはならない。なぜなら、プレゼンターが画面上のパラグラフを延々と読み上げるのを聞いているのは、ひどく退屈だからだ。

画像の内部にテキストを組み込む

　私はほとんどの場合、自分が実際に読んだ資料や、本人に会って直接聞いた言葉から引用句を得ている。私の本は付箋だらけであり、ページは書き込みや蛍光ペンのマーキングで一杯だ。素晴らしい文章の横には星印と自分用のメモを書き入れ、後で参照できるようにしている。少々乱雑なやり方だが、後でプレゼンテーションをまとめるときには、こうしたメモが非常に役に立っている。

　引用句を使う際、私は時々グラフィック要素を用いて、人々の感情に訴えたり、視覚的な面白味を加えたり、スライドの効果を高めたりしている。ただしそのような場合、小さな写真やその他のグラフィック要素をテキストに添えるのではなく、大きな写真の中にテキストを組み込むことを検討すべきである。そのためには、少なくともスライドの大きさと同じサイズの画像を背景として使う必要がある。引用句のメッセージを際立たせるような画像を見つけよう。さらに、スライドに文字がうまく収まるようにするためには、空きスペースの多い画像を選ばなければならない。

　このページには、一般的な手法で引用句を表示した2枚のスライドが載せてある。次のページでは、同じ引用句が小さな写真の隣にではなく、大きな画像の「内部に」表示されている。その結果、引用句と画像の両面で視覚的なインパクトが増していることに注目してほしい。

「歳をとったから遊びをやめるのではない。遊びをやめるから歳をとるのだ」
——ジョージ・バーナード・ショー

「もし、自分がどこかの都市で囚われの身になり、一生その国の食事を食べ続けなければならないとしたら、日本がいい。和食は最高。私の大好物だ。」
——アンソニー・ボーディン

「歳をとったから遊びをやめるのではない。遊びをやめるから歳をとるのだ」
——ジョージ・バーナード・ショー

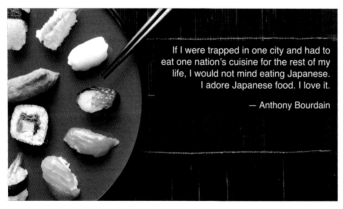

もし、自分がどこかの都市で囚われの身になり、一生その国の食事を食べ続けなければならないとしたら、日本がいい。和食は最高。私の大好物だ。
——アンソニー・ボーディン

白い背景によって、メモ用紙の上にテキストが書かれているように見える。そのおかげで、テキストが背景画像からくっきりと浮かび上がり、読みやすくなっている上に、アナログ的な雰囲気も加わっている。

「何かが終わってしまったからといって、泣くのはやめよう。
笑顔になろう──素晴らしいことが起こったのだから」
──ドクター・スース

引用されている当人の写真がテキストに精彩を加えている。写真の人物の視線が引用句に注がれていることに注目してほしい。

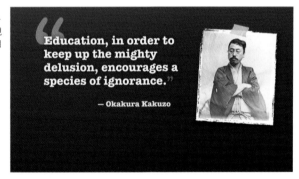

「教育はその大迷想を続けんがために一種の無知を奨励する」
──岡倉覚三

「未来に目を向けても、点と点のつながりは見えない……」
――スティーブ・ジョブズ

この引用文は 2 枚のスライドにまたがっている。2 枚目のスライドのテキストはかなり長めだが、赤字によってキーフレーズが強調されている。こうした長い引用文を含んだビジュアルは、本来あまり多用すべきではない。しかし、ごくたまに、しっかりと時間をかけて紹介するのであれば、それらは背景を説明するのに役立ってくれる。部屋の後方からでもはっきり見えるように、かなり大きめの文字を使っていることに注目しよう。聴衆の大半は、スクリーンに映し出されたテキストをろくに読まず、ただスピーカーの話を聞いているだけかもしれない。たとえそうであっても、小さ過ぎて読めないような文字を見せられるのは、彼らにとって苛立たしいことなのだ。

"...you can only connect them looking backwards. So you have to trust that the dots will somehow connect in your future. You have to trust in something — your gut, destiny, life, karma, whatever...it has made all the difference in my life."
―Steve Jobs

「……過去を振り返ってみてはじめて、点と点のつながりが見えてくる。だからいつか、何らかの形で点が結びつくことを信じなければならない。とにかく何かを信じるんだ――直感を、運命を、人生を、カルマを――。……信じることによって、私の人生は大きく変わった」
――スティーブ・ジョブズ

バイリンガルスライドを作る

　スライド上で二つの言語を効果的に表示するためには、両言語のテキストのサイズを変えなければならない。一方をメインにして、もう片方はサブにする必要があるのだ。日本語でプレゼンテーションを行うときは、日本語の方を英語よりも大きく表示する（ただし、両者の調和に配慮しなければならない）。英語で話す場合は、英語の方を大きく表示する。日英のテキストを同じサイズで表示すると、互いの書体が干渉し合って、視覚的な不協和音が生じてしまう。一つの言語をメインとして大きく表示するテクニックは、交通機関の標識や広告によく使われている。一般原則として、ビジュアルに占めるテキストの割合は最小限にとどめる必要がある。したがって、バイリンガルスライドを作る場合は、テキスト量が増え過ぎないように一層の注意を払わなければならない。次のページには私自身のプレゼンテーションに使われたサンプルが載っている。

一つの言語をメインとして大きく表示するテクニックは、交通機関の標識や広告によく使われている。

1枚目のスライド（左）は、全ての文字がほぼ同じサイズと色で表示されている。2枚目は英語がメインで日本語がサブになっている。サッと読み取れるのはどちらだろうか？

「空」は完全な「無」と
概念的に混同されやすいが、
実際には無限の可能性を蔵している。

――鈴木大拙

余白

　余白はこの上なくシンプルな、それでいて応用するのが最も難しい概念だ。文書であれスライドであれ、何らかの要素で空白を埋めたいという衝動はかなり強いものである。典型的なビジネスマンがプレゼンテーションスライド（および文書）に関して犯している最大の過ちは、ページの隅から隅まで、テキスト、枠線、クリップアート、図表、フッター、（毎度おなじみの）会社のロゴで埋め尽くそうとしていることだ。

　余白は品のよさや明快さを示唆している。このことはグラフィックデザインについても当てはまるが、例えばインテリアデザインという文脈の中でも、（視覚的・物理的な）スペースの重要性は見て取ることができる。高級ブランド店の内装は、できるだけ何もない空間を残すようにデザインされている。余白は高品質、洗練、格調の高さといった雰囲気を伝えることができるのだ。

　余白には意味がある。だがデザインに疎い人々は、テキストやグラフィックのような積極的な要素しか目に入らないかもしれない。彼らは余白の存在に気付かず、それを使って説得力のあるデザインを生み出そうとは思わない。しかし、余白があるからこそ、デザインに新鮮な空気が吹き込まれ、その他の要素が生き生きとしてくるのである。デザインなどにおける余白が本当に「無駄なスペース」だとしたら、それを排除したくなるのも無理はない。しかし、デザインにおける余白は「無」ではない。それは実際、画面上のわずかなデザイン要素に大きな力を与えてくれる、重要な「何か」なのだ。

　禅アートには、余白に対する深い認識が表れている。例えばある絵画は、2～3の要素を除いてほとんど「空白」だが、その空間内に要素を巧みに配置することによって、強力なメッセージを生み出している。このアプローチは部屋のデザインにも応用できる。日本の住宅にはたいてい「和室」（畳の敷いてある伝統的な部屋）がある。「和室」は簡素で、部屋の中にはほとんど何も置かれていない。こうした何もない空間が、一輪の花や掛け軸といった、唯一の装飾品の美しさを認識させてくれる。余白そのものが、強力なデザイン要素の一つなのだ。こうした場合、何かを足せば足すほど、グラフィックや文書（あるいは生活空間）のデザインは印象の薄いものになり、効果的でなくなってしまうのである。

余白を使う

　一番上の青いスライドは、いくつかの箇条書きとトピックに関連する画像を載せた典型的なものである。余白を有効に使うことなく、画像の周りのスペースをすっかりふさいでしまっている。私は、1枚のスライドに全ての要素を詰め込まずに、コンテンツの流れを6枚のスライドに分割して「腹八分」の概念を紹介することにした。プレゼンターが話す言葉を全て映し出す必要はないため、画面上のテキストの大部分は取り除かれた。各スライドには清潔感のある白い背景を使用している。空白部分が多いために、見る人の視線は自然に一定の対象へ導かれる。新しいスライドが表示されたとき、聴衆の目は真っ先に画像（大きく、カラフルになっている）へと引き付けられ、その後すぐにテキストへと移っていく。

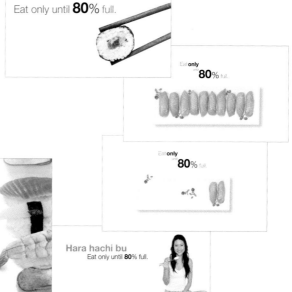

「顔」の画像は人を引き付け、視線を誘導する

写真：NASA

　人間は顔を認識することに恐ろしく長けている。実際には顔など存在しない場所にまで、顔を見いだしてしまうほどだ。実際、カール・セーガンはこう言っている。「人間が顔を見分ける能力を獲得したことで、思わぬ副作用が生じた。脳内のパターン認識機能が（あらゆる雑多な環境から）あまりにも巧みに顔を拾い出すために、ときにはそこにあるはずのない顔が見えてしまうのである」。道理でチーズサンドの焼き目がマザー・テレサに見えたり、火星の表面に「顔」が見えたりするわけだ。顔——あるいはそれに似た画像——は人を引き付ける。グラフィック・デザイナーやマーケティング担当者はそれをよく知っている。さまざまな広告媒体でしょっちゅう顔の画像を目にするのはこのせいである。

　人間は本能的に他人の見ている方向に目をやってしまう。まだ赤ん坊の私の娘でさえ、気が付くと私の視線を追うように目を動かしている——こうした傾向は生後間もないときから始まっているのだ。

　顔の画像（人間以外の顔も含む）を使えば、見る人の注意を引き付けることができる。とりわけ、ポスター、雑誌、看板といったメディアにおいてはそうだ。このコンセプトはマルチメディアや大型ディスプレイにも応用可能である。顔の持つ「吸引力」は群を抜いている。だからこそ、顔の画像の使用は慎重に行わなければならない。特に重視すべきなのは「視線」の問題である。見る人の視線をうまく誘導する必要があるのだ。下の2つの画像は、ジェームズ・ブリーズが自身のブログUsableWorldで発表した研究の一部である。ここでは、視線追跡ソフトを使って、赤ん坊の見ている方向が読み手の視線に影響を与えるかどうかを調べている。予想通り、赤ん坊が右を向いているときには、右側のテキストにより注目が集まっている。

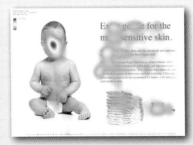
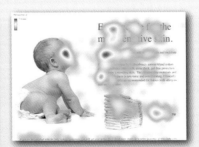

ジェームズ・ブリーズによる視線追跡の研究。赤ん坊の見ている方向に読み手の視線が集まっているのが分かる。プレゼンテーション・ビジュアルでも似たような現象が起こりうる。

人間や動物の画像をビジュアルに取り入れるかどうかはあなた次第である。人それぞれ、トピックや事情は異なるからだ。だが、もし取り入れるのであれば、顔の画像が持つ「吸引力」の大きさに配慮してほしい。また、人物の顔の向きによって見る人の視線をうまく誘導するように心がけよう。

人物の画像を使うときは、意図とは逆に、見る人の視線を重要事項からそらしてしまわないように気をつけよう。テキスト（もしくは図表）が最重要事項ならば、それらを表示した部分とは逆方向を見ている人物の写真は避けることが大切である。次の上下2組のスライドを見たとき、テキストや図表に目が行くのは（あるいは、そこから目がそれてしまうのは）どちらだろうか？　一見どちらでも良さそうだが、下のスライドの方が、キーポイントに目が行きやすいはずである。

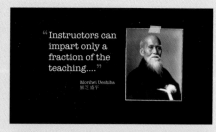

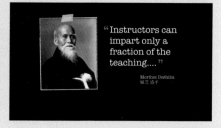

多くの場合、私たちの視線は自然にスライドの左上に向けられる。ただし、人物や動物の画像が含まれる場合は真っ先にそちらに目が行くかもしれない。上のサンプルの場合、まずフルスクリーン画像に含まれる被写体に目を向け、次にその被写体の視線の先、あるいは進行方向にある文字に視線を移す。

1枚目のスライドには、日本を拠点とする記者でありテレビレポーターの川口ユディが、新幹線の車内でダライ・ラマにインタビューしている写真が使われている。2枚目のスライドの引用句は、このときのインタビューで実際に語られた言葉である。1枚目で状況を説明した後、「ディゾルブ」（トランジション）を使って2枚目のスライドをフェードインさせる。すると記者の画像はフェードアウトし、引用句に置き換わる。その際、画像の右から3分の1（ダライ・ラマが写っている部分）はまったく変化していないように見える。

バランス

　デザインにおいてバランスは重要な意味を持つ。余白を賢く使うことは、バランスのいいすっきりしたデザインを手に入れる方法の一つだ。バランスの取れたデザインは、明確な一つのメッセージを持っている。うまく構成されたスライドは、最初に目を引く部分がはっきり決まっており、その後も人々の視線を巧みに誘導していく。聴衆はどこを見るべきか「考える」必要がない。ビジュアルは見る人を混乱させるものであってはならない。画面上のバランスを考え、はっきりした序列をつけることによって、デザインの中で一番重要なもの、それほど重要でないもの、最も重要度の低いものを、明確に表現する必要があるのだ。

　バランスとは、常にスライドの両側がシンメトリック（対称的）になるように要素を配置することではない。余白は、その他の要素を周到に配置することによって、生き生きとした力強い存在に変身する。これにより、意外な形で構図にバランスを与えているのだ。余白を意識的に使えば、デザインに動きをつけることさえ可能になる。このように、余白は受動的ではなく、能動的なものである。スライドデザインにダイナミックな感覚や面白味を加えたいときは、アシンメトリック（非対称的）なデザインを使うことを検討してみよう。それによって余白が活性化され、人目を引くデザインに仕上がる。アシンメトリックなデザインは形や大きさが変化に富んでおり、よりカジュアルで力強さに満ちている。

　シンメトリック（対称的）なデザインは、中央の垂直軸に重点が置かれており、対称軸の両側に同等の要素が配置されている。こうしたデザインはアシンメトリックなデザインに比べて静的であり、フォーマルで安定感のある印象を与える。中心がはっきりしたシンメトリックなデザインを使うこと自体は別に悪いことではない。しかし、こうしたデザインの中の余白は概して受動的であり、画面の片隅に追いやられている。

　デザインとは形を認識し、それを巧みに操ることである。しかし、もし我々がスライドの中の余白を「形」として認識できなければ、その存在は無視され、空白の使用は偶発的なものに限られてしまう。その結果、デザインは精彩を欠いたものになる。いいプレゼンテーションは、対称・非対称の両方のデザインが混ざったスライドをビジュアルに取り入れている。

　日本の伝統的な水墨画である「墨絵」は、バランスの取れたデザインを目指す上で優れたヒントを与えてくれる。墨絵の技法の一つ、「ノウタン（濃淡）」は、モチーフに明暗をつけることで、視覚的なバランスと調和を生み出すという日本的な概念だ。多くの色を使う場合であれ、墨の濃さで濃淡をつける場合であれ、デザインに明暗のある要素を作り出し、余白を活かすことは、アシンメトリックなバランスを生み出すための基本である。

キャスリーン・スコットによる墨
絵（関西外国語大学／大阪）

グリッドと3分割法

　何世紀にもわたって、アーティストやデザイナーは自然界に見られる「黄金分割」、あるいは「黄金比」と呼ばれるものを自らの作品に取り入れてきた。黄金比は１：1.618で表され、縦横の長さがこの比率になっている長方形を「黄金四角形」と呼ぶ。我々は黄金比を持った多くの自然物に引き付けられるのと同様に、黄金四角形に近い比率を持った画像に自然と心を引かれると言われる。しかし、黄金比に従ってビジュアルをデザインするのは現実的には難しい場合が多い。そこで、黄金比から派生した「３分割法」と呼ばれるデザインの基本技術がある。これを使えば、ビジュアルにバランス（対称・非対称を問わず）や気品、美的な質感を与えることが可能になる。

　３分割法は、カメラマンが写真の構図法として学ぶ基本技術である。被写体をフレームのちょうど中央に置くと、面白味のない写真になってしまうことが多い。そこで、カメラのファインダーの縦横を３等分に区切るという手がある（実在の線でも、想像上の線でもいい）。その結果、４本の交差する線と、三目並べのゲーム盤に似た９つの枠ができる。より魅力的な写真にしたいなら、主要な被写体をファインダーの中心ではなく、これらの４本の線が交差する点（皮肉なことに、この交点は「パワーポイント」とも呼ばれる）の上に置くとよい。

　デザインに関しては、「絶対的な自由」はむしろ自由を奪うものであることを忘れてはならない。あらゆるデザイン要素をいじり回して時間を浪費することのないように、選択肢を絞る必要がある。すっきりしたシンプルなグリッド（方眼）を作り、その上にデザインを描くようにしよう。気付いていないかもしれないが、ほぼ全てのウェブページや雑誌のページはグリッドの上で作成されたものである。グリッドを使えば時間の節約になり、画面上のデザイン要素のバランスは確実に改善される。グリッドを使ってスライドという「カンバス」を３分割することは、黄金比に多少なりとも近づくための、手軽な方法である。グリッドを使えばデザイン全体に、バランス、スムーズな流れ、はっきりした焦点を与えることができ、自然な一体感や美的な質感が生まれてくる。それは決して偶発的なものではなく、意図的に生み出されたものである。

　次の３ページにわたって、テーマの異なるプレゼンテーションから、改良前／改良後のスライドをいくつか紹介する。いずれも、アシンメトリックなデザインでありながら、バランスの取れたレイアウトに仕上がっている。左側はシンメトリックなレイアウト、右側はアシンメトリックなデザインを使うことによって余白を活用したレイアウトである。映画のワンカットのように生き生きとしたデザインになっていることに注目して欲しい。

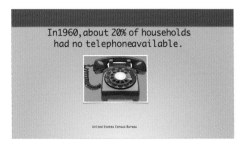

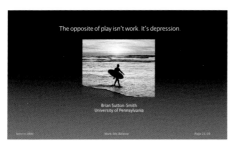
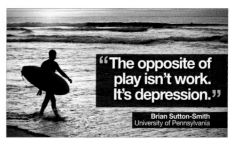

左の画像はスライドではない―葛飾北斎（1760-1849）の「富嶽三十六景」の一つ「赤富士」である。グリッドを当てはめれば、この構図にも3分割法を見いだすことができる。とはいえ、3分割法は決して厳守すべきルールではない。それはただのガイドラインにすぎない。しかし、非対称的でありながらバランスの取れたデザインを目指したい場合には、非常に便利なガイドラインだと言える。

以下に挙げたプレゼンテーション・ビジュアルには、何らかの形で3分割法が取り入れられている。実際に9分割グリッドを使ったものもあれば、写真のトリミングやデザイン要素の配置にあたって、3分割法を意識しただけのものもある。

自分だけのビジュアルスタイルを創り上げよう。
それは唯一無二のスタイルであるのと同時に、
他人が共感できるものでなければならない。

―――オーソン・ウェルズ

デザインの基本原則
──コントラスト、反復、整列、近接

　この４つの原則だけがグラフィックデザインの知識の全てではない。しかし、これらの互いに関連したシンプルな概念を理解し、スライドデザインに応用することで、より満足のいく効果的なデザインを生み出すことが可能になる。

コントラスト

　コントラストとは端的に言えば差異のことである。理由はどうあれ、人はみな生まれながらにして微妙な違いを察知する能力を持っている（もしかすると、我々の脳はサバンナで捕食動物を見分けていた頃の感覚をまだ引きずっているのかもしれない）。人間は無意識のうちに、絶えず物に目を走らせ、共通点や相違点を探している。コントラストは我々の目を引き、デザインにエネルギーを与える。それゆえ、異なる要素同士がほんの少し違っているというだけではだめで、くっきりとした違いとして表すようにしなければならない。

　コントラストは最も強力な効果を持つデザイン概念の一つである。なぜなら、デザイン上のどんな要素であっても、互いに対比させることが可能だからだ。コントラストを作り出す方法はたくさんある。例えば、空間の操作（近い／遠い、スペースが空いている／満たされている）、色の選択（明るい／暗い、暖色／寒色）、テキストの選択（セリフ書体／サンセリフ書体、太字／細字）、デザイン要素の配置（上部／下部、単独／集団）などが挙げられる。

　コントラストを利用すれば、ある一つの要素を際立たせたデザインが創りやすくなる。それによって、聴衆はデザインの趣旨を素早く理解することができる。全ての優れたデザインには、力強い焦点があり、デザイン上の要素の間にも明確なコントラストが存在する（その中で一つの要素だけが突出している）。もしデザイン内の全ての項目が似たような重要性を持ち、コントラストがはっきりせず、突出した要素がなかったら、聴衆はどこに目をやればいいか分からなくなってしまう。コントラストの明確なデザインは人目を引き、メッセージがすんなり頭に入ってくる。コントラストが弱いデザインは退屈なだけでなく、混乱を招きかねない。

　線、形、色、質感、大きさ、スペース、活字といった全てのデザイン要素は、うまく操作することによってコントラストを生み出すことができる。P197では、コントラストをうまく利用したスライド（右側）と、そうでないもの（左側）が比較されている。

上のスクリーンには、同じ被写体の画像が6枚並んでいる。ところが、どうしても左から2番目の被写体に目が行ってしまう。この被写体は、服装の種類や色、行動、それに……姿勢が違う。また、次のページのサンプルは、コントラストの弱い元のスライド（左）と、重要な要素がくっきり浮かび上がるように手直ししたスライド（右）である。

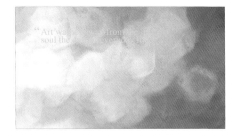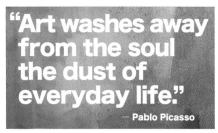

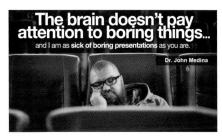

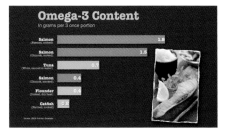

反復

　反復の原則とは、デザイン全体を通じて同じ要素、あるいは似た要素を何度も使うことである。1枚のスライドの中で、もしくは全スライドを通じて、特定のデザイン要素を繰り返し使うことによって、全体に一貫性や統一感が生まれてくる。コントラストが違いを示すことであるのに対して、反復とは、一定の要素を巧妙に用いることによって、そのデザインがより大きなものの一部であるように見せることである。ソフトウェアに付属しているストックテンプレートを使った場合、スライドにはすでに反復の要素が組み込まれている。例えば、一貫した背景に加え活字や色を使うことによって、スライド全体に統一感が生まれているのである。

上の2つのサンプルテンプレートは、shutterstock.com から引用したもの。統一感のある外観を生み出すために、一連のスライドにビジュアルな反復要素がどのように使用されているかが分かる。一定の色や形状、活字、写真、そして図表が一貫して使われている点に注目して欲しい。良質で洗練されたプレゼンテーションテンプレートを提供しているオンラインリソースには、Canva（www.canva.com）や Creative Market（www.creativemarket.com）などがある。

整列

　整列という原則の本質は、スライドデザインのどの要素であっても無造作に置かれたように見えてはならないということである。全ての要素は見えない糸を通してつながっている。反復が主にスライド全体を通じた要素を取り扱っているのに対し、整列は1枚のスライドの中に統一感を生み出すことを目的にしている。画面上で非常に離れた位置にある要素の間にも視覚的なつながりがなければならない。グリッドを用いればこうしたつながりを保つ作業が簡単になる。スライドにデザイン要素を並べる際には、その他の要素との配列に気を配ろう。

　多くの人々は整列という原則を取り入れる努力を怠っている。その結果、ほぼ整ってはいるものの、微妙に統一感の欠けたデザインが生み出される。それ自体は大した問題には思われないかもしれない。しかし、この種のスライドは野暮ったく見え、全体的にプロフェッショナルな印象から遠くなる。各要素がきちんと整列したスライドは（聴衆がそれを意識しているかどうかに関わらず）、すっきりした印象を与える。整列に加え、その他のデザイン原則もバランスよく取り入れれば、パッと見てすぐに理解できるようなスライドを作り出せるはずだ。

近接

　近接の原則とは、物を近づけたり離したりすることによって、画面構成を整えることである。近接の原則によれば、関連性のある要素はひとまとめにして、別個の存在ではなく一つのグループに見えるようにしなければならない。聴衆は画面上で近くに位置していない要素の間には密接なつながりはないと思い込んでしまう。彼らは必然的に、すぐ隣にある似たような要素を一つのグループと見なそうとする。

　どのキャプションとどのグラフィックが結びついているのか、そのテキストはサブタイトルなのか、タイトルとは無関係なのか、といったことを、聴衆がいちいち「解読」しなければならないような事態は避けよう。聴衆に物を考えさせてはいけない。つまり、スライドの構成やデザイン上の優先度の解読といった、余計なことを考えさせてはいけない。スライドは本や雑誌のページとは違う。画面に載せるのは2〜3の要素（もしくは各要素から成る2〜3のグループ）だけに止めておくべきである。ロビン・ウィリアムズはベストセラー『ノンデザイナーズ・デザインブック』において、一歩下がってデザイン

を眺めたとき、どこに最初に目が行くかを意識すべきだと述べている。自分のスライド
を見たときに、最初に目を引くのはどの部分か？　次に目が行くのはどこか？　あなた
の視線はどのような道筋をたどっているだろうか？

このタイトルスライドには、デザイン上の優先順位がない。「コントラスト」や「整列」「近接」の原則が反映されていないため、スライド上に5つのバラバラな要素が並んでいるように見える。

Principles of Presentation Design:

Tips on how to think like a designer

By Less Nesmen

Director of the PRKW Institute

このスライドはシンメトリックなデザインを取り入れており、関連する要素を一まとめにすることによって「近接」の効果を高めている。また、活字のサイズや色を調整することでコントラストを強め、デザインにはっきりした優先順位を与えている。

Principles of Presentation Design
Tips on how to think like a designer

Less Nesmen
Director PRKW Institute

FAUX LOGO

このページの2枚のスライドが示しているのは、全ての要素を右揃えにすることによって画面の右に「見えない糸」が生まれ、それを通して全体が一つに結ばれるということである。ありふれたシンメトリックなデザインより、こちらの方が面白味がある。また活字や色を調整することによって、コントラストが強まり、人目を引く仕上がりになっている。タイトルに使われている赤い点は、右下のロゴとうまく調和している。

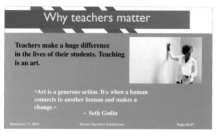

少なくともテキストは読みやすいが、「整列」の原則が反映されておらず、スライドが雑然とした印象になっている。

プレゼンターはスライドの引用句を紹介するだけでいいので、テキストの大部分は取り除かれた。聴衆の視線はまず教師に集まり、その後、テキストの方向へ自然に導かれる。教師の顔はテキストと逆方向を向いているが、身体はテキストの方を向いている。

これは決して珍しくない例だが、この場合、本当に箇条書きにする必要があるだろうか？ 聴衆は、このようなスライドをもう何度も目にしている。それなら、テキストをもっと大きく、太くしてみてはどうだろう？

スライドから箇条書きを取り除いた。プレゼンターはこのスライドを映したまま、「プランク」エクササイズのメリットについて話をすればよい。

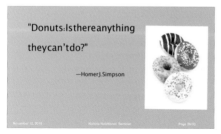

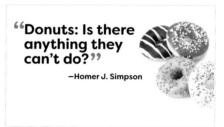

このスライドはシンプルで読みやすいが、やはり「近接」の原則が反映されていない。構図がお粗末でテキストの書体も洗練さに欠け、白い背景の写真が目立ち過ぎて、ノイズを大きくしている。

引用句に合わせて書体をカジュアルなものに変えた。ドーナツのピンク色に合わせて引用符の色を変更。また、スライドの背景色を白にして、元のドーナツの写真から背景色をなくした。これにより、コントラストの問題が改善され、見た目がすっきりした。さらに、ドーナツをスライドの縁からはみ出すように配置したことで、目の前にあるような立体感が生まれている。

下の棒グラフが示すデータは一種類だけ。それなのに、すべての棒が異なる濃淡で色分けされている。おまけに、グラフの下のテキストは小さく、縦書きになっていて、どの棒がどの国のデータを表しているのか特定しにくい。

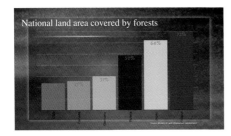

前景と背景のコントラストが改良されており、テキストやデータが見やすくなっている。また、棒グラフの色を意図的に塗り分け、「フィンランド」のデータに視線が集まるようにした。また、不必要なグリッドもなくした。

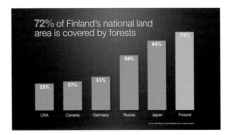

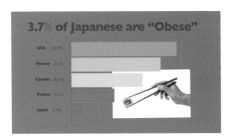

背景色のせいでテキストが読みにくい。棒グラフが無意味に色分けされている。寿司の写真の背景が白なのも、ビジュアルに余計なノイズを与えている。

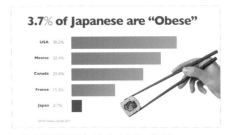

スライドの背景を白くしたことで、寿司の写真の背景が「消滅」している。テキストと棒グラフと背景のコントラストは大幅に改善され、読みやすくなっている。ここで注目してもらいたいのは「日本」のデータなので、その部分だけ違う色にした（赤系の色が寿司の具の色にマッチしている）。

よく見かけるタイプのスライド。典型的な問題点をたくさん抱えている。面白味のないタイトル、アンダーライン付きのテキスト、メッセージの伝わってこない小さなグラフィック。「青い背景に黄色い活字」はあまりにも使い古された組み合わせであり、新鮮味がまったくない。

同じメッセージを違った形で表現したスライド。迫力のある大きな画像によって、ゴミ問題というテーマがストレートに伝わり、プレゼンターのメッセージが心に響いてくる。装飾性のない無機質な書体を使ったテキストは、硬派なテーマにふさわしい雰囲気を醸し出している。また、ハイライトカラーには、一部のゴミの色（黄色）を使っている。

引用句と写真はどちらも素晴らしい。それにも関わらず、このスライドはインパクトやドラマに欠けている。背景はいかにもテンプレート然としたものであり、ごちゃごちゃした模様のせいで、文字が読みにくくなっている。テキストもひどい有様だ——これでは肝心の引用句が２つの箇条書きに見える。また、すべての要素が中央揃えになっているために、窮屈な感じがする。デザイン要素が少ない割に、雑然とした印象を与えるスライドだ。

文字は大きく、すっきりしている。画面の右から３分の１を占め、枠外にまではみ出した大きな写真は、強烈なインパクトを与えている。目障りだった背景も取り除かれている。ケネディの視線が引用句の方向へ注がれていることに注目しよう。通常、聴衆の視線はまずケネディの顔に集まり、その後、テキストへと自然に導かれる。

元のスライド（左上）は、タイトルと2つの箇条書きを並べたテキストだけのスライド。これを2つのビジュアルに分割したものが右側の2枚である。「1964」（右上）のモノクロ写真と、現代のカップルを撮った「2019」（右下）のカラー写真が印象的なコントラストを生み出している。

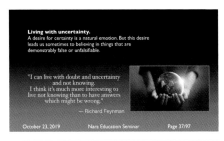

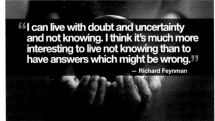

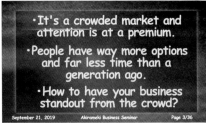

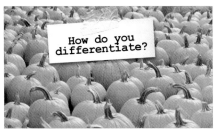

左側の2枚のスライドは、プレゼンターが伝えたいメッセージを強調するため、右側のよりシンプルでビジュアルなデザインに改良された。

あなたのプレゼンテーションが
際立って視覚的であればあるほど、
人々はそれを忘れないだろう。
そして何よりも、人々はあなたのことを
忘れないだろう。

──ポール・アーデン

まとめ

- デザインは重要である。しかし、それは単なる飾りではない。デザインとは、コミュニケーションを聴衆にとってできるだけ分りやすく、明快なものにすることである。

- シグナル／ノイズ比を常に念頭に置き、不要なものは全て取り除くこと。ごちゃごちゃしたビジュアルは排除しよう。3D効果は避けた方がいい。

- ビジュアルの方が箇条書きより人々の記憶に残りやすい。どうすれば説得力のあるビジュアル要素（グラフなど定量的表示も含む）を使ってスピーチを引き立てることができるか、常に自問しよう。

- 余白は「無」ではない。それは大きな力を持っている。余白を見いだし、それを操作することによって、すっきりとまとまった面白味のあるスライドデザインを作り出そう。

- インパクトが強く、パッと見て理解できるような高画質写真を使おう。フルスクリーンの写真や背景の上に、できる限りシンプルでバランスの取れた形でテキストを表示しよう。

- コントラストの原則を使って、異なった要素の間にダイナミックな違いを作り出そう。すでに違っている場合は、さらに違ったものにしよう。

- 反復の原則を適用し、スライド全体を通じて一定の要素を繰り返そう。それによって、スライドにまとまりや統一感が生まれてくる。

- 整列の原則を使って、スライド上のデザイン要素を（見えない糸を通じて）視覚的に結び付けよう。グリッドは要素を整列させる上で非常に役に立つ。その結果、まとまりのある、すっきりしたスライドを作り出すことができる。

- 近接の原則を用いて、関連のある要素を一つにまとめよう。人々は一緒に置かれた要素や、互いに近くに配置された要素を、同じグループに属していると解釈する傾向がある。

7

サンプルビジュアル： 画像とテキスト

　ここまでに、スライドの効果を高める要素とは何か、また簡潔さやコントラスト、余白などの原則をデザインに反映する方法について学んだ。視覚的に調和が取れたスライドができたなら、デザインは自然に改良され、プレゼンテーション全体の質も向上するのが分かるだろう。スライドは人を引き付ける「見せ場」であるべきだが、同時にパッと見て理解できるものでなければならない。複雑なことを説明する必要がある場合は、一度にすべての情報を盛り込まないこと。代わりに、図表を構成するさまざまなパーツを、論理的で分かりやすいステップで段階的に表示するように、スライドをアニメーション化（または構築）するとよい。スライドやその他のマルチメディアをデザインする際は、簡潔性、抑制、調和といった要素に配慮することが大切だ。

　プレゼンテーション・ビジュアルの場合、グラフィックスは誤りのない正確なものでなければならない。だが我々のビジュアルは（好むと好まざるとにかかわらず）聴衆の心に触れるものでもある。何かを目にしたとき、人はその魅力や信頼性、プロフェッショナリズム、通俗性などについて、瞬時に判断を下している。それは直感的な反応である。こうした反応こそが、すべての鍵を握るのだ。目標は「見栄えのいい」スライドを作ることではなく、メッセージの明確なスライドを作ることである。しかし、簡潔さと抑制の原則（および第6章で説明したデザインの基本原則）を常に念頭に置いてスライドをデザインすれば、結果的に有用性が高く、見栄えのいい、魅力的なスライドを生み出すことができる。

ビジュアルをスクリーン一杯に表示する

スクリーン一杯に、誰もが見て分かるデザインを作成しよう。

ほとんどのプレゼンテーション・ビジュアルの問題は、例えば、スライド内のテキストが大きすぎることではなく、あまりに小さいことである。会議室や教室、ホールなどで行われる比較的大きなプレゼンテーションでは、視覚的なインパクトを与えると同時に、瞬時に理解してもらえるように文字を大きくするのはどうだろうか。人目を引く仕掛け（ギミック）の話ではない。聴衆はあなたの話を聞きに来ている。大量のスライドが読みたいわけでも、あなたがそれを読み上げるのを聞きたいわけでもない。ビジュアルはあくまで論点を浮き彫りにし、裏付けるためにある。だからこそ、ホールの後方にいる人にも分かるデザインにしよう。

大きな会議室やホールで行われる基調講演などに使われるプレゼンテーション用スクリーンは、道路標識や看板と大いに共通する部分がある。私の友人、ナンシー・デュアルテは自著『スライドロジー：プレゼンテーション・ビジュアルの革新』の中で、良いスライドは、見る人が一瞬で理解できるものでなければならず、その点で、道路沿いの広告看板によく似ていると述べている。「プレゼンテーションは『グランス・メディア』（一瞬で何かを伝えるメディア）です。それは広告看板に似ています（中略）『3秒以内にメッセージを読み取れるか？』という問いを常に頭に置いてください」

テキストを含むスライド内の要素は、広告看板のように遠くから見て瞬時に読み取れる大きさにする必要がある。聴衆が目を細めないと読めないようなものを見せるのはもってのほかである。スライド内の要素は大きく、はっきりと見えるものにしよう。

奈良県生駒市の大規模ホールで 400 人ほどの聴衆を前に 90 分のプレゼンテーションを行ったときのタイトルスライド。写真はリハーサル時にスクリーンの前で私と 2 人の子どもたちが遊んでいるところ。実は、16：9 のスライドをスクリーン一杯に映し出せるよう、プロジェクターを入念に調整していたのだ。プロジェクターの調整をしていないがために、スクリーンの一部にしか投影できず、本来なら得られるはずの視覚的インパクトを発揮できないプレゼンテーションがいかに多いことか。

こちらは、日本の大規模ホールで行われた別のプレゼンテーションのリハーサル風景。機器のセットアップ中に、16：9 のスライドがスクリーンの半分程度にしか表示されないことに気付いた。そこで技術スタッフに相談し、プロジェクターの設定を調整してもらったところ、画面一杯にスライドを投影できるようになった。そのスタッフによれば、スライドが小さなサイズで表示されることに異を唱える人は過去に誰もいなかったそうだ。スクリーンやプロジェクターを自分で調整できない場合は、できるだけスライドを大きく投影するよう、会場のスタッフに相談してみることを強くおすすめする。スライドが大きく映ればその分インパクトも大きくなり、聴衆がより楽しめるものになる。

東京近郊の大学にて。私のプレゼンテーションを聞きに学生や教員約 300 人がホールに集まった。セットアップ中、スライドをスクリーン一杯に投影できなかった。しかし、スタッフから別のプロジェクターを借りたおかげで、本番ではフルスクリーンで表示できた。私はレーザーポインターを使わない主義で、スクリーン上に映し出された要素の方に自分から近付いて行き、手で直接指し示す。プレゼンテーションのとき、私は最初から最後までほぼスクリーンの左右いずれかの側に立つか、スクリーンの中央から聴衆に近い位置に立っている。だがときにはこの写真のように、自分から「スライドの中に」入って行くのもありだ。

テキストからビジュアルへ：無数の可能性

　プレゼンターが話している間、聴衆は文字で埋め尽くされたスクリーンには興味を示さない。しかし、どうやってデータを視覚的に表現するかを決めるのは、あなた次第だ。聴衆に伝えたいメッセージを補強するためにデータを提示する方法は一つとは限らず、無数にある。例えば、日本人の米の摂取量が55年前と比べ大幅に減っているというシンプルなメッセージを伝えたいとしよう。一番簡単なのは、数行の文字をスライドに入力するやり方だ。だが、自分にとっては簡単なやり方でも、聴衆にとって記憶に残る、あるいは説得力のあるビジュアルを生み出せるわけではない。そこで、スライドのデザインを見直す際に参考になる4つの方法を紹介する。ここでは、コメの消費量に関する前述のメッセージを裏付けるのが狙いだ。

これは、最も簡単に作れるスライドの一例だ。ただし、このままだと、（1）聴衆の注意や関心を引く、（2）理解しやすくする（ここに挙げた例のメッセージは複雑ではないが）、（3）記憶に残りやすくする、という点に問題がある。そこで、改善されたのが次の4組のスライドである。上のスライド（1作目）は、お茶碗の画像を使ってデータを具体的に表現している（左は5.4杯、右は2.5杯）。ポイントは、二カ国語表示のスライドを作成する場合、両方の言語を同じサイズにしないこと。そして2作目には、お茶碗のほかに、食パンの画像が付け加えられている。これは、1960年代から現在に至る日本人の食生活の変化について、プレゼンターが伝えたいメッセージを視覚的に訴えるためだ。

1作目

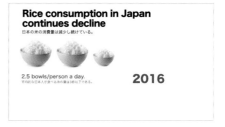

2作目

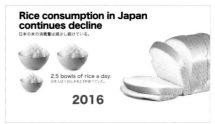

3作目

 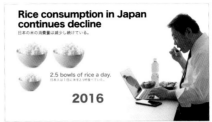

4作目

上の3作目は、基本的に2作目と同じだが、今度は1962年当時のほっそりとした日本人男性（実は私の義理の父）の写真と、現代のかっぷくのいい日本人男性の写真を並べてみた。この数十年間にメタボリックシンドロームが増加していることを分かりやすくするためだ。4作目の画像もやはり、話し手の語りに沿って過去50年間の日本人の食生活の変化を際立たせる役目を果たしている。右側のシンプルなグラフは、日本の食生活の変化について、プレゼンターの論点を浮き彫りにする、もう一つの方法である。

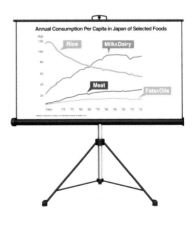

ポートレートモードで写真を処理する

　2020年現在、カメラ機能を搭載したスマートフォンなどの端末を使う人は50億人を上回っている。今日、単体のカメラではなく、モバイル端末のカメラ機能を使って写真を撮る人が圧倒的多数（事実上すべて）を占めている。その結果、世の中には横長の「ランドスケープモード」でなく、縦長の「ポートレートモード」で撮影されたおびただしい量の画像や動画があふれている。これらの画像や動画を、ライブ中継でワイドスクリーンに映したり、テレビ画面に表示したりする必要がないのなら、特段問題はない。しかし、ニュース番組などでは、視聴者がポートレートモードで撮影した写真や動画の提供を受けることも多く、横長のテレビ画面に縦長の写真をいかに表示するかという問題に対処しなければならない。

　では、ポートレート写真を、ランドスケープモード［訳注：風景を写すときによく使われる横長のモード］で扱うにはどうすればよいだろうか？　選択肢の一つに、写真をフルスクリーンになるように拡大し、画面に合わせてトリミングする方法がある。ただし、それによって重要な要素が失われたり、画質が落ちたりする可能性がある場合には、ポートレート写真のまま表示するしかないだろう。とはいえ、写真の両側に余白が生じて見栄えがよくないばかりか、聴衆の注目を集めきれない。こんなとき、簡単な解決策がある。一般的な方法として、まず元の画像をコピーしておく。次に、コピーした方の画像を横幅がスクリーンの幅とぴったり合うまで拡大する。こうするのは、スライドの背景に使用するためだ。最後はプレゼンテーションソフトや写真編集ソフトの機能を使って、この背景にぼかしを加える。背景にする画像の位置やぼかしの度合いは、お好みで調整できる。

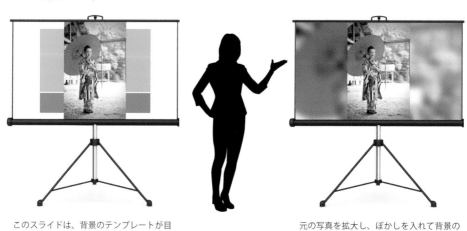

このスライドは、背景のテンプレートが目障りなうえ、ポートレート写真の幅が狭く窮屈に見える。

元の写真を拡大し、ぼかしを入れて背景の画像にしたところ。もちろん、ぼかしを入れた背景は元の写真の色合いなどをそのまま継承しているので、上の図のように重ねたときに違和感がない。

フルスクリーンのビジュアルを主体とし たプレゼンテーションで、突然、白い背景部分が目立つ上の写真のようなスライドに切り替わったとき、聴衆は違和感を覚えるかもしれない。

元の写真をスクリーンの幅に合わせて拡大し、ぼかしを入れた。上下をどの程度トリミングする必要があるのかわかるだろう。

SNR 比で見れば、白い背景にポートレート写真を重ねた元のスライドの方がおそらくノイズは少ないはずだ。 しかし、背景にぼかしを入れたこのスライドは、より洗練された仕上がりになり、スライド自体も大きく感じられる。

BEFORE ▼

AFTER ▼

写真の向こう側に水平方向に広がる手すりのようなものが見える。この写真を拡大し、ぼかしを入れた画像を背景にすると、左右に水平線が伸び、写真が画面一杯に表示されているように見える。

元の写真を拡大して背景にしただけの、シンプルな重ね合わせの例。最初からランドスケープモードで撮影した写真のように見える。

最初のスライド（左）に特に問題はない。 しかし、改良後のスライド（右）には、 子供たちの歓声が聞こえてきそうな臨場感がある。

ポートレートモードで撮影した動画から切り取った画像。この静止画にぼかしを入れたものを背景にするだけで、同じ効果が得られる。

レイヤーと透過性

　たいていのプレゼンテーションソフトなら、画像の一部だけでなく全体を編集することが可能だ。画像の一部を透明にし、背景のビジュアルを透けて見せる機能もその一つだ。PowerPointなら「背景を削除」ツール、Keynoteなら「インスタントアルファ」ツールを使えば、画像の指定部分を削除できる。次のページにかけて、画像の一部を透明化する機能を使って面白い効果を生み出す方法を、サンプルを使って説明する。

ここに、3枚の写真が組み込まれたスライドがある。Keynoteの「インスタントアルファ」ツール（PowerPointなら「背景を削除」）を使って、年代物のテレビの画像から背景色を削除。同様に、テレビ画面の色も削除し、透けて見えるようにした。

次に、背景にする画像を一番下のレイヤーに配置し、その上にポテトチップの画像を配置した。さらに、ポテトチップのレイヤーの上に、画面部分を透明にしたテレビの画像を重ねた。こうすると、テレビ画面にポテトチップのコマーシャルが映っているように見える。最後に、テキストと矢印を一番上のレイヤーに付け足した。

このスライドは、テレビの後ろの画像が写真ではなく、実際の映像（1960年代の古い8ミリフィルム映像）になっている。スライドの面白みが増し、見る人をノスタルジックにさせる。

ビジュアルのテーマやテンプレートは独自に作成することもできる。私は、「変わりゆく日本」に関するプレゼンテーションのために、古いアルバムをモチーフにし、昔の画像や映像を取り入れたビジュアルを作成した。このスライドは、背景に写真と映像を取り込んでいる。背景は、義理の母の古いアルバムの一ページを撮ったもの。この古い写真のフレームを残して中身を透明にし、映像が透けて見えるようにした。

このスライドに切り替わったとき、聴衆はこれが富士山と田んぼの写真だと思うかもしれない。しかし、リモコンをクリックすると、映像が再生され、高速走行中の新幹線が今まさに水田の上を通過するところを、ドローンを使って空撮した映像だと分かる。

このアルバムの写真は私が購入した。写真フレームの内側をソフトウェアで簡単に透明にできるからだ。これを一部のプレゼンテーションスライドのレイヤーとして使う。

幼少の頃の私をほんの少しだけ紹介するスライド。このスライドが表示されると、昔の3枚の写真が貼られたアルバムの画像が写っているように見える。しかし、このアルバム画像には透明なフォトフレームが組み込んであり、私はそこに、3つのビデオクリップ（8ミリフィルムの映像を変換したもの）を配置していたのだ。リモコンをクリックすると、それぞれの「写真」がビデオクリップとしてフォトフレーム内で再生される。

コントラストとぼかし効果

　写真をフルスクリーンでしばらく表示してから、その上に関連するテキストを表示したい場合がある。このようなとき、コントラストを調整し、テキストを読みやすくする方法の一つに、背景の画像にぼかしを入れる方法がある。上手にエフェクトをかけるには、画像を2枚の異なるバージョン（写真だけのクリアなバージョンと背景をぼかしてテキストを表示したバージョン）にし、2枚がスムーズに切り替わるようにディゾルブをかける。

　下のスライドは、創造性をテーマにしたプレゼンテーションで使用したものだ。独りになりたいときに訪れる私のお気に入りの場所を紹介しながら、独りきりの時間と自然の中で過ごす時間について話をした。

ディゾルブ後 ▼

ディゾルブ後 ▼

まず、海辺と一人でウォーキングしている人が写ったクリアな画像（左上）を表示した。次に、ディゾルブをかけながら、背景をぼかして手前に引用句を配置した画像に切り替えた。

この例では、引用句を手前に配置したバージョンを最初に見せた。こうすると、見る人はぼやけた背景がどこなのか、ちょっとした興味をそそられる。この画像にディゾルブをかけていくと、最後に広大な海岸と波打ち際に一人たたずむ人がいる風景がくっきりと浮かび上がる。

サンプル・スライドデッキ

　このセクションでは、複数のプレゼンターのスライドを概観できる（スペースが限られているため、各プレゼンテーションから一部を選んで表示している）。全てのサンプルスライドが完璧というわけではない。しかし、基本的なデザイン原則の順守という観点からスライドを判断することも可能ではあるが、生のスピーチでどのようにビジュアルが使われているかを見なければ、スライドの効果を判断するのは困難である。プレゼンテーションによってコンテンツや状況は異なるものの、このセクションの全てのスライドに共通しているのは、それらがシンプルで視覚的効果が高く、スピーチを引き立てているという点である。こうしたスライドはプレゼンターの説明を裏付け、メッセージを明確にしてくれる。経験則上、あなた自身が作成したビジュアルを評価するときは、次の4つを自問しよう。（1）聴衆の注意を引いている、あるいはスクリーンに視線が集まっているか。（2）ビジュアルが分かりやすく、スピーチの理解を助けているか。（3）データの表示を含め、記憶に残るメッセージを伝えているか。（4）プレゼンテーションを終えてからしばらく経っても、聴衆の考え方や行動を変えられるか。（4）はあらゆるケースに当てはまるわけではないが、（1）〜（3）は、ほぼすべてのケースに不可欠な問いである。

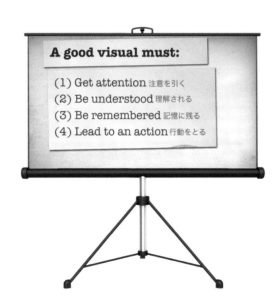

竹のごとく生きる

　この先3ページにわたって紹介するスライドは、私自身がTEDxTokyoの12分間のプレゼンテーションのために作成したものである。私はこのテンポの速いスピーチで、周囲の世界を観察することから得られる教訓について語っている。竹は日本の文化において重要な役割を果たしている。このつつましやかな竹もまた、簡潔さ、柔軟性、粘り強さといった教訓を与えてくれる。私は和紙を模した合成画像をスライドの背景に取り入れ、より素朴で質感のあるビジュアルを創り出した。東京の会場の大スクリーンに合わせて、スライドのアスペクト比は16：9で作成されている。このプレゼンテーションの動画はYouTubeで閲覧できる。「TEDxTokyo - Garr Reynolds - Lessons from the Bamboo」で検索して欲しい。

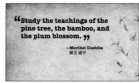

(1) Remember: What looks weak is strong

What looks fragile is strong.

You do not have to be big to be strong.

"Those who cannot feel the littleness of great things in themselves are apt to overlook the greatness of little things in others."

— Kakuzo Okakura

(2) Bend but don't break

(3) Firmly rooted yet flexible

(4) Slow down your busy mind

(5) Be always ready

"The warrior, like bamboo, is ever ready for action."

— Kensho Furuya

(6) Find wisdom in emptiness

"Empty your cup so that it may be filled..."

— Bruce Lee

(7) Smile, laugh, play.

→ 笑う

Born to play

純粋な笑顔の力

(8) Commit yourself to growth & renewal

百尺竿头更进一步

Even a 100 foot stalk of bamboo can progress one more step.

(9) Express your usefulness through simplicity

"The bamboo in its simplicity expresses its usefulness. Man should do the same."

— Kensho Furuya

一簡素

Simplicity

(10) Unleash your power to spring back

七転び八起き

Fall seven times, get up eight.

Lessons from the bamboo:

Flexibility
Adaptability
Resilience

"Your sadness...will not solve the problem. More sadness, more frustration only brings more suffering for yourself.... No matter how tragic the situation, we should not lose hope."

– Dalai Lama

Be like

bamboo

頑張ってください！

good luck!

終

デザイナー思考で行く

　私はこれらのスライドを、背景と活字のみを使って、素早くシンプルに創り上げた（アスペクト比はプレゼンテーション会場のスクリーンに合わせて４：３にした）。このページのスライドは、非デザイナーにデザインの基本コンセプトを説くセッションのために使われたものである。60分間のセッションの大半は、ざっくばらんなディスカッションという形で行われた。スライドは単に現在のテーマを確認したり、セッションの流れを把握したりするために、スクリーンに映し出されていただけだった。キーメッセージの実例を紹介するときには、ホワイトボードや配布資料を使った。

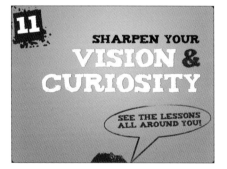

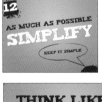

ジハン・ペレラ

ベストセラー『Power Secrets of Engaging, Profitable Webinars』の著者
www.webinarsmarts.com

ウェビナーの専門家ジハン・ペレラが、
効果的なウェビナーで人々を引き込む秘訣を語る。

「ウェビナー」はいまやプレゼンテーションツールの主流になっている。しかし多くの場合、たとえ経験を積んだプレゼンターであっても、ウェビナーの質に問題がある。ウェビナーと対面のプレゼンテーション（例えばセミナーや研修、役員室で行われるプレゼンテーションなど）の最大の違いは、実施される環境にある。対面のプレゼンテーションの場合、部屋のレイアウトや照明、スクリーン、ステージ、座席の配置、それに聴衆の視線も含めて、あなたがプレゼンテーションだけに集中できる環境で行われる。対照的に、ウェビナーの場合、参加者は周囲に気が散るものがたくさんある環境の中で視聴する。ウェビナーは端末の小さな画面に映し出される映像に過ぎない。

つまり、参加者を引き付け、最後まで飽きさせないために、さらなる工夫と努力が必要になる。

以下に、ウェビナーの効果と魅力を高めるための7つの秘訣を紹介しよう。

1. 相手にとって切実な情報を与える

「来週発表される宝くじの当選番号をばっちり教えます！」——もしこんなセミナーを開いたら、音声に雑音が混じろうが、接続が遅かろうが、ごちゃごちゃしたスライドや大量の箇条書き、クリップアート、見苦しいフォントを使おうが、相手は耳を傾けてくれるだろう。聴衆が何を求めているかを理解し、彼らが抱えている問題を解決し、質問にしっかりと答え、何らかの付加価値をもたらそう。肝心なのは常に「スタイル」ではなく、「中身」の方である。ただし、「中身」さえよければ「スタイル」はどうでもいいわけではない——どちらにおいても抜きん出るように努力しよう。

ウェビナーの場合、相手にとって切実な情報を与えることはとりわけ重要である。なぜならウェビナーの聴衆が求めているのは「娯楽」や「刺激」ではないからだ（それはあくまで「おまけ」の部分である）。彼らは「情報」や「知識」を求めてやってくる。目の前の課題や疑問を解決し、願いをかなえてくれるような、実践的ノウハウを持って帰ることが彼らの目的なのだ。

2. スライドの数を増やす

面と向かってプレゼンテーションを行う場合、スライドは視覚補助の一つでしかない。しかしウェビナーでは、スライドはビジュアル面を一手に引き受けている。したがって、通常よりもスライドの枚数を増やす必要がある。それによって参加者の興味を引き付けられるし、ビジュアルを使って分かりやすく説明できる。

おおまかな目安だが、各スライドは、その時々のメッセージに直結したものでなければならない（面と向かったプレゼンテーションなら、時にはスライドが単なる「背景」になってもかまわない。しかし、ウェビナーの場合は一層の注意が必要だ）。また、1枚のスライドを使って一つの論点を説明するのに1分以上かかるなら、スライドを何枚かに分けるといいだろう。

スライドのデザインにより多くの時間を投資すること。箇条書きではなく、グラフや図表を、文字ではなくアイコンを、そして、クリップアートではなく写真を使うようにしよう。スライドはアート作品にする必要はないが、視覚的に訴えるものにしなければならない。

3. ビジュアルを段階的に表示する

複雑なグラフィックを表示するときは、いきなり完成図を見せるのではなく、説明しながら段階的に表示するとよい。例えばグラフを見せる場合は、まず座標軸を示し、続いてラベル、棒グラフや折れ線グラフ、ハイライト表示、といった具合に要素を重ねていく。模式図を表示する場合も、要素を一つずつ加えながら、だんだん図を組み立てていくようにしよう。PowerPointの場合、「アニメーション」ツールを使えば、こうしたビジュアルを簡単に作成できる（ただし、派手なアニメー

ションは禁物である——シンプルに要素を加えていくだけでいい）。あるいは、スライドの連続表示によって段階的に要素を加えていき、最終的に完成図にたどり着くようにしてもいい。

4．コンテンツに目印を入れる

　プレゼンテーションの構成や流れを分かりやすく説明するために、スライドデッキに「目印」になるページを挿入する。冒頭に概要をまとめたスライドを、次に各要点に入る前の導入スライドを、最後のそのセクションのまとめのスライドを入れるといいだろう。これは、参加者がセミナーの進行状況や流れを把握するのに役立ち、途中で注意力が散漫になったり、集中力が途切れたりするリスクを軽減する。

5．聴衆の参加を促す

　活動的でインタラクティブなウェビナーを作り上げよう。ライブイベントである以上、参加者を巻き込むような工夫をすべきである。プレゼンテーションの冒頭で、参加者にちょっとした作業をやってもらおう。こうすれば、いきなり彼らの注意を引き付け、イベントに巻き込み、ありきたりの退屈なプレゼンテーションとの違いをアピールできる。例えばクイズやアンケートに答えてもらったり、文章を書いてもらったりするのもいい。何人かをピックアップして率直な意見を述べてもらうのもいいだろう。

6．メリハリをつける

　他のプレゼンテーションと同様に、ウェビナーをいくつかのパートに分け、メリハリをもたせるといい。例えば、以下のような工夫をしよう。
・オンラインアンケートを行う。
・参加者に絵や文章を書いてもらう。
・いったん話すのをやめて、30秒の考察時間を設ける。
・リストを見せ、自分にとって重要な上位3項目を選んでもらう。
・質問を募る。
・ゲストプレゼンターに登場してもらう。
・使用メディアをスライドショーからウェブページ、あるいはその他のソフトウェアに切り替える。
注意：最初のウェビナーで上記のすべてを実行するのは避けた方がいい。機材の操作などを学びながら、徐々に慣らしていくようにしよう。

7．とにかく始めてみる

　経験豊かなプレゼンターでさえ、ウェビナーを行う際には、動揺したり、ナーバスになったりすることがある。これを解決するためには、とにかく実践を重ねるしかない。いきなり大勢を相手にするのはやめて、まずは少人数のグループから気楽に始めよう。無料セミナーで腕を磨いてから、有料のセミナーを開くのもいいだろう。機材の操作を誰かに任せてしまうという手もある。あらかじめスピーチ原稿を書いておくのもいい。
　いずれにせよ、今すぐスタートを切ることだ！

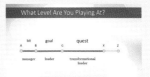

ビジュアルを段階的に表示して、スクリーンと説明の両方に注意を引き付ける。こうしたビジュアルは、ソフトウェアのアニメーション機能で作成可能である。あるいは、次のサンプルのように、スライドを連続表示させて、一つずつ変化を加えていってもいい。

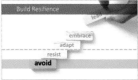

サインポスト［訳注：「はじめに」「次へ」「まとめ」「おわりに」など、プレゼンテーションにおいて話をつなぐために使われるスライド］を挿入すると、セミナーの構成と進行状況が分かりやすくなる。それには、シンプルなリストを使うとよい。ただし、上のサンプルのような、数直線上に点を配置しただけのデザインより、さらに視覚効果の高いデザインを目指すこと。デザインにあと少し投資をするだけで、下のサンプルのような、視覚的により魅力的なスライドにすることができる。

助成金をとりまく状況の変化

　ここに載せたのは、アーバン・インスティテュートの Center on Nonprofits and Philanthropy 部門のバイスプレジデントを務めるシェーナ・アシュレイが、ワシントン D.C. で行われたカンファレンスの基調講演で使用したもの。スライドのデザインに協力したアーバン・インスティテュートの視覚化担当スペシャリスト（Visualization Specialist）のジョナサン・シュワビッシュによると、このイベントには大手非営利組織の専門家や慈善活動家らが一堂に会したという。「このデッキで気に入っているところは（デザインの良さはさておき）、シンプルで見やすいデザインとデータの可視化です」ジョナサンはそう語っている。

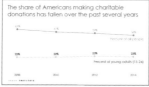

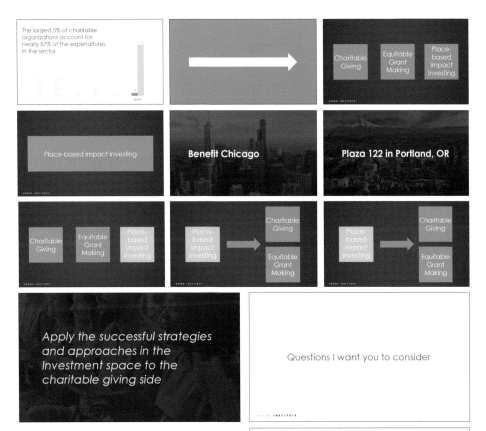

上に挙げたスライドは、30分間の質疑応答の際にスクリーンに表示されたもの。ディスカッションに続き、スピーカーは、この講演の後、参加者に考えて欲しいことを質問形式にして呼びかけた。質問は一度に一つずつスライドに表示した。質疑応答の後、内容を手短にまとめたり、最後の挨拶に移る前に聴衆に行動を呼びかけたりすると効果的だ。

ファクトフルネス
（訳注：データや事実に基づいて世界を正しく見る習慣のこと）

このスライドデッキ（www.gapminder.orgから無料でダウンロードできる）は、デザインをシンプルにする上で良いお手本になるだけでなく、ハンス・ロスリングの著書『FACTFULNESS：10の思い込みを乗り越え、データを基に世界を正しく見る習慣』の概要を知ることができる。次のスライドを見ると分かるように、各タイトルスライドには、10項目の要点のうちの一つが表示され、各要点は3段階のスライドで構成されている。ギャップマインダー財団のウェブサイトは私のお気に入りだ。ここに載せたスライドデッキのほかにも、十種類以上のプレゼンテーション用スライドデッキがいずれも無料で公開されている。これらのデッキは、過去に一般公開のプレゼンテーションやTED talksなどで使用されたもので、有益なものばかりだ。詳しくは、www.gapminder.org/factfulnessを参照して欲しい。

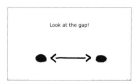

日本の温泉入浴エチケット

次に紹介するのは、日本の大学で学ぶ留学生を対象としたオリエンテーションで使用したものだ。これらのスライドは、私の短いスピーチが加わることで意味を成すように意図されている。しかし、トピックがシンプルな上に、1枚のスライドに要点を一つずつ表示する方法にしたので、このまま印刷しても理解できるようになっている（それでも、細かい重要事項は抜け落ちてしまうだろう）。私がベクターアートのグラフィックを使用したのは、品質を落とさず、簡単にサイズ変更できるためだ。背景色と文字色は、元のアートワークの色に合わせた。デッキ全体でシンプルな要素と色使いが繰り返され、統一感のある明るくやさしい印象を与えている。

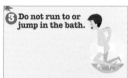

高橋メソッド

高橋 征義

Webアプリケーション開発者

www.rubycolor.org/takahashi

高橋 メソッド

プレゼン テーションの 一手法

特徴

巨大な 文字

簡潔な 言葉

歴史

PowerPoint は持ってない

HTML

文字だけ で勝負

せめて 大きく

利点

4つ

（1）

見やすい

（2）

表現が 簡潔に なる

（3）

発表 しやすい

高橋征義はちょうどこの本の初版が出版された頃、日本の技術系プレゼンテーションに新機軸をもたらしたプログラマーである。高橋はスライドに文字しか使わない。ただし、それは普通の文字ではない―巨大な文字だ。黒々としたインパクトのある文字。1枚につき数文字しか書かれていないスライド。開発者本人によれば、高橋メソッドに使われる単語やフレーズは、「日本の新聞の見出しに似ている」という。いちいち読まなくてはならない文章とは違って、見ただけでスッと頭に入るのだ。彼のスライドはテキストのみで成り立っているものの、「瞬時に理解でき、スピーチをうまく盛り上げている」という点で、視覚効果がとても高い。「箇条書きや長々とした文章でスライドを埋めてしまうと、聴衆はそれを読むのに必死で、肝心の話を聞き逃してしまうかもしれない」彼はそう語る。

たけひめ (Kitchen Princess Bamboo)
和食のレシピを紹介する YouTube チャネルを開設し、世界的な注目を集める

緒方亜希野
YouTube クリエイター、作家
http://princessbamboo.com
スライドデザイン：野田恵子 / *Gracefield.com*

　緒方亜希野は、我が家が長年、家族ぐるみでお付き合いしている友人である。彼女は現在、有名なYouTubeクリエイターとしてだけでなく、シェフ、作家としても活躍している。2012年、自身の経営する洋菓子店がまだあまり知られていなかった頃、彼女に大きな転機が訪れる。私たちの住む、奈良県生駒市の「新しいお土産制作コンテスト」で見事グランプリを受賞したのだ。当地はきれいな水、竹、そして日本酒の産地として名高い。そこで彼女は、これらの3つの要素すべてを結びつけ、その名も「たけひめプリン」という美味しいプリンを開発したのだ。

　コンテストの審査員は、緒方をグランプリに選出した理由について、「たけひめプリン」の品質もさることながら、彼女が披露した素晴らしいプレゼンテーションにあったと話す。緒方は、私の書いた『プレゼンテーションZen』を読み、プレゼンテーションについて学んだ後、地元のグラフィックデザイナーである野田恵子と手を組み、ここに掲載した魅力的なスライドを完成させたのだ。デザイナーのNodaにとって、プレゼン用のスライドを作るのは初めての経験だった。しかし、高品質の画像をふんだんに使用し、印象的なストーリーを紡ぎだしている。グランプリの受賞以来、緒方のビジネスが成長し、彼女の影響力が世界に広がっていくのを目の当たりにし、私自身とてもうれしく思う。もちろん、それは入念な準備を怠らず、後の本格的な起業へとつながった、彼女自身のプレゼンテーションによる部分が大きい。

たけひめプリン

4個入り¥1,000−

たけひめプリン

贈答用竹かご¥300〜

たけひめ

たけまるくん

酒粕スティック

酒粕かすてら

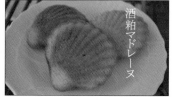

酒粕マドレーヌ

伝統的な
生駒

新しい
生駒

伝統的な
生駒と
新しい
生駒との融合

たけひめプリン

たけひめ

もし私が、ガー・レイノルズの「プレゼンテーションZen」アプローチを知らなかったら、グランプリを受賞することも、YouTubeクリエイターとして成功することもなかったでしょう。『プレゼンテーションZen』で学んだ教訓は、プレゼンテーションはもちろん、魅力的な動画の作成にも活用しています。

―― 緒方亜希野

落書きする人、集まれ！

サニー・ブラウン

www.sunnibrown.com

　　サニー・ブラウンは、ベストセラー作家で、ビジュアル思考の専門家であり、「落書き革命」の指導者でもある。2011年、TEDのプロデューサーらの発案でTED talksに6分間のプレゼンテーションのコーナーが新設された。サニーはその最初のスピーカーの一人として登壇した。とはいえ、そこまで短いスピーチを作成するのは容易な作業ではない。「6分間(のプレゼンテーション)にまとめるという最終目標を達成するのに、4カ月かかりました。その間、ほぼ毎日作業に没頭しました」そう彼女は話す。「それまで経験した中で一番短いプレゼンテーションをデザインする作業は、試行錯誤の連続でした。何から手を付け、どこを目的地にするか。途中でどの経路をたどるべきか。それこそ何十というパターンを試しました。私には、要約すべき研究が山のようにあったのです」。サニーは、自分が伝えたいメッセージをシンプルなストーリーにした。このスライドには、彼女自身がグラフィックタブレットに書き込んだイラストが使われている。彼女のプレゼンテーションのテーマを考えると、それは理にかなっている。

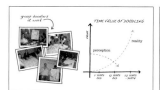

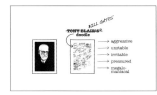

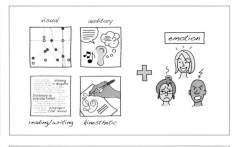

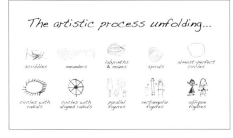

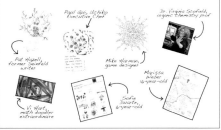

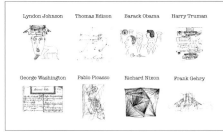

医学シンポジウムで聴衆を魅了する

　アンドレアス・アインフェルトは、2メートルを超える身長を持つスウェーデン出身の若い医師である。彼は人とは違ったプレゼンテーションを行うことに意欲を燃やしていた。私が初めて彼に会ったのは、パリで開催された「プレゼンテーションZen」セミナーの場だった。アンドレアスは、重要な仕事を成し遂げ、大きな影響を与えている人物の好例である。彼は自らの知識や経験を用いてこれまでの常識に疑問を投げかけ、世の中に劇的な変化をもたらしている。「今こそ健康革命の時代だ」アンドレアスは言う。この革命を実現し、メッセージを広めるためには、聴衆を魅了するプレゼンテーションスキルが必要になってくる。彼は早くからその事実に気付いていた。そして、2011年度のAncestral Health Symposium（進化という観点から健康を考えるシンポジウム）において、印象的なプレゼンテーションを披露している。

　このときのプレゼンテーションは目を見張るものだった。しっかりした構成とスムーズな進行によって、論旨を裏付ける根拠を十分に示していた。それに、彼の友人の個人的なエピソードと、信頼のおける専門家によるデータや引用句とのバランスをうまく取っていた。もちろん、彼自身の個人的な体験談も盛り込まれている。アンドレアスは、今でこそ素晴らしいパフォーマンスを披露しているが、かつてはこれほど魅力的なプレゼンターではなかった。なぜ大変身することができたのか？　私は彼にその理由を聞いた。

　「医学界では、眠気を誘う退屈なプレゼンテーションは決して珍しくない──むしろ、それが当たり前になっている。もちろん、これは朗報だ。なぜなら、ほんの少しプレゼンテーションを改善するだけで、人より目立つことができるからだ。2008年ぐらいから、低炭水化物食に関するプレゼンテーションを行う機会がだんだん増えてきた。その頃、周りからこう指摘されたんだ。聴衆に向かってただスライドを読み上げるのはベストなやり方じゃないってね。当時の自分のプレゼンテーションスキルは、平均的な医師と同レベルか、あるいはそれに劣るほどひどいものだった（わずか3年前の話だ）。そこで、プレゼンテーションを改善するために、いろんなサイトを検索したり、YouTubeで動画を見たりし始めたんだ。そしてすぐに『プレゼンテーションZen』ウェブサイトにたどり着いた。僕はサイトのあらゆる記事を読みまくり、『プレゼンテーションZen』シリーズや、ナンシー・デュアルテの著作、サイトで薦められていた本のほとんどを読破した。さらにその後、スウェーデン語で約150回、英語で4回のプレゼンテーションを実践してきた。たった3年

で、僕のプレゼンテーションスキルは『最悪』から『かなりのレベル』にまで上達したんだ（母国語以外でもそれを達成できた）。10年後、自分のスピーチがどんな進歩を遂げているか、想像もつかないね」

　アンドレアスが語ったプレゼンテーションの準備法は以下の通りである。まずホワイトボードにポストイットを貼りながらブレインストーミングを行う。次に、一番大切なアイデアを選び出し、それらをグループ化して、いくつかのメッセージを作り上げる。その後、各アイデアを最も適切な順序に並べていく。下に載せたのは、彼の45分のプレゼンテーションで使われた100枚のスライドのうちのほんの一部である。

この2枚のスライドは、プレゼンテーション冒頭でテーマを紹介するために使われた。「肥満が蔓延し始めたのはつい最近のことだ」というのがそのテーマである。

次に、アンドレアスはCDC（アメリカ疾病対策センター）による統計データを14枚のスライドを使って紹介した（ここにはそのうちの4枚を載せている）。スライドのアメリカ地図（各年度の州別の肥満率を色分けして示したもの）の変遷は、27年の間に肥満率が劇的に増加したことをまざまざと実感させてくれる。

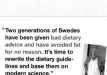

自分の主張を裏付けるために信頼のおける人物の言葉を引用することは、有効なプレゼンテーションテクニックの一つである。アンドレアスはこのスピーチの中で数回にわたって引用句を紹介している。スライドには大きな文字が使われ、キーフレーズが赤で強調されている。このシンプルで明快なデザインのおかげで、部屋の後ろからでも引用句がはっきりと読める。

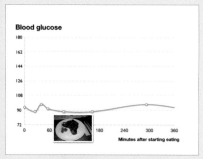

アンドレアスはここで個人的な事例を紹介している。スウェーデンで手作りの低炭水化物・高脂肪食をとった後、彼は自分の血糖値を調べてみた。すると、血糖値はむしろ安定したままだった（上記のグラフはその事実をはっきりと示している）。

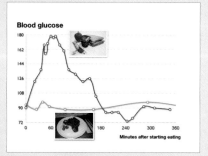

次に、彼はさきほどの食事と、ストックホルムの肥満会議で提供された砂糖たっぷりの高炭水化物食（なんとも皮肉なことである）を比較してみた。すると、ご覧のような驚くべき結果が出た。このエピソードはアンドレアの個人的な体験であるにも関わらず、多くの聴衆の共感を呼んだ。それはまさにシンプルかつ明快で、ビジュアル度の高い解説だった。

イノベーションとは何か

クレメント・カザロット

数年前、私はフランス・パリで開催されたあるカンファレンスでクレメント・カザロットと出会った。彼のプレゼンテーション全体、特にビジュアルに感銘を受けた。ここにはそのごく一部しか載せていないが、スライドは、見ての通りすべて手書きである。これは、ビジュアル面で他のプレゼンテーションと一線を画している。当時も今もスライドを手書きすること自体、珍しい。手書き風にしたいなら、グラフィックタブレットを使えばいい。しかし、クレメントが使ったのは、本物のノート、つまり白い紙と黒のインクだ。さらに写真編集アプリで色を反転させた。こうして黒板に白のチョークで描いたように見えるイラストが完成した。

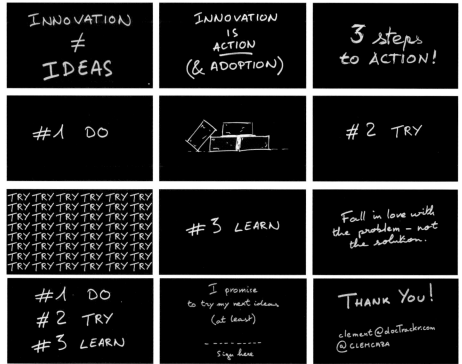

21世紀型の学びと生徒による
プレゼンテーションの役割

最近、私は、あるコンベンションに招かれ、数百人の日本の先生方を前に、「生徒によるプレゼンテーション」をテーマにした英語のプレゼンテーション（通訳付きではあるが）を披露した。会場のスクリーンはアスペクト比が16：9の、大きな文字と映画のようなビジュアルが投影できるとても大きなスクリーンだ。全部で約100枚のスライドの中から、冒頭から25ページ分のスライドをここに紹介しよう。

ビル・ゲイツが大型で迫力のあるビジュアルを使ってプレゼンテーションを披露する。

まとめ

　優れたビジュアルはスピーカーのメッセージを引き立てる。ここに挙げたスライドは、画像とテキストという組み合わせが持つ可能性の大きさを物語っている。技術的に言えば、これらのスライドを作るのは決して難しくない。PowerPointかKeynote、そしてAdobe Photoshop Elementsのような画像編集ソフトさえあれば十分だ。スライドやその他のビジュアルをどのようにデザインするかは、その場の状況やコンテンツ、聴衆によって全く異なってくる。しかし、以下のことは念頭に置くべきである。

● デザイン上の優先順位がはっきりしたシンプルなビジュアルを作成しよう。そうすれば、見る人の視線をうまく誘導できる。

● 部屋の一番奥にいる人のためにデザインしよう。どの座席に座っていいようと理解できるように、すべてのビジュアル要素を見やすく工夫すること。

● ビジュアル上のテーマを持とう。ただし、使い古されたテンプレートは避けること。

● 写真やテキストを使う際は聞き手の興味を引くように工夫しよう。ただし、常に要素のバランスを取ることを忘れずに。

● 箇条書きは制限するか、一切使わないようにしよう。

● 高品質のグラフィックスを使おう。

● 複雑なグラフィックスは数枚のスライドに分割し、分かりやすく説明しよう。

●「最小の手段で最大の効果を生む」ことを考えよう。

● 空白を意識し、それを使ってより明確なビジュアルを作り上げるようにしよう。

delivery

実　施

今、この場にいること。
他の場所に行くのは後にすること。
それはそんなに難しいことだろうか？

──デヴィッド・バーダー

8

完全にその場に
集中すること

　我々は、さまざまな中断や注意散漫に満ちた時代に生きている。誰かに面と向かって話をするとき、相手が携帯電話をチェックしていて「心ここに在らず」だったり、なぜか会話に参加してこなかったりすると、不愉快な気分になるものだ。しかし我々は、聴衆やトピックに完全に集中していないプレゼンターのスピーチに我慢することには慣れっこになってしまっている。プレゼンテーションを行う際に最も大切なのは、その瞬間に完全に集中することだ。よいプレゼンターは一瞬一瞬に全力を注ぎ、今、この場所を聴衆と分かち合うことに情熱を傾けようとする。彼にも何か差し迫った問題があるかもしれない（誰だってそうだ）――しかし、よいプレゼンターならそうした問題を脇へ追いやり、完全にその場に集中するのだ。プレゼンテーションの際に、頭の中が心配事で一杯で、今、この場所に集中できないという事態は避けねばならない。心が「どこか他の場所」に行っている人間と本当の会話を交わすことは不可能だ。同様に、あなたの心が「どこか他の場所」に行っていては、真に優れたプレゼンテーションを行うことは不可能である。

　禅の世界から学ぶことのできる最も基本的なものの一つが、集中^{マインドフルネス}である。瞑想（座禅）との関連で集中^{マインドフルネス}という言葉を耳にしたことのある人もいるだろう。禅の興味深いところは、それが現実世界から切り離されたものではないということだ。禅は日常生活と「信仰生活」を区別しない。瞑想は決して現実からの逃避ではない。実際、日々の単純作業でさえ瞑想の手段になる。自分の行動や判断は、頭の中の一種のプログラムに基づいた、単なる自動的な反応にすぎないことに気付けば、余計な考えを追い払うことができる。例えば、皿を洗うときは、嫌がらずに、皿を洗うことに集中しよう。手紙を書くときは、手紙に集中するべきだ。そして、プレゼンテーションをするときは、プレゼンテーションに集中するべきである。

集中とは「今」「この場所」そして「一瞬一瞬を意識すること」に関わるものである。真の集中に近づくことは誰にでも可能だが、それを手に入れることは決して簡単ではない。今日の我々の生活はとても尋常とは言えない。仕事や個人的な付き合いをこなし、電子メールや携帯メールに対応する。ソーシャルメディアにアクセスし（あるいは気を取られ）、ケーブルテレビのニュースに年がら年中翻弄されている。頭の中はさまざまな思いや悩みで一杯になっている。悩みほど最悪なものはない。なぜなら、それは常に過去と未来——現在には存在しない２つのもの——に関するものだからだ。日々の暮らしにおいても、仕事（プレゼンテーションを含む）においても、我々は雑念を払い、たった一つの場所——「この場所」——に集中するべきである。

（写真提供：ジャスティン・サリヴァン／iStockphoto.com）

スティーブ・ジョブズと剣術

　第5章で述べたように、スティーブ・ジョブズのプレゼンテーションの手法は、シンプルでありながら素晴らしいものだった。彼のスライドは常に無駄が一切なく、視覚的効果が抜群に高い。スティーブはすべてのスライドと視覚効果を自分の手で進めながら、美しいビジュアルをスムーズに操っていく。彼自身がスライドを進めているという事実は誰にも意識されることがない。スティーブのスタイルはくだけた会話調であり、ビジュアルと彼の言葉のタイミングはぴったり合っている。彼のプレゼンテーションはしっかりとした構成に基づき、スムーズに進行していくため、我々はまるで小旅行に連れて行かれたような気分になる。彼は気さくで、伸び伸びとしていて、自信に満ちあふれていた（そのおかげで人々はリラックスできた）。スティーブは人を引き付けるような情熱をみなぎらせてはいたが、決して度を越したりしなかった。

　それはとてもスムーズで自然に見えた。あまりにも簡単そうなので、そういったパフォーマンスはスティーブから自然に湧き出てくるものだと思われがちだった。生まれながらのカリスマを生かして聴衆にアピールすることは彼にとってたやすいことだろう──我々はそう考えていた。だが、それは間違いだった。彼がカリスマ的な人物であるのは確かだが、マルチメディアを使ってプレゼンテーションをしたり、ましてライブデモを行ったりすることを、何の準備もなしにできる人間がいるとは思えない（それを実行したCEOは何人いるだろうか）。スティーブ・ジョブズのプレゼンテーションがあれほど素晴らしく、魅力的だったのは、彼とそのチームが凄まじいまでの準備や練習を重ね、いとも「簡単」に見えるように努力していたからなのだ。

　ステージに立っているとき、スティーブは一人のアーティストだった。どんなアーティストでもそうだが、彼もまた練習や経験を通じて技術や手法を磨いてきた。しかし、熟練したアーティストと同様に、パフォーマンスの最中は、技術や手法、さらには成功や失敗のことは全く頭になかった。人は成功や失敗のことを思い浮かべたとたん、心に隙のできてしまった剣士のようになる。ほんの一瞬、技術や勝敗のことが頭をよぎるのだ。その瞬間、剣士は試合に敗れる。逆説的に思われるが、パフォーマンスの途中で成功や失敗、あるいは成果や技術に関して思いをはせた瞬間に、我々は失敗への道を歩み始めているのである。スティーブ・ジョブズの手法は、「今」「ここ」だけに集中することで、聴衆との一体感が高まるという事実を思い出させてくれる。

無心の心

　剣士がその一瞬に集中し、無の境地（無心の心）に達しているとき、怖れから生じる感情は消え、勝敗のことは頭に浮かばず、剣を使っていることさえ意識しなくなる。『Zen and Japanese Culture』（Princeton University Press）において、鈴木大拙はこう語っている。「無意識の手の中で人間と剣の双方が道具に変化する。無意識こそが、創造性の驚異を実現するのだ。ここに至って剣術は芸術となる」

　剣術の極意は、技術の習得を超越し、「無心」の境地に達することの中にある。「無心」とは、心を捨て去りながら、一方ではそれを捨て去っていない状態である。あらゆる芸術に取り組むとき、さらにはスポーツの試合に臨むとき、人は余計な自意識やエゴを捨て去り、目の前のことに全力を尽くさなければならない。その際には、鈴木が述べているように「……あたかもその瞬間に何も特別なことが起こっていないかのごとく」ふるまうべきである。「無心」でパフォーマンスをするとき、人は抑圧や不安から解放され、その瞬間に完全に没頭できる。芸術家はこの精神状態を知っている。音楽家や一流のアスリートも同様である。

　スティーブのプレゼンテーションは誰もが待ち望んでいるイベントであり、成功へのプレッシャーはかなり大きかったはずだ。一つ一つのプレゼンテーションには重大な責任がかかっており、Apple社の内外での期待も高まっていた。こうした状況の中でスティーブが活躍できたのは、彼が事態の深刻さを頭から追いやり、ひたすら目の前のことに没

頭していたからである。そうした意味で、彼は「不動心」によって生死にとらわれなくなった剣の達人に似ている。彼は心の平静を保ち、その場に完全に集中することができる。鈴木はそれをこう表現する。「水は常に動いているが、月は静けさを保っている。心はあらゆる状況に反応して動くにも関わらず、同じ状態を保っている」

技術的な訓練は重要である。しかし、技術とは後天的に獲得されるものであり、しかるべき精神状態を伴わない限り、そこには常に不自然さが付きまとう。鈴木は言う。「技術を利用する心が、何らかの形で究極の流動性と調和していない限り、努力して身につけたり、後から付け足されたりしたものは、ひとりでに身についた能力のような自然さに欠けている」

こうした意味で、指導者や書籍はプレゼンテーション能力の向上に役立つものの、究極的にはその他の芸術と同様に、あなたのパフォーマンスは心の中から自然に湧き上がってくるものでなければならない。

人は技術と適切な手法を身につけ、規範を知る必要がある。そして練習に練習を重ねなければならない。準備段階において努力を尽くし、題材を完全に自分のものにできれば、プレゼンテーションというアートを行うことが可能になる。適切な精神状態、つまり「無心」を手に入れることで、より自然なパフォーマンスが生まれるのである。

その一瞬に没入する

　プレゼンテーションやパフォーマンスの最中に、その瞬間に完全に没入し、我を忘れてしまった経験はないだろうか？　自分の居場所を見失ったという意味ではない。過去や未来のことを忘れ、その一瞬に完全に集中した結果、自分のトピックへの熱意が聴衆にそのまま乗り移っていくのを実感したという意味だ。これこそが真の一体感である。

　ブレンダ・ウェランドは『本当の自分を見つける文章術』において、その一瞬に集中することの大切さを語っている。それによって創造力を最大限に引き出し、聴衆に最高のインパクトを与えることができるのだ。創造力を生かすことやその場に完全に集中することは、知的な活動というよりは、むしろ直感的な活動である。ウェランドはこうした創造性や一体感を、素晴らしい音楽演奏に例えている。

　例えばピアノのような楽器を演奏する場合、何気なく演奏しているときもあれば、演奏に完全に没入しているときもある。目標は楽譜をなぞることではなく、美しい音楽を奏でることだ。演奏との距離を置くことではなく、演奏に没頭することである。優れた音楽家は（技術的には必ずしも完璧とは限らないが）演奏に没入しきっている。プレゼンテーションにも同じことが言える。目標は、その瞬間に完全に集中することだ。完璧な

技術を身につけることは不可能かもしれない（それは望ましいものでもない）。しかし、芸術家（あるいはプレゼンター）がその一瞬に完全に没入するとき、聴衆と彼との間には、ある種の完璧な一体感が存在している。

　ウェランドは言う。「あなたが演奏に没入しているときのみ、聴衆は音楽に耳を傾け、それに感動するのである」。演奏について頭で考えたり、所定のルール（楽譜や指示）に従ったりするのではなく、完全に演奏に没入しているからこそ、音楽に本物の迫力が備わってくる。我々が心を打たれるのは、演奏者自身が本当に感動していることが伝わってくるからである。これはプレゼンテーションにも当てはまるのではないか？　あなたのプレゼンテーションに説得力があるのは、周到な準備や理路整然とした説明のせいだけではなく、あなた自身がそのトピックに強く心を動かされているからである。自分のメッセージを完全に信じ切ることができなければ、誰もそれを信じてはくれないだろう。あなたは自らの主張を固く信じ、観客を引き付けるという行為の中に完全に没入しなければならない。

「水は常に動いているが、月は静けさを保っている。
　心はあらゆる状況に反応して動くにも関わらず、
　同じ状態を保っている」

———鈴木 大拙

プレゼンテーション動画を作成する

　PowerPointには（あるいはほかのアプリにも）、話し手の映像とナレーションをスライドショーに取り込み、高品質の動画として保存する機能がある。これによって、視聴者は自分の都合に合わせていつでもその動画を再生できる。ただしこの場合、話し手の顔は、スライドの大きさに比べて小さなウィンドウに映し出される。2020年、新型コロナウィルス（COVID-19）の感染拡大を受け、学校がオンライン授業に切り替わると、学生たちが作成したこのような動画を見る機会が増えた。教室で彼らが披露していたプレゼンテーションと違い、スライドショーを使った動画は魅力的とは言い難い。そこで、私は学生たちにピクチャーインピクチャー（PIP）［訳注：画像や動画の上に別の画像や動画を重ねて表示する手法］を使用するよう提案した。ビデオフレームに映し出される自分自身を主人公にし、スライドはあくまでナレーションを引き立てる脇役とするよう促したのだ。

文字がぎっしり詰まった退屈なプレゼンテーションの典型的な例。これは、PowerPoint の「スライド ショーの記録」機能で録画・保存されたものだ。PowerPoint の初期設定のせいで、プレゼンターの顔が、スライドよりもずっと小さなウィンドウに映し出されるのがわかる。

こちらも、PowerPoint の「スライド ショーの記録」機能を使用している。左の画面と比べると、デザインが大幅に改良され、パッと見て分かりやすく、ナレーションを引き立てるビジュアルになった。ただし、プレゼンターの映像は小さいままで、スライドの脇役に成り下がっている。

これは、プレゼンターが話している姿を録画し、動画編集ソフトウェアのピクチャーインピクチャー（PIP）ツールを使ってスライドを重ねたもの。上2枚の画像に比べ、プレゼンターの存在感は増しているものの、デザインに改良の余地がある。情報量が多すぎて、プレゼンターのナレーションを引き立てる役割を果たしていないからだ。

こちらの方がずっといい。視聴者はプレゼンターの顔がよく見え、その横に適切なタイミングでスライドが表示されていくので、無理なくスライドを参照できる。これは、テレビでニュースが放送されるようになった時代から取り入れられている、とても馴染みのあるビジュアル作成法だ。

「スリー・ビデオ法（3-video method）」でシンプルなプレゼンテーション動画を作成する

　テレビのニュース番組のようなスタイルで動画を作成する方法はたくさんあるが、とてもシンプルなやり方を紹介しよう。私が「スリー・ビデオ法」と呼んでいる方法だ。これなら、教室やオフィスでプレゼンができなくても、自宅に居ながらビジュアルを使ったプレゼンテーションが簡単に実現できる。やり方は、（1）スマートフォンのカメラ（ビデオカメラがあればなお良い）を使って自分がナレーションする姿を録画し、プレゼンテーションの導入部（イントロ）を作成する。（2）PowerPoint（またはKeynoteなど）を使って本編のスライドにナレーションをつけ、動画として保存する。（3）（1）と同様に、スマートフォンかビデオカメラを使って、プレゼンテーションのまとめ（サマリー）や所感、「次回もまたお会いしましょう」といったあいさつ（エンディング）を述べている姿を録画する。あとは、この3つの動画をiMovie（または、手持ちの動画編集アプリなら何でも構わない）で統合すればよい。カメラで撮影したイントロとサマリー（またはエンディング）の長さはいずれも1分未満にし、PowerPointなどでナレーションをつけて保存した本編のスライドショーは8分程度にする。これらを動画編集アプリで統合し、タイトルを付けて保存する。必要に応じて、BGMなどを加えてもよいだろう。

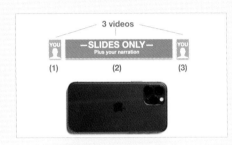

左のスライドは、私が「スリー・ビデオ法」を紹介するときに使用しているもの。プレゼンテーションのはじめから終わりまで「ずっと自分の姿を映し続けるのは避けたい」という人は、少なくともこの方法を使えば、「イントロ」と「エンディング」の部分だけ、自分がナレーションする姿をカメラで撮影すればよい。次に、PowerPointかKeynoteを使って、スライドにナレーションと切り替えのタイミングを記録し、動画として保存する。こうして作成した3つの動画を、動画編集ソフトウェアを使ってイントロ〜エンディングの順につなげていけば、最小限の作業で見栄えの良いプレゼンテーションが完成する。

　下に紹介する画像は、YouTubeで視聴できるプレゼンテーション動画(タイトルは「Example of a Simple, Visual Presentation Using a Slide Recording, iMovie, & Smartphone Video」。英語版のみ)から抽出したものである。私はiMovieでこの動画を作成したが、基本的に動画編集ソフトウェアなら何を使ってもかまわない(例えば、DaVinci Resolveはプロ仕様の本格的な動画編集ソフトウェアで、Windows版、Mac OS X版、Linux版(2021年4月現在)が無料でダウンロードできる。www.blackmagicdesign.com/jp)。

この動画はイントロが約30秒。iPhone 7 Plusで撮影したものだ。編集の際にiMovieのピクチャーインピクチャー機能を使用して、私の肩越しに1〜2枚のスライドを表示させている。もちろん、ピクチャーインピクチャー機能を使わず、自分が映る動画だけを使用する方法もある。

この動画の大半を占めるのは、私自身のストーリーを紹介するナレーションと約30枚のスライドである。Keynoteで作成したスライドが切り替わるタイミングに合わせて自分の声を録音した。こうして、ナレーションとタイミングを記録したスライドは、高品質の動画としてエクスポート［訳注：別のアプリで利用できる形式にして保存すること］できる。

iPhoneで録画したイントロとエンディングは合わせて45秒ほど。後からiMovieを使って背景に別の画像を合成するために［訳注：一般に「クロマキー合成」と呼ばれる］、背景を緑色にして自分自身の映像を録画した。ただし、これも必須ではない。要は、ストーリーを語るあなた自身が映るシンプルな動画が作れれば十分だ。

オンラインのライブプレゼンテーションをさらに魅力的にする方法

　Teams や Zoom などのビデオ会議アプリでスライドを表示する場合、プレゼンターは見るからに小さな別ウィンドウに映し出され、しかも画面の脇に追いやられている。これでは、視聴者とうまくコミュニケーションが取れるわけがない。そうではなく、画面にプレゼンターの顔をもっと大きく映し、スライドはあくまで、伝えたいメッセージを増幅するための脇役にしてほしい。

　例えば、Teams には「発表者モード」という新機能がある［訳注：正式版への搭載は 2021 年 5 月以降の予定］。これは、ピクチャーインピクチャー（PIP）効果を使って、より魅力的なビジュアルプレゼンテーションやレッスン画像を作成できるようにする機能だ。さらにこの発表者モードには、発表者が切り抜かれてプレゼンテーションの前面にオーバーレイされる「スタンドアウト」と発表者の前にプレゼンテーションが表示される「横並び」の 2 つのモードが用意されている。操作はまず、「コンテンツ共有」をクリックして、発表者が映り込まないときは発表者モードから「コンテンツのみ」を、発表者やスライドに PIP 効果をつける場合は「スタンドアウト」か「横並び」を選択する。あとは画面全体をプレゼンテーションの画面として使うか、どれか固有のアプリの画面だけを使う「ウィンドウ」から任意のアプリを選択するだけだ。Zoom にも同様に「バーチャル背景としてのスライド（または PowerPoint）」という機能がある［訳注：バージョン 5.2 以降の機能］ので、使ってみるとよいだろう。大切なのは、あなた自身のオンライン映像をスライド横の小さな別ウィンドウに映し出すことではない。どんな機能やツールを使おうと、あなた自身の映像とスライドを同じフレーム内にバランスよく配置して、学生や他の参加者からはっきり見えるようにすることだ。

Teams「発表者モード」の「スタンドアウト」と「横並び」。3 つ目のモードとして「リポーター」モードも近々搭載予定であり、他にも「ダイナミックビュー」「ビュー スイッチャー」などの新機能が Teams にて搭載され始めている。Teams も Zoom も、クラウドサービスとして提供されていることもあり、常にアップデートと改良が行われている。怖れずどんどん使ってみよう。

細かい情報を盛り込んだ複雑なスライドを表示する必要があるときなど、Teams や Zoom の「画面共有」機能［訳注：スマートフォンや PC の画面を他のユーザーとリアルタイムで共有する機能］を使う方がよい場合もある。ただし、上の写真のように図表内の要素が大きくて見やすいときには、「バーチャル背景としてのスライド」機能を使う方がより効果的かもしれない。

Zoom の「バーチャル背景としてのスライド」を使用すると、プレゼンターはいわば番組の主役のような存在になれるし、視聴者も思わず引き込まれるような体験が得られる。上のスライドはシンプルで見やすく、プレゼンターのナレーションを引き立てる。

3分割法を使ってあなた自身と画像をフレーム内に配置する

　さまざまな国のニュース番組をチェックすると、キャスターが常に画面の左側にいる場合もあれば、手前に表示されるビジュアルの右側にいる場合もあることに気づくだろう。最も大切なのは、ピクチャーインピクチャーを使ってプレゼンテーション動画を作成するなら、あなた自身を画面の3分の1ほどのスペースに配置し、残りの3分の2は余白にすることだ。そうすれば、スライドやその他のビジュアルを、周囲にゆとりを持たせ、はっきり見える場所に配置できる。あなたとカメラとの距離が非常に近いときは、あなたの目の高さを画面の上部から3分の1のラインに合わせるとよい。そうすると頭頂部から画面の最上部との間にわずかな隙間ができる。一方、カメラからやや離れているときは、画面に映し出されるあなたの目の位置がやや高めになっていてもかまわない。これは必ず守らなければならないルールではなく、あくまで人物を画面のフレーム内にバランスよく映し出せるようにするための、一般的なガイドラインである。

プレゼンターはカメラから近い位置にいる。プレゼンターの頭頂部とスライドの上端の高さはほぼ同じで、頭の上のスペースはゆとりがある（かといって、空きすぎでもない）。

左の画面（フレーム）を赤い線で縦横3等分に区切ってみたところ。人物の目の位置は、フレーム上部から3分の1のグリッド上にある。また、人物の左側にスライドを表示するための十分なスペースが残っている。

今度は、人物がカメラからやや離れた位置にいる。仮にこの人物の目の高さを一番上のグリッド（フレームの上から3分の1の高さ）にぴったり合わせるとしたら、上半身がフレームの下の方に偏って見えるだろう。

左の画像に縦横3分割のグリッドを当ててみると、一番上のグリッドに人物の顎が載るようにすると、よりバランスよく感じるのが分かる。頭上には、空きすぎではないが、十分なスペースが残されていることに注目してほしい。

私がYouTubeで配信している、ある動画プレゼンテーションから切り出した静止画像。人物の目の位置は、必ずしも一番上のグリッドにぴたりと合わせる必要はない。しかし、あなたのスピーチをビジュアルで補完するときに3分割法の原則に従えば、フレーム内でバランスの取れた映像を生み出せることに注目しよう。

柔道に学ぶ

プレゼンテーションに関する最善のアドバイスは意外なところに転がっている。例えば、次の5つの原則を見てほしい。これらの指針は、効果的なプレゼンテーションを行うための優れたアドバイスになっている。

（1）自分自身、および自分の置かれた現状を注意深く観察する。
　　　他者や、周囲の状況をじっくり見極める。
（2）何事に関しても先手を取る。
（3）十分に考慮した上で、決断力を持って行動する。
（4）限度をわきまえる。
（5）中道を行く。

確かに賢明なアドバイスだ。しかし、これらは効果的なプレゼンテーションの原則ではない。それはジョン・スティーブンズが『Budo Secrets』(Shambhala Publications)において概説した、嘉納治五郎による柔道の5原則である。しかし、こうした原則は明らかにプレゼンテーションのデザインや実施にも応用できる。例えば、スピーカーが（4）の原則——限度をわきまえる——を取り入れていれば、もっとうまくやれただろうと思われるプレゼンテーションを目にした人もいるかもしれない。予定よりも話が長くなったり、短くなったりすることも時にはあるだろう。しかしそれは、その場の事情に基づき、（1）の原則——自分自身、および現状を観察し、他者や周囲の状況を見極める——に従って、意図的に決断されたものでなければならない。これらはこうした原則の応用法のほんの一例である。

嘉納治五郎は1800年代後半に講道館柔道を創始している。柔道は禅の原則に完全に基づいたものではないが、それは多くの人々によって禅の概念を見事に体現したものだと見なされている。私は柔道に打ち込んでいる人々を大いに尊敬している。柔道は単なるスポーツにとどまるものではない。柔道に取り組む人々にとって、その教えや知恵、そこで得られた経験は、人生のあらゆる面において、非常に奥深い形で役立つものである。

柔道の極意について、岡崎星史朗はこう語っている。「先入観を捨て、受容的な精神状態を育むことによってのみ、何の躊躇も抵抗もなく自然に体が反応するという秘術を会得できる」

こうした考えは柔道だけに限定されるものではない。自分が最近行ったプレゼンテーションで、思ったよりも苦戦を強いられたケースを思い出してほしい。もしかすると、予想以上の反論が返ってきたのかもしれない。「何の躊躇も抵抗もなく自然に体が反応する」状態を保ちながら、聴衆を引き付け、難しい質問に答えていたら、もっとうまくやれただろうか？　私の経験から言って、懐疑的な人間、さらには敵意や攻撃性に満ちた人間から難しい質問を投げかけられたときは、苛立ちや防御的な姿勢を見せるよりも、穏やかで自然な対応をした方が、常にうまく行く。挑発に乗って相手に突っ掛かるのは簡単だが、それは確実にプレゼンターとしての敗北につながるだろう。

「敵対者」への対処法

あなたにもいつか敵意に満ちた顧客や聴衆に出くわすときがくるだろう。彼らは真実を追究することよりも、あなたに恥をかかせたり、話を脱線させる方に興味を持っている。よくあるケースだ。忘れてはならないのは、彼らは決して敵ではないということである。敵がいるとすれば、それは我々の中にある。たとえ聴衆の一人が敵対者の役割を果たしていたとしても、苛立ちや怒りを見せることは、あなたにとっても、他の聴衆（その99％はあなたの考えを支持しているかもしれない）にとっても全く無益なことだ。

柔道の世界において、創始者である嘉納治五郎は敵への対処法についてこう語っている。「敵に対する勝利は、相手の力を甘んじて受け入れ、それに順応し、それを利用して、最終的に自分に有利な状態に持ち込むことによって達成される」

数年前、私が大勢の聴衆の前でプレゼンテーションを行っていたときのことである。プレゼンテーションは非常にうまくいっていたのだが、聴衆の一人がしょっちゅう的外れな意見を言って進行を妨げており、他の聴衆も苛立ちを感じ始めていた。腹を立ててもおかしくないような場面もたくさんあった（しかし私はそうしなかった）。「次にその男が話に割り込んできたら、スピーカーはきっと彼を怒鳴りつけるだろう」――聴衆がそう思っているのが分かった。はっきり言って、もし彼を怒鳴りつけたとしても、誰も私を責めなかっただろう。しかし、私は常にその男に対して敬意を示し、決して苛立ちや怒りを見せなかった（そして彼が話に割り込んできても、決してスピーチの流れを止めな

かった)。プレゼンテーションの後、数人の人々が妨害者に対する私の対応を褒めてくれた。皮肉なのは、その騒々しい男は私のパフォーマンスを妨げるつもりだったのかもしれないが、実際にはその逆の結果となったことである。相手に突っ掛かることなく（仮にそうしていたら、事態は悪化する一方だったろう）、自制心を発揮し、スピーチの流れを絶やさなかったことによって、私は聴衆の尊敬を得ることができたのだ。

貢献、およびその場に集中すること

　あらゆるプレゼンテーションはパフォーマンスである。そしてベンジャミン（ベン）・ザンダーはパフォーマンスというものを熟知している。ベン・ザンダーはボストン・フィルハーモニー管弦楽団の名指揮者としてよく知られているが、同時に真に才能ある現代のプレゼンターの一人でもある。彼のパフォーマンスは素晴らしい。実際、そのプレゼンテーションはあまりに感動的で有益なため、会社や組織に向けてリーダーシップや変革に関するスピーチを行うことを本業にしてもいいくらいである。

　2007年の春、私はダニエル・ピンクと共に大阪市街へ向かう列車に乗っていた。ダンからベン・ザンダーのことを聞かされたのはそのときだった。「いいプレゼンターはたくさんいる。しかし、ベン・ザンダーこそ、群を抜く才能を持った数少ない人間の一人だ」彼はそう語っていた。その日のうちに、私はロザモンド・ストーン・ザンダーとベン・ザンダーの共著『チャンスを広げる思考トレーニング』（日経BP社）を購入した。そして非常に感銘を受けた。ベン・ザンダーという人物を、スピーカー／プレゼンターという視点から見なおすという提案は、近年まれにみる素晴らしいアドバイスだった。皮肉なことに、私はその翌月、あるフォーチュン500企業に対してプレゼンテーションを行い、その場の誰もがザンダーの教えに精通しており、そのシンプルなアドバイスが社内に大きな影響を及ぼしていることを知った。

　ここに挙げたのは、ベン・ザンダーが聴衆に伝えている素晴らしいメッセージの一例である。彼は音楽について語っているのだが、その言葉はたいていのプレゼンテーションにも応用できる。

「ここが勝負所である——今こそ正念場だ。

つまり、我々は貢献することを求められている。それが我々の任務である。

いいところを見せたり、次の職を得たりすることが重要なのではない。

何かしらの貢献を果たすことが重要なのだ」

——ベンジャミン・ザンダー

　成功や失敗は必ずしも重要なわけではない。大切なのは貢献すること、そして、その場に完全に集中することである。「周りの評価はどうか？」「ちゃんと相手を説得できるだろうか？」といった問いではなく、「どうすれば貢献できるか？」という問いを投げかけるようにしよう。以下に挙げたのは、ベン・ザンダーが、才能ある若き音楽家の演奏を指導しているときに語った言葉である。「我々は貢献することを求められている。それが我々の任務なんだ……君がこの部屋にいる人々に情熱を捧げてくれたことは、誰の目から見ても明らかだ。『次のバイオリニストよりも上手かっただろうか？』とか、『彼の腕前はあのピアニストよりも上だろうか？』とか、そんなことはどうでもいい。貢献というものに優劣はないんだ！」

　ザンダー夫妻はこう語る。「周りの評価にこだわり、自分と他人を比較したり、『自分にはプレゼンテーションをする価値があるだろうか？』『他の誰かの方がうまくやれるのではないか？』と悩んだりするのはやめよう。むしろ、今、この瞬間、自分という存在は一つの贈り物であり、自分のメッセージは何らかの貢献を果たしていることに気付くべきである」。優劣は関係ない。今、この瞬間が全てだ。きわめて単純な話である。

　全てのプレゼンテーションにおいて貢献が重要視されるとは限らないだろう。しかし、ほとんどの場合、それは非常に大切な意味を持っている。実際、これまでに行ったプレゼンテーションの中で、何らかの意味で貢献に関わっていないものは一つもなかったと思う。その分野の専門家ではない人々に対して、専門知識を教えてほしいと頼まれたときは、「彼らにとって」何が重要で、何がそうでないのかを熟考すべきだ。いつもと同じプレゼンテーションで済ませてしまう方が確かに簡単である。しかし、大切なのは知識の深さによって相手を感心させることではなく、これから先もずっと役に立つような何かを伝えることなのだ。

情熱、リスク、左右にスイングしながら演奏すること

　ほとんどの文化において――とりわけここ日本では――ミスを犯すことは最悪だと考えられている。ザンダーは、競争を意識し、自分と他人を比較するのは音楽家にとって危険なことだと言う。なぜなら、それによって「偉大な演奏家になるために必要なリスクを冒すことが難しくなる」からだ。失敗を犯して初めて、人は自分の欠点を知り、どういった努力が必要なのかを自覚できる。誰もが失敗を嫌がり、安全策を取ろうとする。しかし長期的に見て、その道を究めたいと思うなら、これは最も危険なやり方である。ザンダーはミスに落ち込むのではなく、むしろミスを犯すたびに両手を突き上げ、大声で「いいぞ！」と叫ぶべきだと言う。また失敗したのか？ いいぞ！ 何か新しいことを学ぶチャンスの到来だ。また不運に見舞われたのか？ 気にするな！ 前向きに行こう。ミスにおびえながら、同時にその場に完全に集中することは不可能だ。

　「音楽を頭で理解し、ミスを犯すことなく演奏するだけではだめだ。その音楽が持つ真のメッセージを、感情を込めて伝えなければならない」ザンダーはそう語っている。ミュージシャンが真に演奏にのめり込み、誠心誠意で音楽を奏でることによって、言葉にできないほどの感動を聴衆に与えるとき、音楽はミュージシャンの体を貫き、その体を左右に揺らそうとする。このことに気付いたザンダーは、ミュージシャンたちに「片方のお尻だけで座っている演奏者」になるように命じた。つまり、両方のお尻でべったり座るのではなく、音楽に身を任せ、左右にスイングするように促したのである。もしあなたがミュージシャンで(あるいは、何らかのパフォーマンスを演じていて)、一瞬一瞬に完全に集中し、音楽の持つメッセージや聴衆との間に強い結びつきを感じているとしたら、「両方のお尻でべったり座って」などいられるわけがない。あなたは体を揺らし、音楽や聴衆と一体化しなければならない。感情を抑えてはだめだ。むしろ、自分が音楽(あるいはトピックやアイデア)に注いでいる情熱やエネルギーを聴衆に知らしめるべきである。

演奏に没入するジャズピアニストのジョン・ハナガン博士。大阪の人気ジャズクラブにて。奥はドラムを演奏する私自身。
(写真提供：ニコラス・パパジョルジュ)

自分を抑え、ミスを犯さないことだけを目指し、「両方のお尻でべったり座って」完璧な演奏をすることもできる。でも、そうではなく、「そんなのくそくらえだ！　自分はリスクを冒してやる！」と宣言し、個性や人間性や情熱を発揮しながら音楽にのめり込み、（体を左右にスイングしながら）おそらくは自分なりのささやかな方法で世界を変えてみせることも可能だ。真摯な心を持ち、体全体を使い、全身全霊を傾けて演奏しよう。そうすれば、聴衆と心を通じ合わせ、物事を変えることができる。ベン・ザンダーは、前述した本の中で、才能ある学生の一人に「片方のお尻だけで座っている」スタイルで演奏するように促したときの言葉を紹介している。「そういう風に演奏すれば、みんなは君に抗えなくなる。君の勢いに押されて、誰もが最高の演奏をしようという気持ちになるんだ」

深刻に考えず、前向きに行こう！

　「明るく、気楽にやろう。そうすれば周囲の人々まで明るくなる」ベン・ザンダーはそう語る。自分の仕事を真剣にとらえるなと言っているわけではない（仕事には真摯に取り組むべきだ）。常に真面目にやってはいけないというわけでもない（それは時と場合による）。しかし、間違いなく言えるのは、我々はつまらない自意識を捨て去る必要があるということだ。自意識を捨て、明るくやるためには、ユーモアを使うのが一番いい。

　パートナーシップ哲学の研究者であるロザモンド・ザンダーによれば、我々は生まれたときから常に周りの評価を気に掛け、愛情、気遣い、食べ物などの不足（それが世の習いである）について思い悩んでいるという。彼女はこれを「利己的自己」と呼んでいる。物や愛情は常に不足しており、我々は周りとの競争や比較に明け暮れている。こうした環境において、「我々は自意識過剰にならざるを得ない」とロザモンドは語る。大人になってどんなに成功を収め、自信がついたとしても、（周りの評価を気に掛け、物や愛情の不足を恐れる）「利己的自己」は相変わらず弱々しいままであり、全てを失う危険に怯えている。

　我々の目標は、欠乏と強迫観念と不全感の世界に生きている利己的自己から脱却し、豊かで可能性に満ちた、健全な価値観の形成を目指すことである。つまらない自意識を捨て去ること（これにはユーモアが大いに役に立つ）によって、「世界や自分自身の創造性」が見えてくる。幼い子供には理解できないこと——世界は自分の思い通りにはならないし、自分の願望を他人に押し付けることはできないということ——を理解できたとき、人は次第に自意識過剰から抜け出せるようになる。

ロザモンドによれば、明るく、気楽にやることを覚えれば、精神的な脆さがなくなり、物事に対する柔軟性が生まれ、未知の要素や新しい考えを抵抗なく受け入れることができるようになるという。人生という川の流れに逆らうのをやめ、スムーズに、そして優雅に流れに乗ってみよう。流れを押しとどめるのではなく、自分自身が流れに加わるのである。ユーモアは（どんなに困難な仕事を抱えているときでも）、本来の私たちは、決して子供じみた要求や打算にとらわれず、自信に満ち、他の人々を支え、元気付ける存在であることを周りに気付かせる素晴らしい手段だ。そして、プレゼンテーションは自分のそうした一面を人々に知ってもらう絶好のチャンスである。

まとめ

- 会話と同様に、プレゼンテーションの際には、「今」「ここ」だけに完全に集中する必要がある。

- 剣の達人のように、過去や未来のことを考えず、勝敗のことは忘れて、一瞬一瞬に集中するべきである。

- ミスを犯すこともあるだろう。だが、過去のミスにこだわったり、ミスを犯すのではないかと思い悩んだりするべきではない。今、この瞬間だけに集中し、目の前の聴衆と対話を持とう。

- 準備や練習にすさまじい努力を注ぐことによって、プレゼンテーションをいかにも簡単そうに、スムーズに進めることができる。リハーサルを重ねれば重ねるほど、自信が深まり、聴衆の目には、やすやすとパフォーマンスをこなしているように見える。

- 計画は十分に練る必要がある。しかし、一瞬一瞬に集中するということは、常に柔軟性を持ち、その時々に生じた可能性に気付き、それを受け入れることでもある。必ずしも完璧を目指す必要はない。むしろ、あなたの話を聞きに来た人たちのために、この瞬間に集中し、貢献しよう。

9

聴衆と心を
通い合わせる

　コミュニケーションや人とのつながりについて私が学んだことの大部分は、学校のスピーチやコミュニケーションの授業で教わったものではない。私が人前で話すときのアプローチは、演奏者としての自分の経験と、他人の演奏を長年にわたって観察してきたことが元になっている。私は17歳のときからさまざまなジャズグループでドラムを演奏し、それによって学費を稼ぎながら大学を卒業した。私にとって、その音楽が技術的に優れているかどうかはどうでもいい。しかし、演奏者と聴衆の間に緊密な一体感が存在しない素晴らしいライブパフォーマンスというものを私は見たことがない。

　音楽を演奏することはパフォーマンスの一種であり、それはまさにプレゼンテーションでもある。優れたプレゼンテーションとは、音楽のパフォーマンスと同様、知性と感情レベルで聴衆とアイデアを共有し、彼らと真摯に心を通い合わせることである。素晴らしいライブパフォーマンスを見ることから私が得た教訓は、音楽性に加えて、自分の（音楽的な）メッセージを伝え、聴衆と気持ちを通じ合わせる能力をアーティストが持てるかどうかが全てだということだ。その能力が見事に発揮されたとき、単に楽譜をなぞった場合とは比べ物にならないほどのパフォーマンスが生まれる。本物の演奏は、単にアーティストが演奏し、聴衆がそれを聴くといった行為を超えている。そこには何の策略も障壁も存在しない。音楽は聴衆に感銘を与えるかもしれないし、そうでないかもしれない。しかし偽善や不自然な動機といったものは全く見当たらないし、その瞬間に目の前に見えているもの以外は何も存在しない。聴衆が微笑んだり、満足げにうなずいたり、テーブルの下で足を踏み鳴らしたりするのを見ると、彼らと気持ちが通じ合っていることを実感できる。そうしたつながりはコミュニケーション以外の何ものでもない。それはこの上なく素晴らしい感覚だ。

　素晴らしいライブパフォーマンス見ることから私が得た教訓は、音楽性に加えて、自

分の（音楽的な）メッセージを伝え、聴衆と気持ちを通じ合わせる能力をアーティストが持てるかどうかが全てだということだ。その能力が見事に発揮されたとき、単に楽譜をなぞった場合とは比べ物にならないほどのパフォーマンスが生まれる。本物の演奏は、単にアーティストが演奏し、聴衆がそれを聴くといった行為を超えている。

　音楽の演奏とプレゼンテーションは共通の要素を持っている。すなわち、アーティストと聴衆の間の溝を埋め、真に心を通い合わせることが全てである。本当に気持ちが通じ合っていなければ、対話は生まれてこない。これは、新技術を売り込むときにも、新しい治療法について説明するときにも、カーネギー・ホールで演奏をするときにも当てはまることである。

　次のアドバイスを常に覚えておくといい──大切なのは我々でなく、聴衆であり、メッセージなのだ。

ジャズ、禅、そして心を通い合わせること

　いったん禅の意味について語りだすと、それはもう禅ではなくなる、という考え方がある。ジャズについても同じことが言える。もちろん、ジャズを語り、さまざまなレッテルを貼っていくことはできる。言葉という手段を用いてジャズの核心に迫っていく——それは有益で、刺激的な作業かもしれない。しかし、ただ語るだけでは、ジャズそのものを体験したことにはならない。禅とは「そのもの自体」に関わるものであり、「今」「この場所」がすべてである。ジャズの表現の本質もこれに似ている。すべては今、この瞬間にかかっている。自分を偽るような、わざとらしい表現や演技はいらない。「今」「この場所」「目の前の聴衆」にすべてを捧げるべきである。

　ジャズにはさまざまな種類がある。だが、ジャズの本質に迫りたいのなら、1959年に発表されたマイルス・デイヴィスのアルバム『カインド・オブ・ブルー』（コロムビア）を聴くべきだ。この名作のライナーノーツは、伝説的なミュージシャン、ビル・エヴァンスによって書かれたものである（彼は同アルバムでピアノを担当している）。その中で、ビルは禅アートの一つである墨絵について言及している。

　私はいつも、このアルバムには「抑制」「シンプル」「自然さ」といった美学があると感じていた。この３つは、プレゼンテーションZenの中核をなす原則でもある。その音楽には「自由でありながら体系化されたアドリブ性」がある。矛盾した表現に聞こえるかもしれないが、何らかの禅アート、もしくはジャズを学んだ者なら、その意味を理解できるはずだ。自由かつ体系化されたアドリブ性を発揮すること——それはプレゼンテーションの場で聴衆と向き合う際の、理想的な姿勢である。

　ジャズの精神をスピーチに取り入れれば、聴衆との一体感を高めることができる。ここで言うジャズの精神は、一般的に「ジャズ」という言葉で表されるもの——例えば「うわべを飾り立てること」——とは正反対の意味を持っている。ジャズの精神とは率直さである。純粋な意図とはっきりしたメッセージがあるなら、あとはそれを率直に伝えるしか方法はない。ジャズの精神とは、聴衆との間の障壁を取り除き、彼らを音楽（あるいはメッセージや論点）の中に招き入れることを意味する。とはいえ、その表現方法は必ずしも単刀直入なものではない（そうした表現の方が伝わりやすいケースが多いのは確かだが）。ヒントや示唆も大きな力を持っている。優れたヒントや示唆には、一定の目的があり、聴衆への配慮がある。意図のはっきりしない、誠意に欠けたヒントや示唆は、散

漫で分かりにくく、混乱すら招く恐れがある。

　ジャズは明快でストレートなものを奥の深い形で表現することによって、複雑であると同時にシンプルな音楽を作り上げている。ジャズにも型やルールがある。しかし、そうした制約の中には大きな自由が存在している。何より、ジャズはナチュラルな音楽だ。それは見せかけの洗練性や重々しさをアピールするためのものではない。実際、ユーモアや遊び心もまたジャズの本質だと言える。あなたが音楽に情熱を傾けるミュージシャンであれ、耳の肥えたファンであれ、人間らしく生きるためには「笑い」と「遊び」が欠かせないことを知っているはずだ。遊びは人間にとって、また創造的なプロセスにとって、ごく自然な存在である。学校教育を受けるようになって初めて、遊びは真面目な人間が関わるべきものではないという意識が芽生えるようになる。それと同時に、我々は自分の大切な一部――自信や人間らしさ――を失っていく。ジャズと禅アートを並行して学んでいるうちに、私は両者の共通点に気が付いた。どちらも、その中核には一定の型や修練があり、同時に「笑い」や「遊び」といった要素が色濃く存在しているのだ――これこそ、プレゼンテーションにも取り入れるべき要素だと言える。

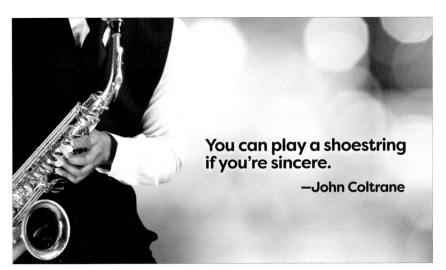

You can play a shoestring if you're sincere.
—John Coltrane

「真剣にやれば、靴ヒモでだって音楽を演奏できる」
——ジョン・コルトレーン

最新のテクノロジーや世界最高の機材が必要なケースはめったにない。（テクノロジーを使おうが使うまいが）十分な準備を重ねた上で、ありのままの自分をさらけ出してプレゼンテーションを行うことの方がはるかに重要だ。大切なのはテクノロジーや技術ではなく、誠実さや率直さ、そして聴衆への敬意である。

「完璧に近い」不完全さが一体感を生み出す

　人間らしさとは、不完全さである。今の時代、コンピューターを使えば、本物のミュージシャンが作った曲と区別がつかないような音楽を作り出せる。音楽スタジオでは、ミュージシャンが録音した実際の演奏から、タイミングや音程のほんのわずかな狂いを取り除く作業に、こうした技術革新が貢献している。一方、ライブ演奏を素晴らしいものにしているのは音楽の完璧さではない。それは、ミュージシャンと聴衆の間に生まれる一体感である。

　ニルバーナの元ドラマー、デイヴ・グロールは、現在までにグラミー賞を11回受賞しているロックバンド「フー・ファイターズ」の創設者であり、リードボーカルであり、ギタリストである。音楽パフォーマンスに対する彼の言葉には真実味がある。それは、音楽だけでなく、人前で話したり、プレゼンテーションを披露したりする場合にも当てはまる。フー・ファイターズは2012年、グラミー賞の「最優秀ロックパフォーマンス賞」（Best Rock Performance）に輝いた。ここで、デイヴ・グロールによる授賞式でのスピーチを少し紹介しよう。

　　「僕にとって、今回の受賞はとても大きな意味がある。音作りで一番大事なのは『人間的要素』なんだ。マイクの前で歌い、楽器の演奏をマスターし、曲を作る──ミュージシャンにとって、何より大切なのはそういうことだ。（中略）重要なのは、完璧で正確に聞こえることではない。コンピューターが作るサウンドじゃなくて、僕らのここ（心）とここ（頭）が作るサウンドが大事なんだ〔訳注：この発言はデジタルな音作りへの批判と受け止められ、反感を買った〕

　グロールはのちに声明で、音楽には不完全な人間的要素が不可欠だと言いたかっただけで、デジタルな音作りを批判したわけではないと釈明した。「曲のテンポが少し速くなったり、声が上ずったりするときの『あれ』のことを言ったつもりだった。人が作った曲に人間味を与えてくれる『あれ』のことをね。ああいったものは、曲作りのどこかの段階で『良くないもの』にされてしまうんだ。デジタル録音技術の素晴らしい進歩のおかげで、こういうところは簡単に『修正』できるようになった。しかし、結果はどうだろう？　これはあくまで私見だが、完璧に聞こえても個性の感じられない音楽があふれている。そもそも、音楽はその中に個性があってこそ、人をわくわくさせるものになる」そうグロールは語っている。ある意味、人はその音楽が完璧だから引き込まれるわけではなく、完璧でないからこそ引き込まれるのだ。あなたという人間とその個性に相手が引き付けられるのは、あなたが完璧だからではなく、不完全な存在だからだ。

　この不完全さにまつわるエピソードを紹介したのは、それを言い訳にして十分な準備を怠ったままプレゼンテーションに臨んでもかまわないと言いたかったからではない。むしろ、本当の意味での完璧さを達成するのがいかに困難かを承知の上で、入念に準備をし、今この瞬間に自分にできる最善の形で完璧さを目指してほしい。完璧と呼べるレベルを目指して全力を尽くせば、結果的に素晴らしいものを手にすることができるだろう。サルバドール・ダリは、「完璧さを恐れるな。完璧になることなどあり得ない」と口癖のように言っていたらしい。完成の域に達しなくても、そこを目指して努力すれば、目の前の聴衆に貢献するのにふさわしい、卓越したレベルには到達できるかもしれない。完璧になれっこないと分かっていれば、多少は楽な気持ちになれるし、今この瞬間に集中できる。そして、完璧に近い「不完全」に一歩も二歩も近づくことで、本当の意味で人間的なつながりを感じることができる。

フー・ファイターズのステージで演奏するデイヴ・グロール。

パンチの効いたオープニングで
人々の心をつかむ

　聴衆との一体感を確立するためには、いきなり彼らの心をつかまなければならない。『The Articulate Executive』(McGraw-Hill) の著者、グランヴィル・トゥーグッドもまた、単刀直入でインパクトのあるオープニングを重視している。「出だしでつまずかないようにするためには、いきなり本題に入るべきだ」彼は言う。「聴衆の心を焚き付けるには、最初からガツンといかなければならない」。プレゼンテーションの目的とは無関係な長ったらしい導入部や型通りのつなぎ言葉に費やすべきではない——私はいつも人々にそう訴えかけている。何事も初めが肝心である。いきなり人々の心をわしづかみにする必要があるのだ。出だしで聴衆の心をつかむことができなければ、残りのプレゼンテーションは水の泡になりかねない。

　心理学の「初頭効果」をプレゼンテーションに当てはめれば、人はプレゼンテーションの冒頭に起こったことを一番よく覚えているはずである。パンチの効いたオープニングで聴衆を引き付ける方法はたくさんある。私は著書『裸のプレゼンター』(ピアソン桐原)の中で、いきなり人々の心をわしづかみにするための秘訣を紹介している。その秘訣とは、オープニングに「個人的 (Personal)」「予想外 (Unexpected)」「斬新 (Novel)」「挑発的 (Challenging)」「ユーモラス (Humorous)」といった要素を取り入れることである。都合のいいことに、これらの5つの頭文字を並べると「PUNCH」という覚えやすい言葉になる。最高のプレゼンテーションには、これらの要素が少なくとも一つは含まれていることが多い。では「PUNCH」の各項目を詳しく見ていこう。

個人的（Personal）

　個人的な要素で人々を引き付けよう。「個人的な要素」とは、自らの経歴を長々と語り、組織図を見せたり、自分がプレゼンテーションの適任者である理由を示したりすることではない。テーマに即した個人的なエピソードを語ろう。こうしたエピソードは（それによって要点が浮き彫りになり、テーマを印象的な形で提示できるのなら）非常に効果的なオープニングになり得る。

予想外（Unexpected）

　予想外の事実を披露しよう。聴衆の予想を裏切るようなことを言ったり、やったりすれば、彼らの注目を集められる。あっと驚くような言動で、人々の驚きの感情を呼び覚ましてほしい。こうした感情は覚醒レベルを上げ、集中力を高めてくれる。「そこには驚きがなければならない……一般には知られていない、あるいは常識に反する重要な事実が存在しければならない」マネージメントの第一人者、トム・ピーターズはそう語る。「驚きが存在しなければ、そもそもプレゼンテーションをやる必要はないのだ」

斬新（Novel）

　斬新な発言をしたり、珍しい物を見せたりしよう。新情報を紹介し、人々の注意を引こう。誰も見たことのない衝撃的な写真で冒頭を飾るのもいい。あるいは未公開のエピソードを明かしたり、トピックに新たな光を投げかけるような最新の統計データを披露したりするのもいいだろう。おそらく聴衆の中には、未知なるものに憧れ、新しい発見に飢えている生粋の探究者が大勢いるに違いない。なかには新奇なものに対して脅威を感じる人もいるだろう。しかし、安全が保証された環境で、適度に触れる程度なら、聴衆もそれらを歓迎してくれるはずだ。

挑発的（Challenging）

　世間一般の通念に意義を唱えよう。あるいは聴衆の思い込みを打ち破ろう。人々の想像力を試してみるのもいい。「ニューヨークから東京まで2時間の空の旅はいかがですか？　そんなの無理だって？　なんと、それが可能だという専門家もいるんです！」思わず頭をひねってしまう刺激的な質問によって、知的に彼らを挑発しよう。多くのプレゼンテーションが失敗に終わるのは、聴衆の積極的な参加を想定せず、情報を話し手から聞き手へ平行移動させようとするからである。

ユーモラス（Humorous）

　ユーモアを利用し、笑いを分かち合うことで聴衆の心をつかもう。笑いには多くの効用がある。笑いは人から人へ伝染していく。笑いを分かち合えば、聴衆同士の、そして話し手との一体感が強まり、会場の雰囲気が盛り上がる。笑うことによってエンドルフィンが放出され、全身がリラックスし、ものの見方まで変わってくる。「笑っているのはちゃんと聞いている証拠」という古いことわざもある。確かにその通りだ。ただし、笑っている人々が必ずしも何かを学んでいるとは限らない。そうしたユーモアがトピックに直結していること、あるいは、スピーチの目的から外れることなく、話の流れにうまく乗っていることが、極めて重要になってくる。

　プレゼンテーションにユーモアを取り入れることは、不当な非難を浴びるケースが多い。ジョーク（ほぼ100％つまらないもの）でスピーチを始めるという悪しき慣行がその原因である。しかし、ジョークはここでのテーマではない。そんなものは無用だ。メッセージを強調し、トピックやテーマを提示してくれるような、皮肉なエピソードやユーモラスな小話——こういったものこそ、効果的なオープニングだと言える。

　プレゼンテーションの切り出し方は山ほどあるが、どういう方法を選ぶにせよ、最初の2〜3分という貴重な時間を、形式的な挨拶による「雰囲気作り」に費やすべきではない。最初からガツンといこう。「PUNCH」を構成する5つの要素以外にも考慮すべきポイントはある。しかしプレゼンテーションの冒頭に、これら5つのうち、少なくとも1つの要素が入っていれば、インパクトのあるオープニングへ確実に近づいていると言える。

ハネムーン期間

　聴衆の関心を引き、それを持続させるのは厄介な仕事である。一般に人々は話し手の成功を望んでいるものだ。しかし、それとは裏腹に、彼らは話し手に1～2分の猶予しか与えてくれない。このわずかな「ハネムーン期間」内に、人々に好感を抱いてもらわなければならないのだ。定評のある有名なプレゼンターやセレブでさえ、わずか1分ほどのハネムーン期間しか与えられない。それを過ぎると、なかなか自分たちの心をつかんでくれない話し手に対して、聴衆はしびれを切らしてしまう。オープニングでしくじることは許されない。始まったとたんに機材が故障しようが、何事もなかったかのように話し続けなければならない。芸能界でよく言われるように「何があろうともショーは続けなければならない（The show must go on）」のである。話し手やプレゼンテーションに対する印象は、最初の数秒で決まってしまう。その貴重な数秒の記憶が「もたもたと機材をいじっているプレゼンター」になることだけは避けたい。

弁解の言葉でスピーチを始めてはならない

　その日の聴衆のための準備を怠ったことに対して謝罪をしてはならない。それを匂わせてもいけない。準備を怠ったのは事実かもしれない。あなたの謝罪は（単なる弁解ではなく）心からお詫びしたいという気持ちの表れかもしれない。だが、その思いは決して聴衆には伝わらない。思い通りの準備ができなかったことに対するあなたの嘆きなど、聴衆にとってはどうでもいいことだ。わざわざそれを口に出して、彼らの頭に刻みつける必要は全くない。ふたを開けてみれば、実は十分な準備ができていて、プレゼンテーションの出来も悪くないかもしれない。しかし聴衆は、心の中でこうつぶやいているだろう。「やれやれ、言ってた通りだね——こりゃ準備不足だ」。「緊張しています」と聴衆に告げることについても同様である。「さっきまで緊張しているようには見えなかったけど、言われてみると……」

　あがっていることを告白するのは、素直で誠実な態度に見えるかもしれない。しかし、それはあまりにも自己中心的な考え方である。あなたが今、心を注ぐべきなのは、聴衆の気持ちや要望の方だからだ。緊張していることを告白するのは、聴衆の気分を和らげるためではなく、単に自分をリラックスさせるためである。実際、自分があがっていることを認めれば、気楽にやれるかもしれない。感情というものは無理に抑えつけるより、

その存在をはっきり認めた方がうまくいく。人々が「緊張しています」と言いたがるのは、そうやって口に出すと気持ちが楽になるからだ。しかし、プレゼンテーションの主役はあくまで聴衆である。話し手の緊張ぶりを聞かされても、聴衆には何のメリットもない。自分が緊張していることを認めるのは、心の中だけにしよう。緊張するのは当たり前だし、心の中でそれを認めれば、気持ちが楽になる。だが、そうした情報は決して聴衆に伝えるべきではない。

アジェンダ（目次）を見せるべきか？

通常、プレゼンテーションの目次をビジュアルにして見せる必要はない（長時間のセミナーを開催する場合は別）。ただし、プレゼンテーションの準備段階で簡単な骨組みを作成することを忘れないでほしい。聴衆がプレゼンテーションの骨組みを認識する必要はない。しかし、それがないと、聴衆を引き付ける魅力的なストーリーは生み出せないのだ。『Conversations with the Great Moviemakers of Hollywood's Golden Age at the American Film Institute』という本の中で、伝説の映画監督ビリー・ワイルダーは、古典的名作『お熱いのがお好き』の筋立てについて解説しながら、骨組みの重要性を力説している。（次ページのスライドを参照）

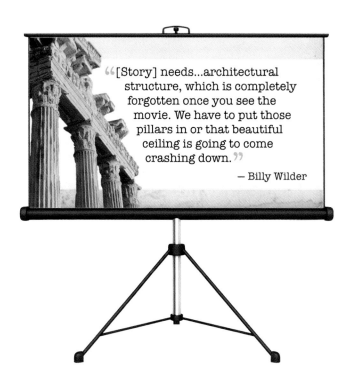

[ストーリーには]……構造物が必要だ。それは、映画を見たらすっかり忘れ去られてしまう。
しかし、建築物に柱を組み込まなければ、あの美しい天井は崩れ落ちてしまうのだ。
──ビリー・ワイルダー

聴衆に与える印象を大切にする

聴衆の心をつかむには、臆病心を克服する必要がある。自分の人間像を堂々とアピールできなければならないのだ。聴衆へのアピール度を評価するにあたって、（スピーチの内容の他に）考慮すべき要素が３つある――「外見」「動き方」「声の調子」である。聴衆は（意識するとしないとに関わらず）この３つの要素に基づいて、話し手とそのメッセージを評価している。これらはどれも、聴衆の心をつかむ能力を左右する要素だ。

服装に配慮する

服装は重要だ。常識的に言って、少なくとも聴衆よりややフォーマルな服装を心がけるといい。もちろん、企業やその場の雰囲気に合わせて、臨機応変に服装を変えることも大切である。しかし、くだけ過ぎた服装をするよりは、少しフォーマル過ぎるくらいの方がいい。話し手はプロフェッショナルな印象を与えねばならない――だが同時に、聴衆から浮いてしまわないように気をつける必要がある。例えば、シリコンバレーでは、ドレスコードが非常にカジュアルな場合がある。たとえジーンズ履きでも、身だしなみがよく、上質のシャツと靴を身に着けていれば、そこではプロフェッショナルな印象を与えるかもしれない。東京では、男女を問わず、基本的にどこでもダークスーツにしておけば間違いない。ジャケットを脱いだり、ネクタイを外したり、シャツの袖をまくり上げたりすれば、少々ドレスダウンすることはいつでも可能である。しかし、カジュアル過ぎる服装をドレスアップするのは難しい。念のために、そして聴衆に敬意を払うためにも、あえてフォーマルな服装を選んでおこう。

意図を持って動く

プレゼンテーションの間、ずっと同じ場所に立ち続けるのはできるだけ避けよう。ステージ（あるいは部屋）全体を使ってスピーチを行った方がずっといい。そうすれば多くの人々と触れ合うチャンスができる。とはいえ、用もないのにあちこち歩き回ったり、スクリーン周辺をうろついたりするべきではない。こうした動作は聞き手の集中を妨げるだけでなく、話し手の緊張の大きさ（自信や度量の大きさではない）を物語ってしまう。

場所を移動するときは、ゆっくり、堂々と歩くべきだ。何かを説明したり、エピソードを語ったりするときには足を止めよう。話が済んだら、ゆっくりと別の場所へ移動し、再び足を止めて別のポイントを説明するといい。部屋の反対側から質問が飛んだときは、相手に気付いたことを身振りや表情で知らせつつ、ゆっくりとそちらへ歩き出し、彼らの言葉に耳を傾けながら、質問者の側に近づいていこう。

　舞台の上では、足を肩幅くらいに自然に開き、しっかりとその場に立つようにしよう。銃に手を伸ばしかけたカウボーイのような姿勢をとったり、気をつけをするように足をぴったり揃えて立ったりするのはやめよう。気をつけの姿勢や、足を交差させた立ち方は、身構えた、あるいは自信に欠けた態度の表れである。リラックスしているときには、人はこんな不自然な立ち方はしない。こうした姿勢をとると、体がふらつきやすくなり、何となく弱々しい印象を与える。最悪なのは、足を交差させたまま演台に寄りかかることだ。この姿勢はだらしなく見えるだけでなく、場合によっては疲れ切っているような印象を与えてしまう。

　緊張すると、ジェスチャーなどの体の動きが速くなりがちである。自然で落ち着いた印象を与えるために、すべての動作をゆっくり行うように心がけよう。

聴衆と向き合う

　背後にビジュアルを映し出している場合、いちいち振り向いてそれを眺める必要はほとんどない。スクリーンを指さすときには、体を聴衆の方へ向けたまま、首だけを動かすようにしよう。こうした姿勢を取っていれば、スライドに目をやった後や、スクリーンを指さした後、自然に聴衆の方へ向き直ることができる。瞬間的にスクリーンに目を向け、スライドの細部を指し示す程度なら、許容範囲だ。しかし、単に進行状況の確認のために、しょっちゅうスクリーンに目をやるのは、聴衆にとって目障りでしかない。（特殊な状況を除いて）コンピューターを使ってビジュアルをスクリーンに映し出す場合は、目の前の低い位置に端末を設置し（実際、私がこの写真の大学で講義を行ったときはそのようにした）、後ろを振り向かなくてもいいようにしておこう。

アイコンタクトで心を通わせる

　聴衆と向き合うことは大切だが、それに関連する要素として、しっかりとしたアイコンタクトを取ることが挙げられる。聴衆と自然なアイコンタクトを保つことは極めて重要だ。原稿を読んだり、メモに頼ったりしないように私が忠告する理由の一つがここにある。原稿に目を落としながら、同時に人々の目を見つめることは難しいからだ。アイコンタクトは自然に行わなければならない。そのためには、実際に客席の人々の顔を見る必要があるもし、代わりに部屋の奥や両端を眺めていたら、聴衆は何となくそれに気付いてしまい、一体感が損なわれてしまうだろう。

　聴衆が比較的少人数（50人以下）の場合、意図的に部屋を動き回り、本番中に全員とアイコンタクトを交わすことも可能だろう。基調プレゼンテーションで大観衆を相手にするときも、特定の人々を選んで、その人の顔を見ながら話すようにするといい（後ろの方に座っている人々でもかまわない）。一人の顔を見つめれば、近くにいる人々も自分が見られているように感じるものだ。客席全体を漠然と見渡すのではなく、客席のあちこちで個々の聴衆と実際に短いアイコンタクトを交わすことが重要なのだ。例えば、このページの上2枚の写真のように、コンピューターに目を落としたまま、あるいはスクリーンに顔を向けたままで話をするのは避けたい。

上の2枚の画像は、良いアイコンタクトを保つ上で、やってはいけない見本である。どちらも、経験の浅いプレゼンターによくある失敗の代表例だ。（1）コンピューターの後ろに立ち、画面に目を落としたままである。（2）スクリーンの方に身体を近づけたときも、顔は聴衆ではなくスライドの映像にくぎ付けになっている。一方、下の写真は良い見本である。聴衆は話し手の顔とビジュアルを同じ視界の中で見ることができ、話し手は聴衆と心を通い合わせることができる。

（1）プレゼンテーションの間、瞬間的にスクリーンに目を向け、スライドの細部を指し示す程度なら許容範囲だ。その間も、体は聴衆の方へ向けたままにする。

（2）ただし、スクリーンにいつまでも目を向けたままにしないこと。手でスライドを指さしている間も、聴衆ともう一度アイコンタクトを交わすようにする。

（3）体を客席の方に向けたまま、首だけをスクリーンの方に動かしていたので、写真のように手を下ろしても、自然に聴衆の方へ向き直ることができる。

下を向いてスマートフォンに見入る姿は、その人が「心がどこか別の場所に行っている」ことを示す世界共通のジェスチャーになっている。たいていのプレゼンターは、聴衆がスマートフォンをちらちら見ているのが気に食わないものだ。プレゼンターとて、スマートフォンを持たずに話ができればそれに越したことはない。しかし、どうしても手元にメモが必要なときもあるだろう。私は保守的な人間なせいか、画面が小さなスマートフォンは使いづらいだけでなく、紙のメモより読み取りにくいと思っている。実は、スマートフォンをメモ代わりにしているプレゼンターに対して、聞き手はどのような印象を持っているのか、私が教えている大学生100人に質問してみたことがある。結果は、「プレゼンテーションの最中に、スピーカーがスマートフォンをメモ代わりに使うのは好ましくない」とする回答が圧倒的だった。

声に力をこめる

　最上のプレゼンテーションが楽しい会話に似ているのは事実だ。しかし、2～3人の人々とコーヒーを飲みながらおしゃべりするのと、昼食の後に500人収容のホールでプレゼンテーションを行うのとでは、大きな違いがある。プレゼンテーションの場合、話し方は会話調にすべきだが、普段の会話よりもテンションを数段上げなければならない。話し手に情熱があれば、自ずと声にも力がこもるものだ。ぼそぼそとしゃべるのは論外である。だからといって、むやみに声を張り上げるべきではない。ずっと大声を出し続けるのは無理があるし、聴衆にとっても不愉快だ。大声を張り上げれば、音量は上がるかもしれない。だが、話し手の声の魅力や、独特のイントネーションは失われてしまう。堂々と胸を張り、はっきりした声で話すのはいいことだ。しかし、言い分を主張するうちに、つい大声を張り上げたりしないように気をつけよう。

　マイクは使うべきだろうか？　収容人数が10人～30人の、通常の教室や会議室であれば、マイクは必要ないかもしれない。だが、それ以外のほとんどのケースでは、マイ

クを使った方が賢明だろう。忘れないでほしい——重要なのはプレゼンターではなく、聴衆なのだ。マイクを使って音量をほんの少し上げるだけで、聴衆はずいぶん話が聞き取りやすくなるはずである。多くのプレゼンター（とりわけ男性）は、マイクを避け、声を張り上げる方を選択する。マイクを断り、大声を出す方が、より男らしく、積極的なやり方だと思っているらしい。しかし、ハーフタイムに活を入れるフットボールの監督でもない限り、大声を張り上げることはマイナスにしかならない。軍隊に向かって指示を飛ばすのとはわけが違うのだ。プレゼンターは会話調の自然な話し方を心がけるべきである。マイクによって聴衆との一体感が損なわれることは決してない。むしろ、親密な雰囲気が生まれる場合が多い。マイクを使うことで、プレゼンター本来の魅力的な声を、最良の状態で届けることができるからだ。

　ハンドマイクを使うのは、ごく短時間のスピーチやアナウンスだけにしよう。よりおすすめなのはピンマイク（小型のワイヤレスマイク）である。ピンマイクの長所は、両手が自由に使える点だ。片方の手がリモコンでふさがっている場合は、特にそれが重要になってくる。ピンマイクのマイナス面として、横を向いたときに（マイクによっては）音をよく拾わなくなることが挙げられる。最もおすすめのマイクは、ヘッドホン型のタイプである。TED のような会議でもこの種のマイクが使われている。マイクの小さな先端部分は、口の真横、あるいは頬の辺りに位置しており、聴衆からはほとんど見えない。こうしたマイクのいいところは（衣擦れの音を拾う心配がなくなることに加えて）どんなに頭を動かしても、マイクは同じ位置にあり、はっきり声を拾ってくれる点である

TEDxKyoto 2018 で講演する TEDxKyoto の創設者でエグゼクティブプロデューサー、ジェイ・クラパーキ教授。ワイヤレスのヘッドセット型マイクを使えば自分の声を鮮明に伝えられるだけでなく、両手を自由に動かすことができる。
（写真：ニール・マーフィー／提供：TEDxKyoto）

スライドを読み上げてはならない

　コミュニケーション学の第一人者、バート・デッカーは、スピーチの原稿を読み上げることを極力避けるように促している。著書『You've Got to Be Believed to Be Heard』（St. Martin's Press）の中で、デッカーはこう語っている。「原稿の朗読を聞かされるのは退屈だ。しかも、ただ読み上げているだけでは、スピーカーから真実味や熱意が感じられなくなってしまう」。これはスライドを読み上げることにも当てはまる。かつては、背後のスライドの文字をそのまま読み上げるのが、典型的なスライドウェアの使用法だった。驚くべきことに、このやり方はいまだに踏襲されている。しかし、決してそれを真似するべきではない。スライドに大量のテキストを表示し、それを一つずつ読んでいくというやり方は、聴衆を置いてけぼりにするのに絶好の方法であり、彼らと心を通わせたいというあなたの願いを見事に打ち砕いてしまう。

　ベンチャーキャピタリストであり、元アップル社チーフ・エバンジェリストでもあるガイ・カワサキは、スライドには（聴衆が実際に読めるような）大きめのフォントを使うべきだと訴えている。「そうすれば、プレゼンテーションの内容を完全に把握した上で、核となる言葉だけをスライドに載せざるを得なくなる」彼はそう語る。以下に挙げたのは、2006年、シリコンバレーで、会場を埋め尽くした企業家に向かって彼が語った言葉である。辛口で知られるカワサキは、スライドをそのまま読み上げることについて、こう述べている。

> 「スライドに8ポイントや10ポイントのフォントを使わなければならないのは、コンテンツがちゃんと頭に入っていないからだ。こうした理由でスライドの朗読を始めれば、聴衆はたちまち『このプレゼンターはダメだ』と思ってしまう。『こいつ、スライドをそのまま読んでるじゃないか。あんたがしゃべるのより、おれの読むスピードの方が速いのに。よし、さっさと先を読むことにしよう』」
>
> ──ガイ・カワサキ

　カワサキのコメントは爆笑を引き起こした。だが、彼の言葉は正しい。スライドを読み上げるつもりなら、プレゼンテーションを中止した方がましである。あなたが聴衆を引き込み、何かを教えたり、説得したりできる見込みはゼロに等しいからだ。単にスライドを読み上げるだけで、存在感を示し、聴衆と心を通わせ、情報を印象的に伝えられるわけがない。多くの場合、スライドの朗読は、部屋中の人々を眠りに誘う絶好の睡眠薬でしかない。

広める価値のあるアイデアならば……

TEDのウェブサイトは優れた情報源だ。公開されているあらゆるプレゼンテーション映像には、多言語の字幕が付いている。また、スクリプト（原稿）を日本語で表示することもできる。

世界中でたくさんの素晴らしいTEDxイベントが開催されている。TEDはこれらのイベント映像を公式ウェブサイトで配信している。

　毎年恒例のTED（Technology, Entertainment, Design）会議には世界中から魅力的な識者や実践者たちが集まり、わずか18分間で、素晴らしいスピーチを披露してくれる。時間制限のおかげで、プレゼンターのスピーチは非常に簡潔で的を絞ったものになることが多い。話す価値のあるアイデアを持っているなら、スピーチのステージに立ち、自分の主張の正しさを証明できなければならない。TEDのプレゼンターたちが毎年実証しているように、プレゼンテーション能力が持つ意味は極めて大きい。

　TEDの素晴らしいところは、彼らの見事なプレゼンテーションにアクセスする権利を一部のエリートだけに限定していないことだ。TEDはそれらを惜しげもなく公開している。最高のプレゼンテーションを大量にウェブにアップロードし、さまざまなフォーマットの動画を提供して、オンラインで視聴したり、ダウンロードしたりできるようにしているのだ。TEDのアーカイブからは何百ものスピーチを視聴することが可能であり、さらに毎週新たな動画が加わっている。動画は高品質で、コンテンツの質も高い。TEDはコンセプトの時代の精神——アイデアを共有し、それを惜しげもなく公開し、アクセスしやすいものにする——をまさに体現している。なぜなら、自分のアイデアを知っている人間が増えれば増えるほど、そのアイデアは強力なものになるからだ。高品質の無料動画のおかげで、TEDは幅広く大きな影響を与えている。TEDのウェブサイトは優れたコンテンツの宝庫であり、（多くの場合、マルチメディアを活用した）一流のプレゼンテーションを鑑賞したい人にとっての素晴らしい知的資源である。

www.ted.com/talks

ハンス・ロスリング──博士、教授、そして比類なきプレゼンター

スウェーデンのカロリンスカ研究所で国際保健学教授を務めるハンス・ロスリングは、統計データの表現方法にかけては達人である。そのプレゼンテーションは意義深く、メッセージがはっきりと伝わってくる。彼は非営利団体であるギャップマインダー財団を通じて、データの視覚化を支えるソフトウェアを共同開発した。ロスリング教授は国連の統計データを使って、近年、世界は大きく変貌を遂げ、時代が確実に変化していることを我々に訴えた。TEDのウェブサイトではロスリング教授の才能を示す数々のプレゼンテーションを視聴できる。一般的にはスクリーンとプロジェクターの間には立つべきではないというのが常識だ。通常、これは適切なアドバイスである。しかし、この写真から分かるように、ロスリング教授は時々この常識を破り、エネルギッシュに統計データと絡むことによって、データとその意味を伝えるだけでなく、聴衆を大局的な視野に引き込んでいった。

データに直接絡んでいくハンス・ロスリング教授の情熱的で型破りなスタイルは、プレゼンテーションを大いに盛り上げた。（写真提供：ステファン・ニルソン）

ハンス・ロスリング教授は、自宅でプレゼンテーションの準備をするときも、同じようにアナログとデジタルのビジュアルを使用していた。（写真提供：ヨルゲン・ヒルデブラント）

しかし残念なことに、ロスリング教授は2017年9月7日にスウェーデンのウプサラで亡くなった。まだ68歳だった。ロスリング教授が亡くなった日、家族や彼のことを知る人は誰もが深い悲しみに包まれた。その訃報はTEDコミュニティ、そしてデータ可視化／ビジネスインテリジェンス関連のコミュニティにも伝えられ、すべての関係者にとって悲しい一日となった。ロスリング教授のプレゼンテーションは、これまでに何百万人もの人々に視聴されてきた。これからも、さらに何百万人という人々に視聴され、影響を与えていくことだろう。長年にわたり、どれほど多くの専門家がロスリング教授に触発されたことだろうか。彼のプレゼンテーションには、常に率直さ、誠実さ、明快さがあり、それはデジタルとアナログを駆使した分かりやすいビジュアルに支えられていた。ロスリング教授は、優れた統計家、医師、そして学者であっただけでなく、並外れたプレゼンターであり、ストーリーテラーでもあった。

ロスリング教授のビジョンは、彼の息子であるオーラ・ロスリングとその妻アンナ・R．ロンルンドに受け継がれている。2人はギャップマインダー財団（Gapminder.org）の運営を通じて、ロスリング教授が思い描いていた、事実に基づく合理的な世界観を推進する夢を守り続けている。ギャップマインダーは、誰もが自由に統計データにアクセスできる素晴らしい情報源だ。

腹八分：なぜスピーチの長さが重要なのか

　禅を実践することで、現在への意識が高まり、心を落ち着かせて、今、この場所に集中できるようになる。しかし、平均的な聴衆が完全に「心を落ち着かせ」ていたり「今、この場所に集中して」いたりするわけではないことは確かだ。彼らはさまざまな個人的な意見を思い浮かべたり、いくつかの（仕事上の、あるいはプライベートな）問題を頭の中で同時に処理したりしながら、あなたの話を聞こうと努力する。我々はみなこの作業に苦戦している。たとえ短いプレゼンテーションであっても、聴衆が話に完全に集中することは不可能に近い。多くの研究結果が、集中力は15分〜20分が経過すると急激に低下することを示唆している。私の経験では、これよりもっと短いのではないかと思う。例えばCEOたちは、プレゼンテーションに対する集中力の持続時間が恐ろしく短いことが多い。プレゼンテーションの長さは死活問題である。

　時と場合にもよるが、基本的にはスピーチは短ければ短いほどいい。では、なぜ多くのプレゼンターが持ち時間を超過したり、すでに論旨を説明し終わったのに、持ち時間一杯までプレゼンテーションを引き伸ばしたりしようとするのか？　それはおそらく我々が受けてきた教育のせいだろう。2時間の論述試験の前に哲学の教授が言った言葉は、今も私の耳に残っている。「いいか、たくさん書くに越したことはないぞ」。学生時代、私は「20ページのレポートを書いた方が、10ページのレポートよりもいい点がもらえる」、あるいは「12ポイントの文字で埋めつくされた25枚のスライドを使って1時間のプレゼンテーションをした方が、50枚の視覚効果の高いスライドを使って30分のプレゼンテーションをするよりも勤勉に見える」という空気の中で育ってきた。こうした保守的<ruby>な<rt>オールドスクール</rt></ruby>考え方は、創造性や知性、先見の明といった、アイデアの明確化に欠かせない要素を考慮に入れていない。我々はこうした「多ければ多いほどいい」という考え方を仕事にまで持ち込んでいる。

健康な生活（および、素晴らしいプレゼンテーション）の秘訣

　日本には健康的な食習慣に関する素晴らしい言い回しがある。それは「腹八分」、すなわち「腹を八割ほど満たしたところで箸をおくこと」である。これは素晴らしいアドバイスだ。日本ではアメリカなどに比べて概して食事の量が少ないため、容易にこの原則を守ることができる。さらに、箸を使うことで、食べ物をかき込むのを避けることができ、

食べるペースも少々ゆっくりになる。日本では、そして一般的にアジアでは、グループで一つのものを注文し、目の前に出されたごちそうから必要な分だけを取って食べることが多い。この原則を守るようになってから、私はあることに気付いた。（皮肉なことかもしれないが）満腹になる前に食べ終えた方が、食事に対する満足感が高くなるのだ。昼食や夕食の後も眠くならないし、すっきりした気分でいられる。

腹八分の原則はスピーチやプレゼンテーション、さらには会議の長さにも応用することができる。私のアドバイスは以下の通りだ──「持ち時間が何分であれ、決してそれを超過してはならない。むしろ、予定時間の少し前に終了すべきである」。どれぐらいの長さにするかは状況によって異なるが、基本的には持ち時間の90〜95％を目指すといい。2〜3分早く終わったからといって、誰も文句は言わないはずだ。大多数のプレゼンテーションの問題点は、それが短過ぎることではなく、長過ぎることにある。

コンテンツの量を控えめにする

プロのエンターテイナーは大盛況のうちにステージを終え、聴衆にもう少し聞きたいと思わせつつ、その場を去るべきだということを心得ている。我々は聴衆に満足感（やる気や刺激あるいは知識を得たという実感）を残したいと願っている。ちょっとボリュームが多過ぎたと思わせたくはない。

こうした精神は、プレゼンテーションの長さやコンテンツの量にも応用できる。コンテンツは質の高いものにすべきである。聴衆の頭をくらくらさせ、胃もたれを起こしてしまうほど大量のコンテンツを詰め込むべきではない。

このスライドには、私が東京へ出かけた際に買った、典型的な駅弁の中身が映し出されている。シンプルで、美味しそうである。サイズもコンパクトで、無駄なものは一切ない。「大切なお客様」を念頭に置いて作られている。日本のビールを飲みながら、20〜30分かけて弁当を味わった後、私は幸せな気分に浸る。栄養も補給したし、これで満足だ。だが、満腹というわけではない。食べようと思えば、まだ（もしかすると弁当の一つくらいは）食べられる。しかし、その必要はない。実際、そうしたいとも思わない。私は弁当を味わうというこの体験に十分満足している。満腹になるまで食べたら、私の貴重な体験は台無しになってしまうだろう。

あらゆる不要な言葉は、
なみなみと満たされた人々の心の縁から
ただあふれ出ていくばかりである。

——キケロ

まとめ

- しっかりしたコンテンツや論理的な構成は必要だが、同時に聴衆と心を通い合わせることも不可欠である。あなたは論理と感情の両面に訴えなければならない。

- 語るだけの価値のあるコンテンツを持っているなら、プレゼンテーションにエネルギーと情熱を傾けるべきである。状況は人それぞれ異なるだろう。しかし、退屈なプレゼンテーションに弁解の余地はない。

- 感情を抑えるべきではない。トピックに対して情熱を抱いているのなら、それを人々に知らしめるべきだ。

- 「PUNCH」を使って最初からガツンと行こう。「個人的(Personal)」「予想外(Unexpected)」「斬新(Novel)」「挑発的(Challenging)」「ユーモラス(Humorous)」といった要素を取り入れ、いきなり聴衆の心をわしづかみにしよう。

- 聴衆に与える印象を大切にしよう。「その場にふさわしい服装をする」「意図を持って、堂々と動く」「アイコンタクトを保つ」「会話調でありながら、力のこもった話し方をする」といった点に注意しよう。

- 原稿を読んだり、メモに頼ったりするのはやめよう。

- 「腹八分」を肝に銘じよう。情報を詰め込み過ぎて、聴衆にもうたくさんだと思わせるより、聴衆を満足させつつ、少し物足りないくらいのボリュームに抑えた方がいい。

10

聴衆を
プレゼンテーションに
引き込む

　聴衆を最も引き込むことができるプレゼンターこそ、最上のプレゼンターだと人は言う。生徒と心を通わせることができる教師は「名教師」として称賛される。マルチメディアを使おうが使うまいが、聴衆を引き込めるかどうかが決め手になる。だが、「人々を引き込む」という言葉の定義は人によって千差万別だ。その本質とは、いったい何だろうか？　私に言わせれば（どんなトピックであれ）「人を引き込むこと」の根底にあるのは「感情」である。感情面へのアピールは不可欠な要素であるにも関わらず、見過ごされていることが多い。大切なのは話し手の感情であり、そうした感情を、真心を込めて表現する能力である。そして何よりも、聴衆の感情に訴えかけ、彼らを個人レベルでコンテンツの中に引き込めるかどうかが鍵になる。

　好むと好まざるとに関わらず、人間は感情的な生き物だ。確かに、相手を説得するのに論理は欠かせない要素だが、それだけで事足りるケースはまれである。したがって、効果的なプレゼンテーションにするために、我々は聞き手の「右脳」（創造的な側面）にも働きかけなければならない。『Why Business People Speak Like Idiots』（Free Press）の著者たちは次のように語る。

> 「ビジネスの世界では、我々の行動は常に左脳に支配されている。人々は強力な論拠を生み出し、データ、数字、経年的なグラフ、論理によって、聴衆をねじ伏せようとする……残念ながら、データの集中砲火を浴びせることは、マイナスに働く場合が多い。『プレゼンターのデータ』VS『聞き手の経験、感情、知覚フィルター』という勝負は、フェアな戦いとは言えない——負けるのは常にデータの方だ」

実際、プレゼンターの抱えている仕事はかなり困難だ。聴衆は自らの感情、経験、先入観、知覚フィルターを持ち出して勝負をしかけてくる。データや情報だけではとても太刀打ちできない。（どんなに説得力があり、信頼できるデータに見えたとしても）「データ自体がすべてを物語ってくれる」という勘違いは禁物である。たとえ最高の商品や、信頼のおける研究を引っさげて登場したとしても、退屈で淡々とした「スライデュメントによる退屈なプレゼン」的な居眠り大会を繰り広げていては、勝ち目はない。最高のプレゼンターは、人々の感情を刺激することによって彼らを引き込もうとする。

感情と記憶

　聴衆の感情に訴えれば、注目が集まるだけでなく、コンテンツが記憶に残りやすくなる。衝撃的なエピソード、驚くべきデータ、感動的な写真などによって、聴衆の感情をかき立てることができれば、忘れられないメッセージを残せるだろう。プレゼンテーション中に感情を揺さぶられる体験をすると、大脳辺縁系の扁桃体から信号が送られ、ドーパミンが放出される。このドーパミンは、『ブレイン・ルール』（日本放送出版協会）の著者ジョン・メディナ博士いわく「記憶や情報処理を大いに促進してくれる」

　例えば製品を売り込む場合は、こう自問してみよう。「自分が本当に売り込もうとしているものは何か？」それは製品そのものでもなければ、その機能でもない。プレゼンターが真に売り込むべきなのは、その製品がもたらす「体験」や、それにまつわるあらゆる「感情」である。例えばマウンテンバイクを売ろうとする場合、あなたが注目するのはバイクの「機能」だろうか？　それともバイクに乗ったときの「体験」だろうか？　「体験」に基づくエピソードは視覚的で生々しく、人々の感情に訴えることができる。

ミラー・ニューロン

　ミラー・ニューロンとは、自分が何かをするときと、他人がそれを行うのを見るときの、どちらの場合にも脳内で活動電位を発生させる神経細胞である。ミラー・ニューロンを活性化するには、必ずしも実際に体を動かす必要はない。つまり、他人の行動を見ているとき、その人の脳内では、自分も同じ行動をとっているような反応が起きているのだ。もちろん、見ることと、実際にそれをやることの間には大きな隔たりがある。し

かし、脳の働きに関して言えば、両者はかなり似通っていると言える。

ミラー・ニューロンは共感にも関与している可能性がある。共感は生き延びる上で欠かせない能力だ。研究によれば、他人がある感情を体験している様子を見ただけで、自分がその感情を味わったときと同じ脳の部位が活性化するのだという。他人が「喜び」「不安」「情熱」などを示しているのを見たとき、ミラー・ニューロンから大脳辺縁系（感情をつかさどっている領域）にメッセージが送られる、というのが専門家の見解である。言い換えれば、人間の脳には、他人に乗り移ること——彼らの身になって、同じ感情を味わうこと——に関与する部位が存在しているのだ。

マーケティングに関するプレゼンテーションで使用した2枚のスライド。私はこれらのスライドを使って、人々に自問を促した——「自分が本当に売り込もうとしているものは何か？　『製品』か、それとも、それがもたらす『体験』か？」（このページのスライドの画像は Shutterstock.com 提供によるもの）

人間が他人と同じ感情を味わうようにできているのなら、プレゼンターが退屈そうに話すのを聴いて、聴衆もまた退屈に感じるのは無理もない（仮にコンテンツが有益だったとしても、である）。あるいは直立不動で、ひたすら口だけを動かしているプレゼンターを見ていると、こちらまで窮屈に感じ、肩が凝ってくるのは当然のことだ。今日、いまだに多くのプレゼンテーションが、視覚的要素（ボディーランゲージや感情表現を含む）を排除した、堅苦しい講義形式で行われている。感情を生き生きと自然に表現することは、聴衆の共感を無意識のうちに促し、スピーチの質を高めてくれる。例えば、スピーカーが情熱を露わにした場合、それが本物の情熱であることが伝われば、大半の人々は同じような情熱をもって応えてくれるはずだ。論拠やデータは確かに重要である。しかし、プレゼンターから伝わってくる本物の感情は、（良かれ悪しかれ）最終的に聞き手の心に刻まれるメッセージを、大きく左右する力を持っている。

笑顔の力

　笑顔には伝染力がある。だがそれは、本物の笑顔に限った話である。作り笑いを浮かべても、人々はそれがにせものであることをすぐに見抜いてしまう。実際、ある研究によれば、作り笑いを浮かべていると、聴衆から偽善的で信用できない人物だと見られかねないという。『世界でひとつだけの幸せ：ポジティブ心理学が教えてくれる満ち足りた人生』（アスペクト）の著者であるマーティン・セリグマンは、笑顔は基本的に2種類に分けられると述べている。一つは「デュシェンヌスマイル」、もう一つは「パンアメリカンスマイル」である。「デュシェンヌスマイル」は本物の笑顔であり、口元の筋肉と目の周りの筋肉が両方動くのが特徴だ。本物の笑顔は目元にしわができるかどうかで見分けることができる。「パンアメリカンスマイル」は作り笑いのことであり、口の周りの筋肉だけを故意に動かすものだ。ついてない一日を送っているサービス業の人々が、無理やり浮かべる愛想笑いがこれにあたる。

　人はみな作り笑いを見分けることができる。その場にいることを心から楽しんでいるように見える（そして実際に楽しんでいる）プレゼンターやエンターテイナーは、聴衆の心を自然に引き付けることができる。本物の笑顔は、ここにいることがうれしくて仕方がないという気持ちの表れだ。客席の人々はプレゼンターの気持ちをひしひしと感じ取っている。ならば、自分がリラックスすることで、彼らをリラックスさせてあげるべきではないか？　プレゼンターは、人々の記憶に残るのは言葉だけだと思っているかも

しれない。だが実際には、聴衆は自分が見たもの（話し手の表情も含む）や感じたものの多くを心に刻んでいるのだ。

「ほほ笑みにはいろいろな種類がある。冷淡な笑みもあれば、社交辞令的な笑みもある。しかし、こういう偽りの笑みは満足感を与えるどころか、むしろ不安や疑念を引き起こす。本当のほほ笑みは、希望や生きる力を与えてくれる。偽りのないほほ笑みを望むなら、それが生まれてくる土台を築かなければならない」
　——ダライ・ラマ

クイーンの「ライブエイド」に学ぶ

2005年、英チャンネル4（Channel 4）の特別番組「The World's Greatest Gigs（世界最高のライブパフォーマンス）」のために実施されたアンケート調査で、1985年にクイーンがライブエイド（Live Aid）で披露したパフォーマンスが1位に選ばれた。このシーンを再現した映画『ボヘミアン・ラプソディ』は2019年のアカデミー賞（4部門）を獲得し、フレディ・マーキュリー役のラミ・マレックは主演男優賞に輝いた。この映画の成功は、世界中の人々に当時のクイーンのパフォーマンスを再認識させ、なつかしさを呼び起こした。その効果もあり、今なお多くの人が、伝説の21分間のライブを史上最高のパフォーマンスだと認めている。クイーンの演奏はもちろん良かった。しかし、ライブエイドでの彼らのステージをロック史上最も記憶に残るものにしたものは、あの瞬間、あの大観衆のために全力を尽くしたフレディ自身のパフォーマンスにあった。1985年7月13日、フレディ・マーキュリーは自分の存在感を示し、一瞬で聴衆の心をわしづかみにするコミュニケーションの技を見せつけたのだ。ただのロックンロールの話かもしれない。しかし、フレディ・マーキュリーのパフォーマンスには、私たちが学ぶべき多くのヒントがある。

周到に準備する

クイーンはライブエイドに参加した名だたるバンドやアーティストの一つにすぎなかった。しかも、参加は直前に決まったことだった。彼らにすれば、使い慣れたいつもの舞台セットで演奏したかったことだろう。しかし、ライブエイドの会場ではそれができない。メンバーが入念なリハーサルを重ね、この特別なイベントのために周到に準備したのは明らかだった。そして教訓の一つがここにある。十分な準備を行えば、本番でもリラックスして「今ここ」に集中できる。

第一印象で引き付ける

バックステージから登場したフレディは、軽いフットワークでステージの前方に姿を見せる。うれしさを爆発させるかのように、ときおりこぶしを突き上げるようなジェスチャーで大観衆の歓声を誘う。まるで「ここに来てくれたみんな、今日は君たちのための日だ。君たちのことを愛しているよ」そう呼びかけているかのようである。映像を見ると、ピアノの椅子に座る直前に、観客と楽しげに心を通わせることができて満足そうに微笑んでいるのが分かるだろう。緊張した笑顔になってもおかしくない場面だが、フレディの心の底から湧き出たあの笑顔は、100％の自分がここに存在し、今この瞬間が好きでたまらない、という表情だ。

シンプルな姿勢を貫く

クイーンのライブは、パフォーマンスを引き立てるために大掛かりな照明や舞台セットを使うことで知られていた。しかし、ライブエイドではいつもの舞台セットが使えない。余計な演出が許されない

となると、頼れるのは生身の自分だけだ。ギタリストのブライアン・メイは、本番前のあるインタビューで、会場となるウェンブリースタジアムのステージが殺風景なことについて、こうコメントしている「要は、演奏で本領を発揮できるか、それに尽きるよ」。シンプルに徹しようとした彼らの姿勢は、ジーンズと白いタンクトップ姿で本番に臨んだフレディのいで立ちにも表れている。

障壁を取り除く

　フレディは観客に少しでも近づこうと出来る限りのことをすべてやった。面白いジェスチャーで観客を沸かせたかと思えば、満員のスタジアムにくまなく注意を向け、ステージの端ぎりぎりのところまで近づいていく。それでも物足りないときは、さらに一段下のスペースまで降りて行く。そこは本来、モニターを置くための場所だ。彼は、最前列の観客だけでなく、すべての観客のためにパフォーマンスしてみせたのだ。

この瞬間を共有する

　この日のセットリストを通して、フレディが全身で伝えようとしたのは、またとないこの素晴らしいひとときを、みんなで分かち合おう、というメッセージだった。それに呼応するかのように、観客はフレディのボーカルに合わせて歌い、「Radio Ga Ga」が演奏されたときには腕を高く上げ、メロディに合わせてみんなで手拍子したり、こぶしを突き上げたりした。その後、フレディのコール＆レスポンス——「エーオ」で観客は熱狂し、完全に彼の世界に引き込まれた。私たちが学ぶべき教訓はここにもある。それは、聴衆を巻き込み、聴衆と向き合う。一カ所に立ち尽くさず、スペースを活用し、意図を持ってステージを移動する、ということだ。

大切なのは彼ら（聴衆）

　フー・ファイターズのデイヴ・グロールはこう語る。「すべてのバンドがライブエイドのときのクイーンに学ぶべきだ。本当に壁がなくなったと感じたなら、君もフレディ・マーキュリーになれる。僕が思うに、彼こそが史上最高のフロントマンさ」。私がよく言う口癖に、「大切なのは我々でなく、聴衆である」というのがある。フレディ・マーキュリーは、この理想を見事に具現化することに成功した。ライブエイドで見せた素晴らしいパフォーマンスは、ほかでもない聴衆のためにあったのだ。実は、ステージを離れているときのフレディは、控えめで物静かな人物だった。しかし、ステージに立ったとき、彼は世界で最も魅力的なパフォーマーの一人であり続けた。聴衆のことを第一に考え、聴衆との障壁を取り除き、聴衆と一体となるために自分ができることをやりつくす。そこから、とてつもないパワーが生まれる。フレディ・マーキュリーのパフォーマンスは、そのことを思い起こさせてくれる。

好奇心を刺激する

　著名な物理学者ミチオ・カクは「我々は生まれながらの科学者だ」と言う。彼が言いたいのは、人はみな生まれつき恐ろしく好奇心の強い生き物だということだ。自らの好奇心を露わにしたり、人々の好奇心を刺激したりすれば、会場の一体感はぐっと高まる。優れたプレゼンテーションによって好奇心に火がつくこともあれば、出来の悪いプレゼンテーションによってせっかくの好奇心に水を差されることもある。今日のビジネス・プレゼンテーションの大半は、聴衆の好奇心を刺激することができていない。なぜならそれは、情報を一方的に投げつけるだけの退屈な代物だからだ。

　ひょっとすると、我々は（少なくとも中学校以降の）学校教育を通じてこうした態度を身につけてきたのかもしれない。自分自身の体験や、世界中の教師から届く無数のメールから判断すれば、今日の多くの学校の問題点は、生徒の好奇心をうまく育むことができない昔ながらの教え方にある。これは今に始まったことではない。アインシュタインは半世紀以上も前に自著『自伝ノート』の中でこう語っている——「現代の教育法が、聖なる好奇心をまだ完全に押し殺していないことは、むしろ奇跡である。このか弱い小さな植物は、刺激だけでなく、何より自由を求めている。つまり、自由を与えなければ確実に萎れて枯れてしまうのだ。観察や探求する喜びを、義務感や強制によって育むことができると考えるのは致命的な誤りである」。人は子供時代の大半を、飽くことのない好奇心に突き動かされながら生きている。しかし、カク博士が言うように、学校教育は往々にして「次世代を担う子供たちの好奇心を見事に押しつぶしてしまう」

「現代の教育法が、聖なる好奇心をまだ完全に押し殺していないことは、
むしろ奇跡である……」
——アルバート・アインシュタイン

日本の著名な脳科学者である茂木健一郎は、我々は子供のような好奇心や「神秘や不思議さに目を見張る感性」を常に持ち続けるべきだと語っている。「好奇心をなくすことによって、人は一番の宝物を失ってしまう。好奇心こそが、今日の我々を作り上げてきた最も大切な資質だからだ」。テーマへの好奇心や飽くなき興味を身をもって示している人々こそ、最高のプレゼンターであり、教師である。こうしたプレゼンターは、聴衆が生まれながらに持っている好奇心を刺激し、うまく引き出すことができる。好奇心や驚異の念に関しては、嘘は通用しない。聴衆はそれがにせものであることをすぐに見抜いてしまう。最高の教師は、生徒をうまく誘導し、彼らの心を奮い立たせ、すべての子供の中に宿っている、生まれながらの好奇心に火をつけることができる。最高のプレゼンターとは、テーマへの抑えきれない好奇心や驚異の念を露わにするのをためらわない人々のことである。

好奇心には伝染力がある

　あふれる好奇心で周囲を巻き込みながら、貴重な情報を与えてくれる人物の好例として、スウェーデンの医師、ハンス・ロスリングが挙げられる（ハンス・ロスリングについては、P293 を参照）。ギャップマインダーの統計アニメーションソフトを使って実演されるロスリングのパフォーマンスは、言うまでもなく説得力に満ちている。しかし同時に、彼は好奇心や情熱を、身をもって示し、独特の口調で聴衆を引き込んでいく。ロスリングは聴衆にこんな言葉を投げかける。

> 分かりますよね？
> ほら、見てください！
> すごいですよね！
> 次はどうなると思いますか？
> びっくりしたでしょう？

　こうした言葉によって聞き手は思わず話に引き込まれる。ハンス・ロスリングは視覚化を通じてデータに命を吹き込み、情報を誰にでも分かりやすい物語の形で伝えることで、人々の感情を刺激しているのだ。彼はまた、独特のとぼけたユーモアで笑わせてくれる――ユーモアほど強力な一体感をもたらしてくれるものはない。

人間は、自らが作り出した道具の道具に
なってしまった。

　　　　　　　　　——ヘンリー・デイヴィッド・ソロー

デジタルツールは退屈なプレゼンテーションの特効薬ではない

　テクノロジーについて、まるでそれが冴えないプレゼンテーションの特効薬であるかのように語る人々は多い。デジタルツールは、さまざまな意味で、コミュニケーションの質や聞き手との一体感を高めてきた。とりわけ、テレビ会議やウェビナー（ウェブ上でのオンラインセミナー）、スカイプなどを通じて、地球の反対側にいる人々と触れ合う場合はそうだと言える。しかし、近年のテクノロジーの劇的な進歩にもかかわらず、人々と心を通わせ、一体感を味わい、感情的なつながりを持ちたいという人間の根源的な欲求は、まったく変わっていない。今日、各企業はさまざまなオプション機能やアニメーション効果を搭載した最新機器を売り出し、それさえあれば確実に聴衆を引き付けられるかのように喧伝している。だが、この種の売り文句は疑ってかかるべきである。ツールやエフェクトを使えば使うほど、聴衆の集中力は散漫になってしまう場合が多いからだ。

　清水ハン栄治は日本の映画制作者であり、数々の賞に輝いた映画『Happy』のプロデューサーでもある。2011 年の TEDxTokyo での『Happy?』と題するプレゼンテーションで、彼は「幸せをもたらすのは足し算ではなく、むしろ意図的な引き算である」という考え方を主張している（意図的な引き算は日本古来の美学でもある）。「娯楽、誘惑物、消費文化に惑わされ、盲目的に進歩を追い求めることは、幸せにはつながらないかもしれない」清水はそう語る。この考え方をプレゼンテーション・テクノロジーやデジタルツール全盛の現代にあてはめれば、「進歩」という名のもとに、あるいは「聴衆の注意を引く」ために、大量のエフェクトやトリックを取り入れる人々が多過ぎるということになる。ますます多くのデジタルツールが入手可能になった今、一体感に満ちた最高のプレゼンテーションをもたらすのは、むしろ「意図的な引き算」の方かもしれない。

コミュニケーションの障壁を取り除く

　私は演台があまり好きではない。演台にもそれなりの長所があるし、それを使わざるを得ない場合もある。しかしほとんどの場合、演台の後に立ってスピーチするのは、壁の後ろに立ってスピーチをするようなものである。

　演台はスピーカーを権威ある指導者のように見せる効果がある。それゆえ、政治家は演台の後ろに立ってスピーチをしたがる。自分を「大物リーダー」に見せることが目的ならば、演台を使った方が適切かもしれない。しかし、大方は会議のプレゼンターや教師、営業マンである私たちにとって、壁の後ろに立つのは最も避けたいことである。また、演台がステージの脇に設置されているケースも多い。その場合、プレゼンターが壁の後ろに隠れてしまうだけでなく、スクリーンに映し出されるビジュアルが主役として注目を浴びることになり、本人は完全に脇役に成り下がってしまう。プレゼンターとスクリーンの両方を中央に持ってくることも可能なはずだ。ステージの中央なら、人々の注目が自然と集まるし、プレゼンターも演台から離れざるを得なくなる。

　演台の後ろに立ってスピーチを行っても、あなたの声はほぼ変わらないだろうし、プレゼンテーションの媒体もいつもと同じに見えるかもしれない。だがそれは理想とはかけ離れている。聴衆との一体感が失われるからだ。大好きなシンガーが演台からパフォーマンスを行っている姿を想像するといい。言うまでもなく馬鹿げている。今度はスティーブ・ジョブズが、いつものスライドや動画を使い、例のジーンズと黒いタートルネックという姿で、演台から基調スピーチを行っているところを想像してほしい。彼の声は変わらないかもしれない。ビジュアルも同じに見えるかもしれない。しかし、そこには引き込まれるような一体感がない。

　概して、演台というものはあまりにも前世紀的である。とはいえ、演台を使うことが好ましい場合もある。例えばフォーマルな式典で、多くの人々が順番にスピーチをするようなケースだ（卒業式はその好例である）。しかし、人々があなたのスピーチを聞き、あなたから学び、あなたの話に納得したり、刺激を受けたりするためにわざわざ足を運んでくれた場合、あらゆる手段を講じて、自分と聴衆の間にあるすべての壁──物理的・比喩的なもの──を取り除くべきである。それは恐怖心を伴う作業であり、修練を必要とする。しかし、その見返りは大きい。

　この写真は非常にありふれた光景を写し出している。ご覧の通り、プレゼンターと聴衆の間に3つの「障壁」が存在している。一つ目は物理的な障壁である演台。大きさにもよるが、演台はプレゼンターのほぼ全身を遮断する障害物である。二つ目はノートパソコン。これもプレゼンターと聴衆を隔てる小さい障壁になる。プレゼンターの視線は、客席の聴衆よりも、もっぱらこの小さな障壁に集中する。三つ目は、客席との距離である。通常演台は、スクリーンもしくは客席からかなり離れた場所に置かれている。コミュニケーションの妨げになるこれらの障壁は、できる限りすべてを取り除くべきである。プレゼンターは演台とノートパソコンから離れて客席に近づき、自分自身とスクリーンに聴衆の視線を集めるようにしよう。

ビジュアル志向で行く

ジョブズの基調講演やイベントには、巨大なスクリーンと高品質のグラフィックが活用されていた。画像は鮮明で、プロフェッショナリズムと独自性に溢れている（もちろん、テンプレートとは無縁だ）。表やグラフはシンプルかつ、明快そのものである。「無味乾燥な箇条書き」は一切存在しない。彼はもっぱらビジュアルを表示するためにスクリーンを使っている（短いリストを見せることもあるが、ごくまれである）。ジョブズは意図がひと目で分かるような形でデータを表示していく。すべてのプレゼンテーションが写真や動画を必要とするわけではない。だが、あえてマルチメディアを使うのであれば、シンプルかつ高品質なビジュアルを創り上げるべきである。

あっと驚くような要素を取り入れる

言うまでもなく、ジョブズのプレゼンテーションには常に何らかの新しい要素が含まれていた。しかし、それとは別に、彼は毎回、聴衆にちょっとした驚きを用意していた。人間は予想外の出来事や、「へえ！」とうなってしまうような事実に目がない。脳は目新しさや意外性に飢えているのだ。

趣向を変え、メリハリをつける

ジョブズは緩急をつけたり、さまざまな趣向を凝らしてスピーチに変化をもたせたりすることが得意だった。彼は一カ所に立ったまま、延々と話し続けたりしない（それは最悪のやり方だ）。代わりにジョブズは、動画、写真、物語、データ、ゲストスピーカー、ハードウェアやソフトウェアのライブデモといった要素を巧みに組み合わせていた。1〜2時間もの間、ひたすら情報を語り続けるのは、聴衆にとって（あるいはプレゼンター自身にとって）あまりに退屈過ぎる。単に情報や新機能を語りたいのなら、それらを文書にまとめ、暇なときに読んでもらった方がずっと効率的だ。

適切な長さを心がける

ジョブズは決して不要な細部を盛り込んだりせず、必ず時間通りに講演を終了していた。長過ぎるプレゼンテーションの弊害を自覚している彼は、素早く、スムーズに本題に入っていった。そのトピックがなぜ重要で、興味深く、有意義なのかを20分以内で説明できなければ、十分にトピックを知り尽くしているとは言えない。コンテンツの質を保ちつつ、できるだけコンパクトなスピーチを作成するようにしよう（ただし、ケースバイケースの対応も忘れないこと）。大切なのは、聴衆を「腹一杯」にすることではなく、終わった後に「もっと聞きたい」と思わせることなのだ。

一番いい部分は、最後まで取っておく

人々は最初の2分であなたのパフォーマンスを評価しようとする。したがって、インパクトのあるオープニングは不可欠だ。だがエンディングには、それを上回るインパクトが必要になる。人々の記憶に一番残るのは、最初と最後の部分である。もちろん、その中間も重要だ。しかし、最初か最後のどちらかをしくじった場合は、すべてが台無しになりかねない。だからこそ、オープニングとエンディングの練習を徹底的にやる必要があるのだ。ジョブズは「さらにもう一つ」と言いながら、最後にとっておきのスライドを見せることで有名だった――そのスライドが出れば、彼の講演は終了である。

スティーブ・ジョブズは生前、世界を変えることについてよく語っていた。そして56年の短い生涯の間に、実際に世界を変えてみせた。美学、簡潔性、ディテールへの驚くべき献身によって、彼はテクノロジー、ビジネス、デザインといった分野のレベルアップを促しただけでなく、プレゼンテーションの水準を大いに引き上げたのだ。いささか気まぐれな人物ではあったが、ジョブズは真の達人であり、偉大な師だった。

Macworld 2008（サンフランシスコ）で、Mac OS 10.5 が発売以来 500 万本を売り上げたことを告げている場面。数字を示すとき、ジョブズはいやでも目に飛び込んでくるほど大きなフォントを使った。

ジョブズは画像を巧みに利用して、機能の違いを分かりやすく説明した。写真はサンフランシスコで開催された Apple の特別イベントで、新製品の iPod Nano を紹介している場面。
（写真提供：ジャスティン・サリヴァン／ iStockphoto.com）

聴衆との距離を縮める

　私は過去20年間、世界各地で講義やプレゼンテーションを行ってきた。その経験から学んだことが一つある。それは「聴衆をうまく引き付けられるかどうかは、話し手と聴衆の（あるいは聴衆同士の）物理的な距離に大きく左右される」ということだ。空間的条件は、非言語コミュニケーションや聴衆との一体感に大きな影響を及ぼしている。パーソナルスペースに対する考え方は、文化によって異なるかもしれない。しかし、聴衆を引き込むためには、できる限り彼らに近づく必要がある。加えて、聴衆同士の距離を縮めることもまた、一体感を高めるのに役立つ。物理的な制約もあるだろうが、原則として（1）自分と聴衆の距離を縮める（2）聴衆同士を互いに近づける（ただし、現場でのパーソナルスペースのとらえ方に配慮する）（3）聴衆との（物理的・心理的な）距離を作り出すあらゆる障壁を取り除く、という3点を実行すべきである。例えば、堅苦しい言葉遣いをしたり、相手の知らない業界用語を連発したりすれば、話し手との間に心理的な距離ができてしまう。テクノロジーもまた、使い方を誤れば、心理的な隔たりを生み出しかねない。こうした距離感によって、物理的にどんなに接近していようが、聴衆との一体感は失われてしまう。

広いカンファレンス会場には、ステージ前方か聴衆の背後に大型モニターが設置されていることが多い。これは、「コンフィデンスモニター」とも呼ばれている。このようなモニターが設置されていない場合は、自分のノートパソコンを会場の視聴覚システムに接続すれば同じ効果が得られる。この場合、ステージ前方の演台に隠れるように置くと、ステージ上のどの角度からも画面が見えやすく、なおかつ聴衆にはほとんど気付かれない。

上の写真では、ノートパソコンがステージ脇の演台の上ではなく、ステージ中央に設置されている。こうすると、プレゼンターには一種のモニターの役割を果たしつつ、客席からは視界に入らない。聴衆にはプレゼンターとその後ろのスクリーンだけが見える。

この写真の会場には、東京のオフィスの一室が使われている。部屋の後方に大型スクリーンが配置されているので、ノートパソコンをモニター代わりにする必要がない。ノートパソコンは、ステージ脇に置いておける。このような会場では、ステージ上のどこにいても聴衆とアイコンタクトを保つことができ、同時に背後のスクリーンでコンテンツを常に把握できる。

小さめのリモコンを使ってスライドを進めよう

　私は極めて頭脳明晰な人々のプレゼンテーションを数多く目にしている。しかし（初めてそういった装置を見た人のように）リモコンの使い方が下手だったり、まったくリモコンを使わなかったりするケースが多過ぎるように思う。あまりに多くのプレゼンターが、いまだに机や演台に置かれたコンピューターに張り付いていたり、数分おきにコンピューターに歩み寄ってスライドを進めたりしている。

　コンピューター用のリモコンは比較的安価であり、絶対的な必需品と言える。問答無用で手に入れるべきだ。現在スライド操作をリモコンで行っていないのであれば、リモコンを取り入れることによって、格段の違いが出てくる。リモコンのおかげで、客席の前へ出て行ったり、ステージや部屋を歩き回ったり、聴衆と心を通わせたりすることができるようになるからだ。

　ノートパソコンに張り付き、うつむいたまますべてのスライドを進めているようでは、プレゼンテーションはナレーション付きのスライドショーと化してしまう。昔、叔父さんが35ミリのスライド映写機で見せてくれた、彼の釣り旅行のハイライトシーンのようなものだ。退屈過ぎてあくびが出る。

　忘れてはならないのは、プレゼンテーションを支えるテクノロジーは、できるだけ聴衆の目から隠すべきだということだ。テクノロジーの使い方が巧妙であれば、聴衆はデジタルツールの存在をいちいち意識しなくても済む。しかし、ノートパソコンの前に陣取り、コンピューターの画面からキーボード、そして聴衆（もしくはスクリーン）へと視線を行き来させているだけでは、悪評の高い典型的なスライド・プレゼンテーションになりかねない。

　プログラムの起動や、ウェブサイトの表示など、スライドを進める以外の目的でコンピューターを使う必要がある場合は、時々コンピューターに歩み寄って操作を行ってもかまわない。とはいえ、必要のない限りは、コンピューターのそばに張り付くべきではない。

リモコンは小さくてシンプルなものがいい。私は基本的な機能しかついていない小さなリモコンの方が好きだ。マウスとしての機能など、無数の機能を備えたリモコンを買うこともできるが、それらは大きくて人目を引いてしまう。できるだけシンプルに行こう。スライドを進めること、戻すこと、消すことができれば、それで十分だ。

「B」キーを使う

　スライドウェアを使ってプレゼンテーションを行う際に、最も役に立つものの一つが「B」キーである。PowerPoint や Keynote の使用中に、キーボードの「B」キーを押すと、画面が真っ暗になる（一方、「W」キーを押すと、画面が真っ白になる）。キーを使ってスクリーンを暗くする方法の他に、聴衆の関心をスクリーンからそらしたい場面に合わせて、あらかじめ真っ黒なスライドを挿入しておくというやり方もある。「B」キーが役に立つのは、例えば、スクリーン上のビジュアルとは無関係の（ただし、トピックに即した）ディスカッションが自発的に始まった場合である。「B」キーを押して画面を真っ暗にすれば、気をそらしかねないビジュアルは消え、全員の視線がプレゼンターやディスカッションの参加者の方に集まるようになる。スライドに戻りたいときは、もう一度「B」キーを押すだけでいい（この機能はたいていのリモコンにもついている）。そうすれば、再び元の画面が表示される。

画面を真っ暗にフェードアウトする機能が使えるなら、すべての視線がステージ前方中央に立つプレゼンターに集まる。プレゼンテーションをデザインするときは、ナレーションの途中にいくつか視覚的な休憩を入れるために、空白のスライドを組み込むとよい。ただし、キーボード（あるいはリモコン）の「B」ボタンを押せば、いつでも画面を真っ暗にすることができる。これは、議論が進展してスクリーンの画像が無関係になったときや、表示したままだと気が散るようなときに特に役に立つ。

照明はつけたままにする

　聴衆を引き込むためには、プレゼンターの姿がはっきり見えるようにする必要がある。話し手の目の動きを見たり、表情を読んだりできた方が、メッセージが伝わりやすくなるからだ。彼らは言語的要素（発言）、音声的要素（声の調子）、視覚的要素（ボディーランゲージ）に基づいてメッセージを解釈している。非言語的なシグナルはメッセージの重要な一部である。もしプレゼンターの姿が見えなかったら（たとえスクリーンがよく見えたとしても）メッセージの持つ深い味わいはほとんど失われてしまうだろう。

　明かりを消してスライドを見やすくしたい気持ちも分かる。だが、プレゼンターに光を当て続けることの方が優先事項である。多くの場合、一部の照明のみを落とすことで妥協できる。

今日のプロジェクターの進歩を考えれば、会議室や講堂では、通常、すべての（あるいはほとんどの）明かりをつけたままでも構わない。大規模なホールでは、照明設備が充実していることが多く、プレゼンターだけに照明を当て、スクリーンの周囲を暗くすることも可能である。会場の状況がどうであれ、プレゼンターには必ず十分な照明が当たるようにしよう。話し手の姿が見えなければ、聴衆と一体感を確立することは不可能だ。

　日本の企業の会議室では、プレゼンテーションの際に、照明をすべて（あるいはほとんど）消すことが習慣化している。プレゼンターが机の脇や後ろに座ってコンピューターを操作し、聴衆はスクリーンを眺めながら「プレゼンター」のナレーションをただ聞いている、といったケースも非常に多い。誰もがこうした習慣を取り入れているために、それが「普通」のやり方だと見なされている。確かに「普通」かもしれない。しかし、それは効果的なものではない。プレゼンターの「声」だけでなく「姿」も捉えることができた方が、聴衆はメッセージを理解しやすくなるはずである。

明かりを消し、部屋の後ろに座って、
こんな感じでプレゼンテーションを行うと……

部屋の中はたちまちこうなる。

相手の心をつかめているかどうかチェックする方法

　プレゼンテーションにおいて相手の心を完全につかんだとき、彼らの中にある何かを目覚めさせることができる。８章で紹介したベンジャミン・ザンダーは、人々の可能性を呼び覚ますことにかけては達人だ。「人々（あるいは学生、同僚、聴衆、クライアント）の可能性を呼び覚ますこと」──それはまさに、彼が我々に要求していることでもある。リーダーの任務とは、あるグループ、企業、国家の可能性を目覚めさせることに他ならないのではないか？　教師の役割とは、一人一人の学生の潜在能力を引き出すことではないだろうか？　親の務めの中でとりわけ大切なのは、それぞれの子供の中に眠っている可能性を呼び覚ますことではないか？　もちろん、すべてのプレゼンテーションが人々に大きな感化を与えるわけではない。しかし、プレゼンテーションを行う以上は、人々に何らかの変化をもたらさなければならない。相手の心をつかみ、彼らの中にある新たな可能性を目覚めさせることもその一つである。

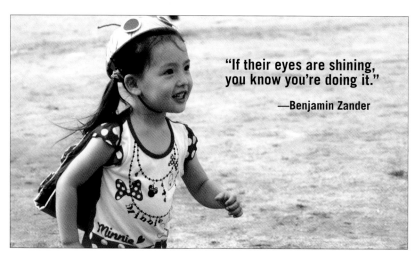

「彼らの眼が輝いているなら、あなたはうまくやっている」
──ベンジャミン・ザンダー

相手の可能性を呼び覚ますことができているかどうかを確かめるには、どうすればいいか？──ベンは尋ねる。答えはこうだ。「目を見ればいい。彼らの目が輝いていれば、うまくいっているということだ」彼は続ける。「もし彼らの目が輝いていなければ、こう自問しなければならない──楽団員の目を輝かせることのできない指揮者に何の意味があるのか？」相手が子供であれ、学生であれ、聴衆であれ、同じことが言える。「聴衆の目を輝かせることのできないプレゼンターに何の意味があるのか？」──私にとって、それは最も重要な問いである。

まとめ

● 聴衆を引き込むためには、彼らの感情を刺激する必要がある。

● 照明はつけたままにすること。聴衆から常にプレゼンターの姿が見えるようにしよう。

● 聴衆との間のあらゆる障壁を取り除こう。演台はできれば避けた方がいい。

● ワイヤレスマイクを使い、リモコンを用いてスライドを進めよう。そうすれば自由に、スムーズに動き回ることができる。

● 明るく、前向きで、ユーモアのある態度を心がけ、聴衆と親密な関係を築こう。コンテンツの価値を心から信じていなければ、聴衆を納得させることは不可能である。

next step
次のステップ

我々は自分が考えた通りの人間になる。

――釈迦

長い旅が始まる

　多くの人々がプレゼンテーション向上のための近道や手っ取り早い解決法を探している。だが、そうしたものは存在しない。万能の特効薬や画一的な対策はないのだ。今日の世界で優れたプレゼンターを目指すということは、一つの長い旅のようなものである。その旅の過程には、より「進んだ」プレゼンテーション法——我々の生きている世界にふさわしいプレゼンテーション法への道がたくさん存在している。素晴らしいプレゼンターになるための第一歩は、しっかりと現状を見つめること——そして、現時点で望ましいとされている標準的なやり方が、実際に我々が学んだり、理解したり、記憶したりする方法に即していないことを見極めることである。

　現在のスタート地点がどこであれ、あなたは大きく飛躍できるはずだ。実際、非凡なプレゼンターになることも可能である。私はそれを確信している。なぜなら、そういった例を何回も目撃してきたからだ。私がこれまでに、自分には特に創造性やカリスマ性はないと思っているその道の専門家たち（老若を問わず）と一緒に仕事をしてきた。しかし、ほんの少し手を貸しただけで、彼らは極めて創造的で雄弁な、人を引き付けるプレゼンターに変身することができた。彼らは自分の中にすでに素晴らしいプレゼンターが存在していたことに気付いたのである。ひとたび現状をはっきりと認識し、過去を忘れ、学ぶことに情熱を傾ければ、成果が見えてくるのは時間の問題だ。興味深いことに、人々が自信を深め、プレゼンターとして向上するにつれて、新たに芽生えた自信や価値観が、彼らの仕事とプライベートの両面に素晴らしい影響を及ぼすようになるのである。

プレゼンテーション向上法

　（マルチメディアを使うかどうかに関わらず）優れたプレゼンターになるために、そして広い意味でのコミュニケーション能力を磨くために、あなたができることはたくさんある。ほんの数例だが、留意すべきポイントを挙げておく。

読書などを通じて独学する

　優れたプレゼンターに必要な知識の大半は、書籍、DVD、そして無数のオンライン情報源を通じて、独学で身につけることが可能である。私は「プレゼンテーションZen」ウェブサイト（www.presentationzen.com）上に、プレゼンテーションのデザインや実施に関連した数多くの本、DVD、ウェブサイトをリストアップしている。私の推薦する項目の大半は、必ずしもプレゼンテーション技術やスライドウェアを扱ったものではない。しかし、こうした情報源こそ最も役に立つことが多い。例えば、ドキュメンタリー映画の巨匠を研究することによって、ストーリーテリングや画像の使い方について多くを学ぶことができる。映画の脚本に関する本でさえ、プレゼンテーションの世界に応用できる教訓を与えてくれる。独学を通じて、思いもよらぬ素晴らしい教えにめぐり合うかもしれない。とりわけ、意外な場所を覗いてみたとき、その可能性は高くなる。

とにかく実践する

　本を読んで研究を重ねることは大切であり、欠かせない要素だが、（ビジュアルのデザインも含めて）プレゼンテーションを真に向上させるためには、それを実践し、場数を踏まなければならない。できるだけ機会を見つけてプレゼンテーションを行うようにしよう。地元にトーストマスターズ（www.toastmasters.org）〔訳注：伝統のあるスピーチサークル〕の支部があれば、参加を検討してみるといい。

ライブの演奏からインスピレーションを得ることもある。

最寄りの都市で開催されるTEDx（www.ted.com/tedx）や「ぺちゃくちゃ・ナイト」（www.pecha-kucha.org）、「イグナイト」（igniteshow.com）といったイベントもぜひチェックしよう。地元でこうしたイベントが見つからない場合は、自ら新たなイベントを始めてみるのもいいだろう。学校やビジネス、ユーザーグループなどの場で、自発的にプレゼンテーションを買って出よう。あらゆる機会を利用して、自分のアイデアを「提供」すべきである。コミュニティ内のプレゼンテーションを通じて、自分の知識、スキル、物語を分かち合い、貢献を果たしてほしい。

「創造的な精神」と触れ合う

専門分野が何であれ、働くプロフェッショナルにとって、自分の「創造的な精神」と常に触れ合い、それを育んでいくことは重要である。自らの情熱や才能をないがしろにするのはもったいない。実のところ、インスピレーションはどこに潜んでいるか分からない。山に登っているとき、肖像画を描いているとき、夕焼けの写真を撮っているとき、小説を書いている

―そして楽器の演奏を学ぶ子供たちからも。

とき……そして繁華街のナイトクラブ（あるいはガレージ）で、仲間のミュージシャンとの演奏中にグルーヴを感じるとき、ごく自然にインスピレーションが湧いてきたり、考えがはっきりしたり、新しい視点を獲得できたりすることがあるのだ。

私はすでにフルタイムで音楽を演奏することはなくなったが、今でも時々、地元のミュージシャンやバンドと共に、大阪周辺のナイトクラブでパフォーマンスを行っている。生で演奏し、他のミュージシャンや聴衆と心を通い合わせることは、創造的な精神にとって非常にプラスになる。ライブでうまく演奏することは、素晴らしいプレゼンテーションを行うことと似ている。大切なのはテクニックではない。テクニックや、派手なパフォーマンスや、客の注意を引くことだけを考え始めたとたんに、すべてが失われてしまう。ライブは感性が命だ。もし私が音楽をやっていなければ、こうした教訓は一つも得られないだろう。この本の初版を執筆してから、私は我が家の幼い子どもたちに楽器を教えるようになった。子供たちが創造性を発揮する喜びを見つけられるよう手助けしながら、私自身も彼らからインスピレーションを得ている。

外へ出てみる

　安全地帯にとどまっていては、素晴らしい出来事は起こらない。時間の許す限り、オフィスや学校や家から離れて、さまざまな人々と関わりを持ったり、創造力を働かせたりするようにしよう。いつもと違う空間にいるときにこそ、我々は物を学ぶことができる。自分自身の能力を試し、創造力を伸ばそう——創造性をつかさどる脳を働かせるのだ。演劇やアートのレッスンを受けてみよう。セミナーに参加しよう。映画やコンサート、劇やミュージカルを見に行こう。または、インスピレーションを求めて一人で散歩に出かけるのもいいかもしれない。

京都の寺を訪ねることも
インスピレーションを与えてくれる。

ヒントはどこにでも転がっている

インスピレーションや教訓は意外な所に転がっている。例えば、私は長年にわたって、グラフィックデザインに関する多くのこと（何が効果的で、何がそうでないか）を朝の通勤電車の中で学んできた。ここ日本では、電車は清潔かつ快適で、時間も正確だ。また電車の中は印刷広告で埋め尽くされており、中吊りポスターが何枚もぶらさがっていたり、  考え得る限りのあらゆる場所に広告が貼られたりしている。私は通勤途中にそれらの広告に目を通して楽しんでいる。そうすればグラフィックデザインのトレンドを研究したり、グラフィックスが印刷メディアでどのように使用されているかを調べたりすることができるからだ。

ポスター、垂れ幕、道路の標識、店先などを注意深く観察することによって、デザインの基本原則について多くを学んだり、批評眼を養ったりすることができる。我々は通常、都市部のデザイン要素の多くを無視したり、当たり前のものと見なしたりしている。しかし、少し街を歩いてみるだけで、参考例はどこにでも転がっていることに気付くはずだ。至る所に教訓は存在している。問題はそれに気付くかどうかだ。

あなたの中にはすでに素晴らしいプレゼンターが存在している

　重要なのは、あなたの中にはすでに素晴らしいプレゼンターが存在していることに気付くことだ。テクノロジーや他人の指図に従ってプレゼンテーションを行うべきではない。とりわけ、単なる習慣——あるいは他人の習慣——に従って、プレゼンテーションの準備、デザイン、実施の方法を決めることは絶対に避けねばならない。成功の秘訣は、あなた自身が現状への認識を高め、世界を観察し、身の回りのあらゆる教訓に気付くことである。古い考えに執着していては、真に前進し、新しいことを学ぶことはできない。

プレゼンテーション向上の鍵は、偏見を捨て、心を解放し、積極的に学ぼうとすること、さらに、その過程でミスを犯すことを厭わないことである。自分自身を変革し、向上させる方法はいくらでもある。この章ではほんの数例だが参考になりそうな方法を挙げてみた。

終わりに

　では、何が結論か？　「結論はない、次のステップがあるのみ」というのが結論だ。そして次のステップを決めるのはあなたである。実際、多くの人にとってこれは終わりではなく、ただの始まりにすぎない。この本では、プレゼンテーションの準備、デザイン、実施の技術を磨く上で参考になる、少数のシンプルなアドバイスを紹介することを心がけてきた。本書はマルチメディアを使ったプレゼンテーションを中心に扱っているが、マルチメディアを使用することが全てのケースに適しているとは限らない。それはあなたの判断に任せよう。だが、もし次のスピーチでデジタルツールを使ってビジュアルを作成することに決めたのなら、「抑制」「シンプル」「自然さ」といった原則を参考にしながら、プレゼンテーションのデザインと実施を行うことを目指そう。プレゼンテーション向上への道のりを大いに楽しんでほしい。

千里の道も一歩から始まる。

—老子

Photo Credits フォトクレジット

マーカス・ヴェルンリ・斉藤

庭園の写真は、許可を得た上で、重森三玲著『Modernizing The Japanese Garden』(Stone Bridge Press) から、クリスチャン・チュミとマーカス・ヴェルンリ・斉藤の手によってリプリントされたものである。マーカス・ヴェルンリ・斉藤の作品集は www.markuz.com で閲覧できる。

イントロダクション：

4 kosmos111/Shutterstock; 6 Garr Reynolds; 8 Guy Kawasaki;
9 Guy Kawasaki.

第1章：

14 Benson Truong/Shutterstock; 16 Garr Reynolds;
19 Shutterstock; 19 Life and Times/Shutterstock; 21 Life
and Times/Shutterstock; 23 Adam Gregor/Shutterstock;
23 Rawpixel.com/Shutterstock; 25 iJeab/Shutterstock,
anatoliy_gleb/Shutterstock, Kiattipong/Shutterstock, Korawat
photo shoot/Shutterstock, George Rudy/Shutterstock, joyfull/
Shutterstock; 28 Shutterstock; 30 Seth Godin; 31 Seth Godin;
Lyza Danger Gardner; 33 KieferPix/Shutterstock; 35 Svetoslav
Radkov/Shutterstock.

第2章：

40 Eladora/Shutterstock; 42 Ollyy/Shutterstock; 44 Garr
Reynolds; 46 Garr Reynolds; 48 Dr. Ross Fisher; 49 Dr. Ross
Fisher; 52 Garr Reynolds; 53 Garr Reynolds, Min C. Chiu/
Shutterstock; 55 Naluwan/Shutterstock.

第3章：

56 SkyLynx/Shutterstock; 58 anyaberkut/Getty Images;
61 Ditty_about_summer/Shutterstock; 62 Zack Frank/
Shutterstock; 65 Pressmaster/Shutterstock; 67 Daxiao
Productions/Shutterstock; 68 Garr Reynolds; 69 Jacob Lund/
Shutterstock; 70 Garr Reynolds; 71 Stylephotographs/123rf.
com; 74 C.PIPAT/Shutterstock; 77 Matej Kastelic/Shutterstock;
79 Asier Romero/Shutterstock, Wavebreak Media Ltd/123rf.
com; 81 its_al_dente/Shutterstock, Pilipphoto/Shutterstock,
Alexander Raths/Shutterstock, Garr Reynolds; 82 Matej
Kastelic/Shutterstock; 83 wavebreakmedia/Shutterstock;
84 fizkes/Shutterstock; 86 Jacob Lund/Shutterstock;
87 Valzan/Shutterstock.

第4章：

88 anatoliy_gleb/Shutterstock; 93 Garr Reynolds; 94 Africa
Studio/Shutterstock, pathdoc/Shutterstock, patpitchaya/
Shutterstock, Andreeva Anna/Shutterstock; 95 Pictorial Press
Ltd/Alamy Stock Photo; 102 Tatchaphol/Shutterstock;
103 TY Lim/Shutterstock; 105 Koonsiri boonnak/Shutterstock;
107 Wavebreakmedia/Shutterstock; 110 Garr Reynolds;
111 Garr Reynolds; 113 Orla/Shutterstock, Lucky Business/
Shutterstock, Chinnapong/Shutterstock, Cedric Crucke/
Shutterstock; 113 antoniodiaz/Shutterstock, lmtmphoto/
Shutterstock; 114 Garr Reynolds; Maridav/Shutterstock,
Jacob Lund/Shutterstock, its_al_dente/Shutterstock, Lucky
Business/Shutterstock, Nickoly/Shutterstock, 115 Garr
Reynolds, Krasovski Dmitri/Shutterstock, Lora liu/Shutterstock,

Elnavegante/Shutterstock, TOMO/Shutterstock, GaudiLab/
Shutterstock, Andrey Bayda/Shutterstock, Rawpixel/
Shutterstock, GaudiLab/Shutterstock, Andrey Bayda/
Shutterstock, KPG_Payless/Shutterstock, TOMO/Shutterstock;
116 Courtesy of Nancy Duarte; 117 Courtesy of Nancy Duarte;
118 Courtesy of Nancy Duarte; 119 Courtesy of Nancy Duarte;
122 Elnavegante/Shutterstock; 122 Maxx-Studio/Shutterstock;
123 Slawomir Chomik/Shutterstock.

第5章：

128 Alexey Fedorenko/Shutterstock; 133 Justin Sullivan/
Getty Images, Ron Wurzer/Getty Images; 135 Kcline/E+/Getty
Images; 136 Garr Reynolds; 137 Katherine Welles/Shutterstock;
140 The History Collection/Alamy Stock Photo; 141 Garr
Reynolds; 144 COSMOS A PERSONAL VOYAGE/Druyan-Sagan
Associates, Inc.; 147 NeydtStock/Shutterstock.

第6章：

148 Blue Planet Studio/Shutterstock; 150 Mstanley/
Shutterstock; 151 Mstanley/Shutterstock; 153 Garr Reynolds;
155 GaudiLab/Shutterstock; 156 Supranee/Shutterstock;
157 Sakarin Sawasdinaka/Shutterstock; 158 dem10/Getty
Images; 159 wavebreakmedia/Shutterstock, Tom Saga/
Shutterstock, wavebreakmedia/Shutterstock; 163 iJeab/
Shutterstock, anatoliy_gleb/Shutterstock, Kiattipong/
Shutterstock, Korawat photo shoot/Shutterstock, joyfull/
Shutterstock, Garr Reynolds; 165 Rawpixel.com/Shutterstock,
Garr Reynolds; 166 Garr Reynolds; 168 Dex Image/Alamy
Stock Photo; 169 Benoist/Shutterstock, naka-stockphoto/
Shutterstock, takayuki/Shutterstock, KO HONG-WEI/Alamy
Stock Photo, Dex Image/Alamy Stock Photo; 170 mikiel/123rf.
com; 171 Yury Zap/Shutterstock, MyPixelDiaries/
Shutterstock; 171 FCG/Shutterstock; 172 Shutterstock,
Garr Reynolds, Mladen Zivkovic/Shutterstock; 173 Jim
David/Shutterstock, wavebreakmedia/Shutterstock, 173 Garr
Reynolds; 174 magone/123rf.com, Jit-anong Sae-ung/
Shutterstock, Tanya_F/Shutterstock, Sergii Molodykov.123rf.
com, Garr Reynolds, Blue Ice/Shutterstock; 176 Anton
Watman/Shutterstock; 176 yonibunga/Shutterstock;
177 Anton Watman/Shutterstock, yonibunga/Shutterstock;
178 KieferPix/Shutterstock; 179 EasyBuy4u/Getty Images;
180 Garr Reynolds; 181 Andreeva Anna/Shutterstock, Daxiao
Productions/Shutterstock, redhumv/Getty Images, Claudiad/E+/
Getty Images; 184 Phil Date/Shutterstock, ene/Shutterstock,
Mikhail Pozhenko/Shutterstock, Phil Date/Shutterstock;
185 NASA; James Breeze; 186 Photodynamic/Shutterstock,
Pictorial Press Ltd/Alamy Stock Photo; 187 Khakimullin
Aleksandr/Shutterstock, StockPhotosArt/Shutterstock,
EpicStockMedia/Shutterstock, epicstockmedia/123rf.com,
Garr Reynolds; 189 Kathleen Scott; 191 Christian Delbert/
Shutterstock, Garr Reynolds, Chinnapong/Shutterstock;
192 Blue Planet Studio/Shutterstock, WildSnap/

Shutterstock, KPG_Payless/Shutterstock, joyfull/Shutterstock; 193 Katsushika Hokusai (Japanese, Tokyo (Edo) 1760–1849 Tokyo (Edo)). South Wind, Clear Sky (Gaif kaisei), also known as Red Fuji, from the series Thirty-six Views of Mount Fuji (Fugaku sanj rokkei). Metropolitan Museum of Art, New York. JP9.; Evgeny Atamanenko/Shutterstock, Garr Reynolds; 06photo/Shutterstock, Garr Reynolds, Jozef Polc/123rf.com; 196 Mstanley/Shutterstock; 197 Alina Rosanova/Shutterstock, Garr Reynolds, nadianb/Shutterstock, Tanya_F/Shutterstock; 198 Green Color/Shutterstock; 202 Rawpixel.com/Shutterstock, oatawa/Shutterstock, EM Arts/Shutterstock; 203 Sergii Molodykov.123rf.com; 204 Garr Reynolds, Pictorial Press Ltd/Alamy Stock Photo; 205 Garr Reynolds, milatas/Shutterstock, PopTika/Shutterstock, jtyler/Getty Images; 207 NeydtStock/Shutterstock.

第 7 章：

208 Life and Times/Shutterstock; 210 Andrey Bayda. Shutterstock, J.D.S/Shutterstock; 211 Garr Reynolds; 212 MaraZe/Shutterstock, Dan Kosmayer/Shutterstock; 213 Garr Reynolds, polkadot_photo/Shutterstock, Garr Reynolds, kazoka/Shutterstock, Mstanley/Shutterstock; 215 Garr Reynolds; 216 HstrongART/Shutterstoc, PitukTV/Shutterstock; 217 GHProductions/Shutterstock, Halfpoint/Shutterstock, Garr Reynolds; 218 Garr Reynolds; 219 Mstanley/Shutterstock; 220 Garr Reynolds,Kativ/E+/Getty Images, Worldclassphoto/Shutterstock, Kcline/E+/Getty Images, Kathleen Scott, Patryk Kosmider/Shutterstock; 221 Dudarev Mikhail/Shutterstock, Ooyoo/E+/Getty Images, Yali Shi/123RF, John Leung/Shutterstock, dstephens/Getty images, Mykeyruna/Shutterstock, RichLegg/Getty Images; 222 Epicurean/E+/Getty Images, nunosilvaphotography/Shutterstock, miya227/Shutterstock, Rawpixel.com/Shutterstock, Yury Zap/Shutterstockq; 224 Courtesy of Gihan Perera; 226 Courtesy of Shena Ashley; 227 Courtesy of Shena Ashley; 228 www.gapminder.com; 230 MatoomMi/Shutterstock; 231 Courtesy of Masayoshi Takahashi; 232 Keiko Noda/Gracefield.com; 233 Keiko Noda/Gracefield.com; 234 Keiko Noda/Gracefield.com; 236 Courtesy of Sunni Brown; 237 Courtesy of Sunni Brown; 238 Garr Reynolds; 239 Courtesy of Andreas Eenfeldt; 240 Courtesy of Andreas Eenfeldt; 241 Courtesy of Clement Cazalot; 242 imtmphoto/Shutterstock, KPG_Payless/Shutterstock, Vyntage Visuals/Shutterstock, imtmphoto/Shutterstock, maroke/Shutterstock, milatas/Shutterstock; 243 maroke/Shutterstock, milatas/Shutterstock, imtmphoto/Shutterstock,UfaBizPhoto/Shutterstock,milatas/Shutterstock, Billion Photos/Shutterstock, Syda Productions/Shutterstock, vectorfusionart/Shutterstock, KPG_Payless/Shutterstock; 244 UPI/Alamy Stock Photo; 245 Angel_fff/Shutterstock.

第 8 章：

250 Breslavtsev Oleg/Shutterstock; 252 Justin Sullivan/Getty Images; 258 bouybin/Shutterstock; 259 bouybin/Shutterstock; 261 Garr Reynolds; 262 Microsoft Japan Co., Ltd.; 263 Garr Reynolds; 264 maRRitch/Shutterstock; 269 Nikolas Papageorgiou; 271 New Africa/Shutterstock.

第 9 章：

272 Andrey Armyagov/Shutterstock; 276 Billion Photos/Shutterstock; 278 Invision/AP/Shutterstock; 285 Mstanley/Shutterstock, Blue Ice/Shutterstock; 287 Garr Reynolds; 288 Garr Reynolds; 289 Garr Reynolds; 290 Photo by Neil Murphy courtesy of TEDxKyoto; 292 TED.com; 293 Photo by Stefan Nilsson; 293 Photo by Jörgen Hildebrandt; 295 Mstanley/Shutterstock, Supranee/Shutterstock; 297 nito/Shutterstock.

第 10 章：

298 fizkes/Shutterstock; 301 Shutterstock; 301 Shutterstock; 303 Mstanley/Shutterstock, Garr Reynolds; 304 Alan Davidson/Shutterstock; 305 Shutterstock; 306 Imtmphoto/Shutterstock; 311 Matej Kastelic/Shutterstock; 312 David Paul Morris/Getty Images; 315 Justin Sullivan/Getty Images; 317 David Paul Morris/Getty Images, Justin Sullivan/Getty Images; 318 Garr Reynolds; 321 Life and Times/Shutterstock; 323 Gorodenkoff/Shutterstock, WHYFRAME/Shutterstock; 324 Garr Reynolds; 325 naluwan/Shutterstock.

第 11 章：

330 Sander van der Werf/Shutterstock; 332 Garr Reynolds; 333 Garr Reynolds; 335 MAHATHIR MOHD YASIN/Shutterstock; 336 Anton Watman/Shutterstock; 337 Mike_O/Shutterstock; 339 Ozerov Alexander/Shutterstock.

※数字は該当ページを示す

インデックス

スライドデッキ

お薦めサイト

プレゼンテーション Zen　www.presentationzen.com/

TED　www.ted.com/

イグナイト　www.ignitetalks.io/

トーストマスターズ　www.toastmasters.org/

PechakuchaNight（ぺちゃくちゃ・ナイト）

　www.pechakucha.com/

Canva　www.canva.com

Creative Market　www.creativemarket.com

Microsoft Teams リソース

　www.microsoft.com/ja-jp/biz/wsi/teams

shutterstock　www.shutterstock.com/ja/

トム・ピーターズ　tompeters.com/

ギャップマインダー財団　www.gapminder.org/

参考文献

Crowley, James, Sandra Crowley, 2005. "Wabi–Sabi Style." Gibbs Smith Publishers.

Decker, Bert, 1992. "You've Got to Be Believed to Be Heard." St. Martin's Press.

Duarte, Nancy, 2008. "slide:ology: The Art and Science of Creating Great Presentations." O'Reilly Media (熊谷小百合訳『スライドロジー : プレゼンテーション・ビジュアルの革新』ビー・エヌ・エヌ新社 , 2014).

Duarte, Nancy, 2019. "DataStory: Explain Data and Inspire Action Through Story." Ideapress Publishing.

Einstein, Albert, 1949. "Philosopher– Scientist（edited by Schilpp）." The Library of Living Philosophers, Inc (中村誠太郎 , 五十嵐正敬訳『自伝ノート』東京図書 , 1978).

Feynman, Richard P., 1989. "What do you care what other people think? : further adventures of a curious character." Bantam Books (大貫昌子訳『困ります、ファインマンさん』岩波書店、2001).

Fugere, Brian, et al., 2005. "Why Business People Speak Like Idiots." Free Press.

Gerard, Alexis, Bob Goldstein, 2005. "Going Visual : Using Images to Enhance Productivity, Decision-Making and Profits." Wiley.

Godin, Seth. "This is Marketing: You Can't Be Seen Until You Learn To See." Portfolio Penguin (中野眞由美訳『THIS IS MARKETING』あさ出版 , 2020 年).

Heath, Chip, Dan Heath, 2008. "Made to Stick: Why some ideas take hold and others come unstuck." Random House (飯岡美紀訳『アイデアのちから』日経 BP 社 , 2008).

Isaacson, Walter, 2011. "STEVE JOBS." Simon & Schuster (井口耕二訳『スティーブ・ジョブズ』講談社 , 2011).

Jobs, Steve, 1998. 'There's Sanity Returning.' BusinessWeek, 25 May.

Kay, Alan Curtis, Judy Schuster, 1994. 'A bicycle for the mind, redux.' Electronic Learning, April.

Li, Dr Qing (李卿), 2018."Forest Bathing: How Trees Can Help You Find Health and Happiness." Penguin Life (『森林浴』まむかいブックスギャラリー , 2020).

Lidwell, William, Kritina Holden, Jill Butler, 2003. "Universal principles of design : 100 ways to enhance usability, influence perception, increase appeal, make better design decisions, and teach through design." Rockport (小竹由加里 , バベル訳『Design rule index: デザイン、新・100 の法則』ビー・エヌ・エヌ新社 , 2004).

Loori, John Daido, 2004. "Tha Zen of Creativity." Ballantine Books.

Maeda, John, 2006. "The Laws of Simplicity." The MIT Press (鬼澤忍 訳『シンプリシティの法則』東洋経済新報社 , 2008).

McCloud, Scott, 1993. "Understanding comics : the invisible art." Kitchen Sink Press (椎名ゆかり訳『マンガ学 : マンガによるマンガのためのマンガ理論 : 完全新訳版』復刊ドットコム , 2020 年).

McGowan, Tara M. "The Kamishibai Classroom : engaging multiple literacies through the art of 'paper theater'." Libraries Unlimited.

McKee, Robert, Bronwyn Fryer, 2003. 'Storytelling That Moves People.' Harvard Business Review, June.

Medina, John, 2008. "Brain Rules: 12 Principles for Surviving and Thriving at Work, Home, and School." Pear Press (小野木明恵訳『ブレイン・ルール : 脳の力を 100% 活用する』日本放送出版協会 , 2009).

Pink, Daniel H., 1998. 'What's Your Story? ' Fast Company, December.

Pink, Daniel H., 2005. "A Whole New Mind: Why Right-Brainers Will Rule the Future." Riverhead Books (『ハイ・コンセプト : 「新しいこと」を考え出す人の時代』大前研一訳 , 三笠書房 , 2006 年).

Powell, Richard, 2004. "Wabi Sabi Simple." Adams Media Corporation.

Reynolds, Garr, 2010. "Naked Presenter." New Riders (熊谷小百合訳『裸のプレゼンター』2011).

Reynolds, Garr, 2010. "Presentation Zen Sketchbook." New Riders.

Reynolds, Garr, 2013. "Presentation Zen Design 2nd Ed." New Riders (熊谷小百合訳『プレゼンテーション Zen デザイン』 2014).

Rosling, Hans et al., 2018. "Factfulness: Ten Reasons We're Wrong About The World - And Why Things Are Better." Sceptre (上杉周作, 関美和訳『FACTFULNESS : 10 の思い込みを乗り越え、データを基に世界を正しく見る習慣』日経 BP 社, 2019).

Sagan, Carl, 2013. "Cosmos." Ballantine Books (木村繁訳『COSMOS 上／下』朝日選書, 2013).

Seligman, Martin E. P., 2002. " Authentic Happiness: Using the New Positive Psychology to Realize Your Potential for Lasting Fulfillment." Free Press (小林裕子訳『世界でひとつだけの幸せ：ポジティブ心理学が教えてくれる満ち足りた人生』 アスペクト , 2004).

Singh, Renuka, 2000. "The Dalai Lama's book of daily meditations." Rider.

Stevens John, 2001. "Budo Secrets: Teachings of the Martial Arts Masters." Shambhala Publications.

Stevens Jr., George, 2007. "Conversations with the Great Moviemakers of Hollywood's Golden Age at the American Film Institute." Vintage Books.

Suzuki, Daisetz T. (鈴木大拙), 1938. "Zen and Japanese Culture." Princeton University Press (北川桃雄訳『禅と日本文化』 岩波新書 , 1964).

Thoreau, H. D., 1854. "Walden; or, Life in the Woods." Ticknor and Fields (飯田実訳『森の生活：ウォールデン』岩波書店 , 1995).

Toogood, Granville N., 1997. "The Articulate Executive." McGraw-Hill.

Tschumi, Christian, 2005. "Mirei Shigemori: Modernizing The Japanese Garden." Stone Bridge Press.

Tufte, Edward R., 1997. "Visual Explanations: Images and Quantities, Evidence and Narrative." Graphics Press.

Tufte, Edward R., 2006. "The cognitive style of PowePoint：pitching out corrupts within 2nd Ed." Graphics Press.

Ueland, Brenda, 1938. "If You Want to Write." G.P. Putnam's Sons (浅井雅志 訳『本当の自分を見つける文章術』アトリエ HB, 2020).

Williams, Robin, 1994. "The Non-Designer's design book : design and typographic principles for the visual novice." Peachpit press (吉川典秀『ノンデザイナーズ・デザインブック』毎日コミュニケーションズ , 1998).

Zander, Rosamund Stone, Benjamin Zander, 2000. "The art of possibility." Harvard Business School Press (田中志ほり訳 『チャンスを広げる思考トレーニング』日経 BP 社 , 2002).

黒沢明『蝦蟇の油：自伝のようなもの』岩波書店 , 1984.

杉本真樹『医療者・研究者を動かすインセンティブプレゼンテーション』KADOKAWA , 2014.

その他作品

『Happy』（映画）

『イキル』（映画）

『カサブランカ』（映画）

『市民ケーン』（映画）

『スター・ウォーズ』（映画）

『不都合な真実』（映画）

『ボヘミアン・ラプソディ』（映画）

『Radio Ga Ga』（曲）

『カインド・オブ・ブルー』（曲）

『赤富士』（画）

『山径春行図』（画）

『富嶽三十六景』（画集）

『COSMOS: A PERSONAL VOYAGE』（テレビ番組）

『Memory and Imagination』(Michael Lawrence Films； テレビ番組)

ガー・レイノルズは世界各地を飛び回り、デザイン、コミュニケーション、
日常生活のシンプル化に関連するさまざまなテーマについて基調講演や
ショート・プレゼンテーションを行っている。

世界中で人気を集めているガーのプレゼンテーション Zen セミナー。
「抑制」「シンプル」「自然さ」といった原則を仕事に生かす方法を学ぶための絶好の機会だ。

THANK
YOU

詳しくはプレゼンテーション Zen ウェブサイト
（www.presentationzen.com）を参照のこと
講演や研修の依頼に関する問い合わせは
office@presentationzen.com まで

[著者プロフィール]

ガー・レイノルズ （Garr Reynolds）

プレゼンテーションの世界的な第一人者。1989 年に JET プログラムで来日して以来、約 30 年に渡り日本に在住し、その文化や哲学を研究し続けている。住友電気工業や米アップル社の勤務を経て、スティーブ・ジョブズ流のプレゼンテーションに日本文化「禅」を融合させた手法「プレゼンテーション Zen」を提唱。シンプルかつ記憶に残るプレゼンメソッドとして名高く、著書『プレゼンテーション Zen』は世界 20 カ国で発売され、35 万部以上の大ベストセラーに。その他の著書に『プレゼンテーション Zen デザイン』、『裸のプレゼンター』などがある。現在は関西外国語大学にて教鞭をとる傍ら、奈良県立国際高等学校の名誉校長も務め、教育分野におけるプレゼンテーション能力の向上にも励んでいる。米オレゴン州出身、奈良県生駒市在住。

www.presentationzen.com

[訳者プロフィール]

熊谷　小百合 （くまがい さゆり）

翻訳家。南山大学文学部英語学英文学科卒。主な訳書に『プレゼンテーション Zen デザイン』（丸善出版）、『アリスのワンダーランド：『不思議の国のアリス』150 年の旅』（ゆまに書房）、『エリート・マインド「勝ち抜く」力！』（日本文芸社）、『ユーラシア「超大陸」の地政学』（東京堂出版）などがある。

白川部　君江 （しらかわべ　きみえ）

翻訳家。津田塾大学国際関係学科卒。主な訳書に『リセット：Google 流最高の自分を引き出す 5 つの方法』（あさ出版）、『TRUST FACTOR トラスト・ファクター 最強の組織をつくる新しいマネジメント』（キノブックス）、『THIS IS SERVICE DESIGN DOING.：サービスデザインの実践』（ビー・エヌ・エヌ新社）がある。

翻訳協力／株式会社トランネット

PRESENTATION ZEN: SIMPLE IDEAS ON PRESENTATION DESIGN AND DELIVERY, Third Edition
by REYNOLDS, GARR

プレゼンテーション Zen　第3版

令和 3 年 5 月 30 日　発　行

著　者　　ガー・レイノルズ

訳　者　　熊 谷 小 百 合・白 川 部 君 江

発行者　　池 田 和 博

発行所　　**丸善出版株式会社**

〒101-0051 東京都千代田区神田神保町二丁目17番
編集：電話 (03) 3512-3266／FAX (03) 3512-3272
営業：電話 (03) 3512-3256／FAX (03) 3512-3270
https://www.maruzen-publishing.co.jp

翻訳協力　　株式会社トランネット

© 株式会社トランネット, 2021

印刷・製本／藤原印刷株式会社

ISBN 978-4-621-30620-8　C2034